시험장에서 **바로**써먹는
credu
OPIc 실전서 **중급**

초 판 1쇄 발행 2012년 5월 31일
개정판 1쇄 인쇄 2015년 9월 2일

저자 크레듀 외국어연구소·SDA 공저
기획 크레듀 외국어연구소

펴낸이 박민우
기획팀 송인성, 김선명, 박민하
편집팀 박우진, 김영주, 김정아, 최미라
관리팀 임선희, 정철호, 김성언
펴낸곳 (주)도서출판 하우
주소 서울시 중랑구 망우로68길 48
전화 (02)922-7090
팩스 (02)922-7092
홈페이지 http://www.hawoo.co.kr
e-mail hawoo@hawoo.co.kr
등록번호 제306-2004-22호

값 16,000원
ISBN 978-89-7699-965-8
ISBN 978-89-7699-964-1 (set)

Copyright ⓒ 2014 by Credu, SDA Co., Ltd.

All rights reserved.
No part of this publication may be reproduced, stored in a retrieval system,
or transmitted in any form or by any means, electronic, mechanical, photocopying, recording,
or otherwise, without the prior permission of the publisher.

이 책은 저작권법에 따라 보호받는 저작물이므로 무단전재와 무단복제를 금지하며,
이 책 내용의 전부 또는 일부를 이용하려면 반드시 (주)크레듀와 (주)도서출판 하우의 서면 동의를 받아야 합니다.

 모범답변 MP3 다운로드 www.opic.co.kr 접속 후 '북&앱북'에서 다운로드

Oral Proficiency Interview-computer

단어장

Chapter 1	자기소개
Chapter 2	인물 묘사
Chapter 3	장소 묘사
Chapter 4	회사 생활
Chapter 5	학교 생활
Chapter 6	일상 생활
Chapter 7	취미 생활
Chapter 8	여가활동
Chapter 9	여행
Chapter 10	운동

credu Hawoo

CHAPTER 1

자기 소개 Self Introduction

표현	의미	예문
be born	태어나다	I was born in Seoul in 1985. 저는 1985년에 서울에서 태어났습니다.
be raised	자라다	I was raised in the countryside near Busan. 저는 부산 근처 시골에서 자랐습니다.
have lived for ~	~동안 살고 있다	I've lived in Daejeon for 10 years now. 저는 현재 10년 동안 대전에서 살고 있습니다.
grow up in a conservative home	보수적인 가정에서 자라다	I didn't watch much TV as a kid because I grew up in a really conservative home. 저는 대단히 보수적인 가정에서 자랐기 때문에 어려서 TV를 많이 보지 않았습니다.
in a liberal home	자유분방한 (개방적인)가정에서	On the other hand, I grew up in a liberal home. 반면, 저는 자유분방한 가정에서 자랐습니다.
strict parents	엄격한 부모님	I had very strict parents when I was growing up. 저는 자랄 때 부모님이 매우 엄격하셨습니다. * lenient parents 관대한 부모님
extended family	확대가족	I rarely visit my extended family now. 저는 거의 확대가족을 만나지 않습니다.
big/small family	대/소가족	I was always jealous of people with big families. 저는 대가족을 가진 사람들을 항상 부러워했습니다.

표현	의미	예문
single parent	홀어버이	My mom had a difficult time raising us because she was a single parent. 저희 어머니는 홀로 저희를 기르시는데 힘든 시간을 보내셨습니다.
have been married for ~	~동안 결혼 생활을 하다	I have been married for about five years now. 저는 현재 5년동안 결혼생활을 해 오고 있습니다.
get married in + 년도	~년에 결혼하다	I got married in 2005, so next year is going to be our 7th wedding anniversary. 저는 2005년에 결혼해서, 내년이면 결혼 7주년이 됩니다.
newlywed	신혼부부	The resorts in Thailand are very popular among newlyweds. 태국에 있는 리조트들은 신혼부부들에게 매우 인기가 있습니다.
mother-in-law	시어머니, 장모	My mother-in-law has been very supportive of me. 저의 시어머님은 저에게 많은 힘이 되어 주십니다.
give birth to a son/daughter	아들/딸을 낳다	My cousin recently gave birth to a son. 제 사촌은 최근에 아들을 낳았습니다.
call + 사람 + 이름	~를 ~라고 부르다	My name is June-ho, but people call me J.H. 제 이름은 준호입니다. 그런데 사람들은 저를 JH라고 부릅니다.
name after ~	~의 이름을 따서 명명하다	I was named after a famous Korean general. 제 이름은 유명한 한국 장군의 이름을 따서 지어졌습니다.
one's name means ~	~의 이름은 ~뜻이다	My brother's name means 'faith' in Chinese characters. 제 남동생의 이름은 한자로 '믿음'이란 의미입니다.

표현	의미	예문
be known for ~	~로 알려져 있다	She's known for being the smartest in my class. 그녀는 우리 반에서 가장 똑똑한 아이로 알려져 있습니다.
middle of three	셋 중에 둘째	I am the middle of three siblings. 저는 세 명의 형제 자매중 둘째입니다.
only child	외동딸, 외동아들	I have received a lot of attention from my parents because I'm an only child. 저는 외동이라 저희 부모님께 많은 관심을 받았습니다.
the youngest of ~	~에서 막내인	Su-jung is the youngest of the four cousins. 수정이는 네 명의 사촌중에 막내입니다.
in one's 20's	20대의	Min-jung really looks like she's in her 20's, but she's not. 민정이는 20대로 보이지만 사실은 아닙니다.
look young for one's age	나이에 비해 어려 보이다	Despite his white hair, Jin-suk looks young for his age. 그의 흰머리에도 불구하고, 진석은 나이에 비해 젊어 보입니다.
look just about one's age	꼭 자신의 나이로 보이다	Even with the plastic surgery, Ji-sook still looks just about her age. 성형수술을 했는데도, 지숙은 꼭 자신의 나이로 보입니다.
serve in the army	군복무를 하다	He wants to serve in the army after he graduates from university. 그는 대학을 졸업한 후에 군복무를 하기를 원합니다.
work part-time	아르바이트를 하다	She is always busy because she goes to school and works part-time. 그녀는 학교도 다니며, 아르바이트를 해야 하기 때문에 항상 바쁩니다.

표현	의미	예문
go back to school	복학하다	After serving in the army, he plans to go back to school. 군복무 후에, 그는 복학할 계획입니다.
take a break from school	휴학하다	Su-min took a break from school because she wanted to help with her family's business. 수민이는 가족의 사업을 돕기를 원했기 때문에 휴학을 했습니다.
get an internship	인턴자리를 얻다	I'm trying to get an internship from a good company, but it's difficult. 저는 괜찮은 회사에 인턴자리를 얻으려 하는데, 어렵네요.
work for ~	~회사에서 일하다	Jae-sun has worked for Greatwill Industries for about 15 years now. 재선은 그레이트윌 산업에서 현재 15년간 근무해오고 있습니다.
life goal is to be ~	인생목표는 ~가 되는 것이다	Soo-young's life goal is to be a professional musician. 수영이의 인생 목표는 전문 음악가가 되는 것입니다.
dream come true	꿈이 실현되다	My dream came true when I got hired as senior designer. 수석 디자이너로 고용되었을 때 저의 꿈이 실현되었습니다.
prepare oneself for ~	~을 위해 준비하고 있다	I've been preparing myself for this audition for a year now. 저는 현재 1년 동안 이 오디션을 준비해오고 있습니다.

CHAPTER 2

인물 People

표현	의미	예문
outspoken	거리낌없는, 솔직한	Mi-kyung has always been really outspoken about her feelings. 미경은 항상 그녀의 감정에 대해 거리낌없이 말합니다.
straight-forward	솔직한, 직선적인	Sun-young is always straightforward with the guys that she likes. 선영은 항상 그녀가 좋아하는 남자들에게 솔직하게 대합니다.
cold-blooded	냉혈의, 피도 눈물도 없는	My boss is really cold-blooded when it comes to firing people. 제 직장상사는 사람들을 해고할 때면 정말 피도 눈물도 없습니다.
warm-hearted	인정이 있는, 마음이 따뜻한	Min-jung has many friends because she's so warm-hearted. 민정이는 인정이 있기 때문에 많은 친구들이 있습니다.
open-minded	열린 마음을 가진, 포용력 있는	I've always been open-minded about dating. 저는 데이트에 관해서는 항상 열린 마음을 가지고 있습니다.
narrow-minded	편협한, 옹졸한, 쩨쩨한	My professor is narrow-minded about Korean politics. 저의 교수님은 한국 정치에 관해서는 편협한 분입니다.
party animal	파티광(狂)	Ju-hyun might be quiet at work, but at the clubs, she is a party animal! 주현은 직장에서는 조용할 지는 몰라도 클럽에서는 파티광입니다!
life of the party	파티의 중심인물	We need to invite Hee-jung because she is the life of the party. 희정은 파티의 중심인물이니까 초대해야 합니다.

표현	의미	예문
workaholic	일 벌레/일에 중독된 사람	My boss is a workaholic because she works sixty hours a week. 제 직장상사는 매주 60시간씩 일하는 일벌레입니다.
show-off	잘난 척 하는 사람, 자랑꾼	People don't like to be around Min-kyu because he's a show-off. 사람들은 민규가 잘난 척하기 때문에 함께 있기 싫어합니다.
social butterfly	마당발	I wish I could be a social butterfly like Yong-jin. 저도 용진처럼 마당발이 되었으면 좋겠습니다.
socially awkward	사람들과의 관계가 서투른	I don't like being around Suk-min because he's socially awkward. 저는 석민이가 사람들과의 관계가 서투르기 때문에 그와 함께 있기를 싫어합니다.
headstrong	고집이 센	I dislike girls who are headstrong because they remind me of my aunt. 저는 고집이 센 여자들을 보면 저희 이모가 생각나서 싫습니다.
perfectionist	완벽주의자	Moon-young is a perfectionist when it comes to playing the piano. 문영은 피아노를 칠 때면 완벽주의자입니다.
chubby	통통한, 토실토실한	My girlfriend is cute because of her chubby cheeks. 제 여자친구는 통통한 볼 때문에 귀엽습니다.
laid-back	느긋한, 한가로운	I can tell Ha-na is really laid-back because she never worries. 저는 하나가 절대 걱정하는 법이 없기 때문에 정말 느긋한 사람이라는 것을 알 수 있습니다.
two-faced	위선적인	I broke up with my girlfriend because I found out she's two-faced. 저는 제 여자친구가 위선적임을 알게 되었기 때문에 그녀와 헤어졌습니다.

표현	의미	예문
good listener	열심히 경청하는 사람	I'm going to give this guy another chance because he's a good listener. 저는 이 남자가 아주 훌륭한 경청자이기 때문에 다시 한번 그에게 기회를 줄까 합니다.
control freak	만사를 자기 뜻대로 하려는 사람, 지배광	I quit my job because my boss was a control freak. 저는 저의 상사가 지배광이기 때문에 회사를 그만 두었습니다.
demanding	지나치게 요구가 많은	My boss was really demanding the other day. 일전에 제 상사는 정말 지나치게 요구가 많았습니다.
well-educated	교양이 있는 잘 교육된	My parents are both well-educated people. 저의 부모님은 두 분 모두 교양있는 분들이십니다.
confident	자신 있는, 확신 있는	I like my best friend because he's always confident about himself. 저의 가장 친한 친구는 자기자신에 대해 항상 자신 있어서 좋아합니다.
man of character	인격자	What your brother did last night really showed that he's a man of character. 어제 밤에 당신의 형이 보여준 행동은 그가 인격자라는 것을 보여주었습니다.
family man	가정적인 사람	I think Min-ho is a family man because he makes sure to spend time with his kids. 민호는 자신의 아이들과 시간을 꼭 함께 보내기 때문에 가정적인 사람인 것 같습니다.
clean-cut	맵씨있는, 말쑥한, 깔끔한	My ideal guy is dark, tall, and clean-cut. 저의 이상형은 거무스름하고, 큰 키에, 맵씨있는 남자입니다.
masculine/ feminine	남자다운/여성스러운	I think Yun-kyu's jacket makes him look really feminine. 제 생각에는 윤규의 자켓은 그를 정말 여성스럽게 보이도록 합니다.

표현	의미	예문
forgetful	잘 잊어버리는	Sung-nam is forgetful, so he needs a wife who can take care of him. 성남은 잘 잊어버립니다. 그래서 그를 잘 돌봐줄 아내가 필요합니다.
jolly	쾌활한, 즐거운, 유쾌한	My dad reminds me of Santa Claus because he's fat and jolly. 저의 아버지는 뚱뚱하시고 쾌활하셔서 산타클로스를 연상시킵니다.
petite	몸집이 작은	Hyun-ju is so petite, she shops for clothes in the kids' section. 현주는 정말 몸집이 자그마해서 유아용 (아이들) 옷을 구매합니다.
look mature	성숙해 보이다	My little son looks really mature for his age. 제 작은 아들은 그의 나이에 비해 정말 성숙해 보입니다.
well-built	체격이 좋은, 튼튼한	Kil-ho is well-built because he works out all the time. 길호는 항상 운동하기 때문에 체격이 좋습니다.
average height	평균 키	I think she's average height for a Korean. 제 생각에 그녀는 한국인 평균 키입니다.
middle-aged	중년의	My dentist is a middle-aged woman. 제 치과 주치의는 중년 여성입니다.
physically handicapped	신체적 장애가 있는	Young-ju has a physically handicapped brother. 영주에게는 신체적 장애가 있는 남동생이 있습니다.

CHAPTER 3
장소묘사 Place

표현	의미	예문
indoor/ outdoor	실내/실외에 있는	This water park has indoor and outdoor swimming pools. 이 워터파크에는 실내와 실외 수영장들이 있습니다.
be full of ~	~로 가득하다	This concert hall is full of teenagers! 이 공연장은 10대 청소년들로 가득합니다!
be crowded with ~	~로 혼잡하다 (붐비다)	The mall was crowded with shoppers trying to buy last-minute gifts. 그 쇼핑몰은 막판에 선물을 사려는 사람들로 만원이었습니다.
cover A with B	B로 A를 덮다	It was really romantic when my husband covered the bed with rose petals. 제 남편이 침대를 장미꽃잎으로 가득 덮어 놓아서 정말 로맨틱했습니다.
be decorated with ~	~로 장식되어 있다	My favorite restaurant serves country-style food and is decorated with antiques. 제가 제일 좋아하는 음식점은 시골 풍의 음식을 제공하고 골동품으로 장식되어 있습니다.
be equipped with	~로 구비되어 있다	My cubicle is equipped with a computer and a phone. 제 큐비클(칸막이 사무실 책상)에는 컴퓨터와 전화가 구비되어 있습니다.
be located in the suburbs	교외에 위치하다	My high school is located in the suburbs. 제가 다니는 고등학교는 교외에 위치해 있습니다.
be attached to ~	~에 붙어 있다	The gymnasium is attached to the main building. 그 체육관은 본관에 붙어 있습니다.

표현	의미	예문
on the second floor	2층에	His office is on the second floor. 그의 사무실은 2층에 있습니다.
three-story building	3층 건물	The dental clinic is in a three-story building with a red roof. 그 치과는 빨간 지붕의 3층 건물입니다.
the second biggest stadium	두 번째로 가장 큰 경기장	When the new stadium is finished, it will be the second biggest stadium in the world. 새 경기장이 완성되면 세계에서 두 번째로 가장 큰 경기장이 될 것입니다.
near the entrance	입구 근처에	I'll be waiting for you near the entrance to the theater. 저는 영화관 입구 근처에서 당신을 기다리고 있겠습니다.
have a good view	전망이 좋다	My apartment has a good view of the river. 제 아파트에서는 강이 보여 전망이 좋습니다.
overlook	내려다 보다	My bedroom window overlooks the parking lot. 제 침실 창에서는 주차장이 내려다 보입니다.
be laid out	진열(배치) 되어 있다	I'd like to tell you about how the bank is laid out. 은행 내부가 어떻게 배치되었는지 말씀 드리겠습니다.
have a (형용사) atmosphere	~한 분위기이다	The bookstore has a peaceful atmosphere. 그 서점은 차분한 분위기입니다.
aisle	통로, 복도	We had to move the sofa so that the aisle would be clear. 우리는 복도가 깨끗하게 소파를 옮겨야 했습니다.
hold	담다/수용하다	The elevator can hold up to 17 people. 그 엘리베이터는 17명까지 탑승이 가능합니다.

표현	의미	예문
as big as ~	~만큼 커다란	I think your bedroom is as big as my whole apartment. 당신의 침실은 제 아파트 전체만큼 큰 것 같습니다.
historical site	유적지	We went on a school trip to a historical site. 우리는 유적지로 견학을 갔습니다.
lively city	활기찬 도시	Busan is a lively city. 부산은 활기찬 도시입니다.
along the	둑을 따라서	There are many parks along the river bank. 강둑을 따라서 공원들이 많이 있습니다.
leaning against ~	~에 기대어 있는	The broom is leaning against the door. 그 빗자루는 문에 기대어 있습니다.
be paved with ~	~으로 포장되다	That road used to be gravel, but now it's paved with concrete. 그 도로는 자갈이었지만 이제는 콘크리트로 포장되었습니다.
short distance from	~에서 가까운 거리	My house is a short distance from my office. 저의 집은 제 사무실에서 가까운 거리에 있습니다.
on both sides	양쪽에	There are yellow flowers on both sides of the road. 도로 양쪽에 노란색 꽃들이 있습니다.
be made of ~	~로 만들어지다	The new museum looks like it's made entirely of glass. 새로운 박물관은 전체가 유리로 만들어진 것처럼 보입니다.
go through ~	~을 통과하다	Before you board the plane, you must go through security check. 비행기에 탑승하기 전에 보안검사를 통과해야 합니다.

표현	의미	예문
luxurious	호화로운/화려한	I had a great anniversary dinner with my husband at a luxurious hotel. 저는 남편과 값비싼 호텔에서 멋진 결혼기념일 저녁식사를 했습니다.
well-kept	손질이 잘된	The park has very well-kept lawns. 그 공원의 잔디는 손질이 아주 잘 되어있습니다.
ecofriendly	친환경적인	The house was made with ecofriendly materials. 그 집은 친환경적인 재료로 만들어졌습니다.

CHAPTER 4

회사 생활 Work Life

표현	의미	예문
call it a day = finish for the day	일을 마치다	I was tired, so I called it a day. 저는 피곤해서, 퇴근했습니다.
take a day off	하루 쉬다	I'm going to take a day off because I still feel sick. 저는 여전히 아파서 하루 쉬려 합니다.
be out of town	(출장 등으로) 도시를 떠나 있다	Yu-lee will be out of town this weekend on a business trip. 유리는 출장 때문에 이번 주말에 지방에 있을 거예요.
call in sick	병으로 결석하겠다고 전화로 알리다, 병가를 내다	My co-worker had a fever so he called in sick today. 제 동료는 열이 있어서 오늘 병가를 냈습니다.
rearrange schedule	일정을 조정하다	I need to rearrange my schedule because my cousin is coming from America next week. 제 사촌이 다음 주 미국에서 오기 때문에 저의 일정을 조정할 필요가 있습니다.
be due	만기가 되다	The project is due next Tuesday. 그 프로젝트는 다음 주 화요일이 마감입니다.
behind schedule	일정에 뒤처진	Our project is behind schedule. 저희 프로젝트는 일정이 뒤처져 있습니다. * ahead of schedule 일정보다 빠른
meet the deadline	마감일을 맞추다	We need to meet the project deadline or our boss will be mad. 우리는 프로젝트 마감일을 맞춰야 합니다. 그렇지 않으면 상사가 화를 낼 겁니다.

표현	의미	예문
put off = postpone	연기하다, 미루다	It was a mistake to put off all my assignments until tonight. 오늘 밤까지 제 업무를 미룬 것은 실수였습니다.
catch up on work	(밀린) 업무를 따라잡다	I need to catch up on my work because I was on vacation last week. 저는 지난 주 휴가를 다녀왔기 때문에 밀린 업무를 따라잡아야 할 필요가 있습니다.
work overtime	초과근무하다, 야근하다	My boss always makes me work overtime. 제 상사는 항상 저에게 야근을 시키려 합니다.
work the night shift	야간 근무를 하다	Young-min dislikes working night shifts. 영민은 야간 근무하는 것을 싫어합니다.
be in charge of ~	~의 담당이다	I'll be in charge of making the PowerPoint. 제가 파워포인트 작성하는 것을 담당하게 될 것입니다.
be appointed to ~	~에 임명되다	She was appointed to be our group leader. 그녀가 저희 그룹 리더로 임명되었습니다.
be transferred to ~	~로 전근 가다	Jin-sun will be transferred to the educational department next week. 진선은 다음 주에 교육부로 전근을 갈 것입니다.
get promoted	승진하다	My wife couldn't believe that I got promoted this quickly! 제가 이렇게 빨리 승진한 것을 제 아내는 믿을 수 없었습니다!
look over	검토하다	The boss wants us to look over these reports again. 상사는 저희가 이 보고서들을 다시 한번 검토하기를 원합니다.
invest in ~	~에 투자하다	He invested in stocks with high risks. 그는 위험성이 높은 주식에 투자했습니다.

표현	의미	예문
post a notice	(게시물을) 게시하다	Our boss posted a warning notice about playing games during work hours. 저희 상사가 근무시간 중에 게임하는 것에 대한 경고문을 게시했습니다.
have a business lunch	업무를 겸한 점심식사를 하다	The buyer wants to have a business lunch with us. 바이어는 저희와 함께 업무를 겸한 점심식사를 하기를 원합니다.
be available	시간이 있다, 이용 가능하다	The senior manager will be available next Wednesday. 부장님은 다음 주 수요일에 시간이 날 것입니다.
create a committee	위원회를 구성하다	He wants to create a committee to hire a new manager. 그는 신임 매니저를 고용하기 위해서 위원회를 구성하기를 원합니다.
be crucial	중대한, 중요한	It's crucial for everyone to work together on this project. 이 프로젝트에 전원이 함께 합심하는 것은 중요합니다.
submit an agenda	의제를 제출하다	She needs to submit an agenda by tomorrow. 그녀는 내일까지 의제를 제출할 필요가 있습니다.
hand in a proposal	제안서를 제출하다	I handed in a proposal yesterday afternoon. 저는 어제 오후에 제안서를 제출했습니다.
get approval	승인받다	We're still waiting to get approval from the vice president. 저희는 부사장님의 승인을 얻기 위해 아직 대기 중입니다.
receive one's paycheck	급여를 받다	I received my paycheck in the mail the other day. 저는 지난 번에 우편으로 급여를 받았습니다.

표현	의미	예문
be accustomed to = be familiar with	~에 익숙하다	I had to be accustomed to Macintosh computers for this job. 저는 이 업무를 하기 위해 매킨토시 컴퓨터에 익숙해져야 했습니다.
be fed up with ~	~에 염증이 나다	I'm fed up with the way my boss is treating me. 저는 제 상사가 저를 대하는 방식에 염증이 났습니다.
be tied up ~	~에 매어 있다	He's been tied up in meetings all day. 그는 하루 종일 회의에 매어 있습니다.
be a hectic day	바쁜 하루를 보내다	Today was a hectic day at work because of all the phone calls. 오늘은 직장에서 많은 전화 때문에 몹시 바쁜 하루였습니다.
be burned out	(기력이) 소진되다	I was totally burned out with this project. 저는 이 프로젝트 때문에 완전히 소진되었습니다.
beyond one's ability	역부족이다	This assignment is way beyond her ability. 이 업무는 그녀의 능력으로는 매우 역부족입니다.

CHAPTER 5

학교 생활 School Life

표현	의미	예문
major / minor	전공 / 부전공	Song-yi's major is social welfare and her minor is finance. 송이의 전공은 사회복지학이고, 부전공은 재정학입니다.
change one's major	~의 전공을 바꾸다	I need to talk to my counselor about changing my major to English. 저는 제 전공을 영어로 바꾸는 것에 대해 상담선생님과 면담할 필요가 있습니다.
take a semester off	한 학기를 쉬다, 휴학하다	I'm going to take a semester off to travel. 저는 여행하기 위해 한 학기 휴학을 할 것입니다.
graduate from ~	~를 졸업하다	I graduated from university two years ago. 저는 2년 전에 대학을 졸업했습니다.
get a certificate	자격증을 따다	I got a first aid certificate from my university. 저는 대학에서 응급처치 자격증을 땄습니다.
work as an assistant	조교로 일하다	Sung-sik works as a teaching assistant. 성식이는 강의 조교로 일합니다.
get a scholarship	장학금을 받다	Eun-jin got the national scholarship award again. 은진이는 국비 장학금을 또 받았습니다.
register for a class	수강신청하다	Eun-ju forgot to register for her classes. 은주는 수강신청하는 것을 잊었습니다.
take a credit	학점을 따다	I need to take 12 more credits to graduate. 저는 졸업하려면 12학점을 더 따야 합니다.

표현	의미	예문
attend a lecture	강의를 듣다	Kil-ho never attends morning lectures because he can't wake up in the morning. 길호는 아침에 못 일어나기 때문에 오전 강의는 절대 출석하지 못합니다.
skip a class	수업을 빼먹다	Suk-min skips classes all the time. 석민은 항상 수업을 빼먹습니다.
give a presentation	발표를 하다	He had to give a presentation in front of the whole school. 그는 전교생 앞에서 발표를 해야만 했습니다.
mandatory (compulsory) class	필수 과목	Psychology is a mandatory class for my major. 심리학은 제 전공에 필수과목입니다.
student president of a department	학생회장	She is the new student president of the English department. 그녀는 영문학과 신임 학생회장입니다.
run for student vice president	부학생회장 후보로 나가다	I ran for student vice president, but I lost. 저는 부학생회장 후보로 출마했지만 떨어졌습니다.
participate in freshmen orientation	신입생 오리엔테이션에 참석하다	My friend and I didn't participate in freshmen orientation. 제 친구와 저는 신입생 오리엔테이션에 참석하지 않았습니다.
join a club	동아리에 가입하다	We should totally join the computer club. 우리는 컴퓨터 동아리에 꼭 가입해야 해.
promote one's club	동아리를 홍보하다	One of the club president's jobs is to promote the club and recruit new members. 동아리 회장이 해야할 일 중 하나는 동아리를 홍보하고 새 멤버를 모집하는 것입니다.

표현	의미	예문
alumni committee	동창회	It's bothersome when the alumni committee calls me for donation. 동창회에서 기부하라는 전화를 받을 때 성가십니다.
get together in the auditorium	강당에 모이다	Our senior class got together in the auditorium to talk about graduation. 4학년 학생들은 졸업에 대해 의논하기 위해 강당으로 모였습니다.
admini-stration office	교무처	The administration office is in the center of our school campus. 교무처는 우리 학교 캠퍼스의 중앙에 있습니다.
academic counselor	학업 상담사	My academic counselor told me that this class would be beneficial for my degree. 학업 상담사는 이 수업이 제가 학위를 따는데 도움이 될 거라고 말해주었습니다. *financial counselor 재정 상담사 *career counselor 취업 상담사
check out books from the library	도서관에서 책을 대출하다	We must first get a library card in order to check out books from the library. 우리가 도서관에서 책을 대출하려면 우선 도서관 카드를 받아야 합니다. *return books to the library 　도서관에서 책을 반납하다
work on a thesis	논문 작업하다	I have been working on my thesis for months now. 지금 저는 수개월 동안 제 논문 작업을 해 오고 있습니다.
go over a research paper	연구 논문을 검토하다	Sae-jin and I want to go over our research paper one more time before we turn it in. 세진과 저는 저희가 연구논문을 제출하기 전 한번 더 검토하기를 원합니다.

표현	의미	예문
do an all-nighter	밤새워 공부하다	I did an all-nighter for the first time in my life yesterday! 저는 어제 제 인생 처음으로 밤새워 공부를 했습니다!
top of the class	수석을 하다	Getting a math tutor really helped me get to the top of the class. 수학 과외를 받은 것이 수석을 하는데 매우 도움이 되었습니다.
flunk one's test	시험에 낙제하다	I totally flunked my sociology test. 저는 사회학 시험에 완전히 낙제했습니다.
be caught plagiarizing	표절하다 걸리다	Jung-min was caught plagiarizing on his essay. 정민은 그의 에세이를 표절했다가 걸렸습니다.
volunteer work	봉사활동	The university that I wanted to attend required 40 hours of volunteer work. 제가 가고 싶었던 대학은 40시간의 봉사활동을 요구했습니다.
get a loan for tuition	등록금을 대출받다	I need to get loans for this year's tuition. 저는 올해 등록금을 대출 받아야 합니다.

CHAPTER 6

일상 생활 Everyday Life

표현	의미	예문
sleep in	늦잠을 자다 (잠자리에서 뒤척이며 시간을 보내다)	I love Sundays because I can sleep in until 11 a.m. 저는 오전 11시 까지 늦잠을 잘 수 있어서 일요일을 좋아합니다.
oversleep	늦잠자다	One day, I overslept and came to work one hour late. 어느날 저는 늦잠을 자서 회사에 1시간 지각했습니다.
sleep over	외박하다, 남의 집에 묵다	My cousins came to the wedding and slept over at my house. 제 사촌들은 결혼식에 왔다가 저희 집에서 묵었습니다.
have a habit of ~ing	~하는 습관이 있다	I have a habit of biting my nails when I'm nervous. 저는 초조할 때 손톱을 깨무는 습관이 있습니다.
the first thing I do in the morning	아침에 가장 처음으로 하는 일	The first thing I do in the morning is to wash my face. 아침에 가장 처음으로 하는 일은 세수를 하는 것입니다.
grab a bite to eat	간단히 먹다	I grabbed a bite to eat at a coffee shop on my way to work. 저는 출근하는 길에 커피숍에서 간단히 먹었습니다.
skip a meal	식사를 거르다	Sometimes, she gets so focused on her work that she skips meals. 가끔 그녀는 업무에 너무 몰두한 나머지 식사를 거르기도 합니다.
prepare a meal	식사를 준비하다	My in-laws are coming to visit, so I have to prepare a meal for them. 제 시댁 식구들이 오기로 되어 있어서 저는 그들을 위해 식사를 준비해야 합니다.

표현	의미	예문
commute	통근 거리, 출퇴근	He quit his job in Incheon because the commute was too long. 그는 출퇴근 시간이 너무 길어서 인천에 있는 직장을 그만두었습니다.
eat out = go out to eat	외식하다	I think my family eats out too much. 저는 우리 가족이 외식을 너무 많이 한다고 생각합니다.
hang out with friends	친구들과 놀러 나가다	In my free time, I like to hang out with my friends. 여가시간에 저는 친구들과 놀러 나가는 것을 좋아합니다.
sit around	빈둥빈둥 보내다	Sometimes, I like to sit around the house all day. 가끔 저는 하루 종일 집에서 빈둥빈둥 보내는 것을 좋아합니다.
take care of (a pet)	(애완동물)을 돌보다	My mom let me have a pet dog if I promised to take care of it. 저희 엄마는 제가 돌보겠다고 약속하에 애완견을 갖도록 허락해 주었습니다.
take a nap	낮잠을 자다	If I have time, I like to take a nap in the afternoon. 저는 시간이 나면, 오후에 낮잠을 자는 것을 좋아합니다.
do house chores	집안일을 하다	She hates doing house chores. 그녀는 집안일을 하는 것을 싫어 합니다.
mow the lawn	잔디를 깎다	His dad pays him 10,000 won every week to mow the lawn. 그의 아빠는 그가 잔디를 깎으면 일주일에 만원을 줍니다.
regularly exercise	규칙적으로 운동하다	I regularly exercise by going hiking. 저는 등산으로 규칙적으로 운동을 합니다.
work out at the gym	체육관에서 운동하다	We like to work out at the gym. 저희는 체육관에서 운동하는 것을 좋아합니다.

표현	의미	예문
go grocery shopping	장보러 가다	You should never go grocery shopping while you're hungry. 당신은 배가 고플 때 절대 장을 보러 가서는 안됩니다.
go on a shopping spree	흥청망청 쇼핑하다	After winning the lottery, she went on a shopping spree at the furniture store. 복권에 당첨된 후에, 그녀는 가구점에서 흥청망청 쇼핑을 했습니다.
shop online	온라인 쇼핑하다	I prefer to shop online. 저는 온라인 쇼핑을 더 좋아 합니다.
chat online	온라인 채팅하다	My little sister spends all her time chatting online. 제 여동생은 온라인 채팅하느라 시간을 다 보냅니다.
surf the Internet = browse the Internet	인터넷 검색하다	In my free time, I like to surf the Internet. 여가 시간에 저는 인터넷 검색하는 것을 좋아 합니다.
make a budget	가계부를 쓰다, 예산을 짜다	I need to make a budget for myself or else I'll spend too much money. 저는 가계부를 적어야 합니다. 그렇지 않으면 저는 돈을 너무 많이 쓸 것입니다.
plan a family gathering	가족 모임을 계획하다	I'm planning a family gathering to celebrate my father's 60th birthday. 저는 저의 아버지의 환갑을 축하하기 위해 가족모임을 계획하고 있습니다.
make an appointment	~와 만날 시간/장소를 정하다	Can you make an appointment with the plumber to fix our sink? 저희 싱크대 수리를 위해 배관공과 예약을 잡아 줄 수 있나요?
get a car inspection	자동차 검사를 받다	We need to get a car inspection before the end of the month. 저희는 월말 전에 자동차 검사를 받아야 합니다.

표현	의미	예문
favorite time of the day	하루 중 가장 좋아하는 시간	My favorite time of the day is lunchtime! 하루 중 제가 가장 좋아하는 시간은 점심시간입니다!
pay the rent	월세를 내다	I'm an artist, but I work at a restaurant to pay the rent. 저는 예술가지만 월세를 내기 위해 식당에서 일합니다.
pay the utility bill	관리비를 내다	With rising oil prices, it's getting harder and harder to pay the utility bill. 기름값이 오르면서 관리비를 내기가 점점 더 어려워지고 있습니다.
be overdue = payment is behind	연체되다	When I was overdue on my rent payments, the landlord threatened to evict me. 제가 월세를 연체했을 때, 집주인이 저를 쫓아내겠다고 엄포를 놓았습니다.
get a speeding ticket	속도위반 티켓을 받다	I got a speeding ticket for going 100 kph in a 80 kph zone. 저는 제한속도 80 킬로미터인 도로에서 100 킬로미터로 달리다가 속도위반 티켓을 받았습니다.
deposit/ withdraw money	돈을 입금/인출하다	After payday, everyone comes to the bank to withdraw money. 월급날이 지나면, 모든 사람들이 돈을 인출하기 위해 은행에 갑니다.

CHAPTER **7**

취미 생활 Hobbies

표현	의미	예문
be good/poor/ bad at	~을 잘하다/ 서투르다/못하다	I'm really bad at cooking, so my mother says I'll never get married. 제가 요리를 너무 못해서, 저희 엄마는 제가 결혼을 못 할거라고 말합니다.
be born to be a writer	작가가 될 자질을 갖고 태어나다	After I worked for the school newspaper, I knew I was born to be a writer. 교내 신문사에서 일한 후, 저는 제가 타고난 작가라는 것을 알았습니다.
spend + 시간/돈 + on ~	~에 시간/돈을 사용하다	I spent way too much money on shoes yesterday. 저는 어제 구두에 너무 많은 돈을 썼습니다.
get into	몰두하다, 열중하다	I really got into science fiction after I read that book. 저는 그 책을 읽은 후에 공상과학에 정말 몰두했습니다.
couch potato	소파에 앉아서 여가 시간을 보내는 사람/ 게으르고 비활동적인 사람	My brother is a couch potato; he watches TV all day. 제 형은 소파에 앉아서 시간을 보내는 사람입니다: 그는 하루 종일 TV만 봅니다.
practice day and night	밤낮으로 연습하다	The band practiced day and night to get ready for the big concert. 그 밴드는 대형 콘서트 준비를 위해 밤낮으로 연습했습니다.
sign up for a club	동아리에 가입하다	I signed up for the chess club last week. 저는 지난 주에 체스 동아리에 가입했습니다.
belong to a club	동아리에 속하다	I belong to five different clubs. 저는 5개의 다른 동아리에 속해 있습니다.

표현	의미	예문
have (형용사) tastes in music	음악에 대한 ~한 취향을 갖다	He has weird tastes in music. 그는 독특한 음악 취향을 갖고 있습니다.
tone deaf	음치의	He is completely tone deaf. It's painful to hear him sing. 그는 완전히 음치입니다. 그가 노래부르는 것을 듣는 것은 고통스럽습니다.
play ~ by ear	악보없이 악기를 연주하다	I envy people who can play the piano by ear. 저는 악보없이 피아노를 칠 수 있는 사람이 부럽습니다.
low/high pitched	음조가 낮은/높은	Because his voice was so high pitched, at first I thought a girl was singing. 그의 목소리는 너무 고음이라서 처음에 저는 여자가 노래부른다고 생각했습니다.
raise a pet	애완동물을 기르다	He has raised that dog since he was a puppy. 그는 그 개를 강아지였을 때부터 길렀습니다.
give a pet a bath	애완동물을 목욕시키다	He gives his dog a bath once a week. 그는 일주일에 한 번 그의 개를 목욕시켜줍니다.
put ~ on a leash	~에 목줄을 채우다	I have to put my dog on a leash when we go outside because he's too wild. 저희 개는 너무 활발해서 외출할 때 개한테 목줄을 채워야만 합니다
walk the dog	개를 산책시키다	My sister and I take turns walking the dog every night. 제 여동생과 저는 매일 밤 교대로 강아지 산책을 시킵니다.
groom	(애완동물) 털을 관리하다, 치장하다, 단정하게 하다	Cats are very good at self-grooming. 고양이는 자기 스스로 털 관리를 아주 잘 합니다.

표현	의미	예문
green thumb	원예분야의 재능	Sadly, I don't have a green thumb. Every time I have a plant, it dies. 안타깝게도, 저는 화초를 잘 기르는 사람이 아닙니다. 제가 화초를 기르기만 하면 죽어버립니다.
transplant flowers into a pot	꽃들을 화분에 옮겨 심다	My mom showed me how to transplant flowers into a pot. 저희 엄마는 꽃을 화분에 옮겨 심는 법을 가르쳐 주셨습니다.
trim trees with pruning scissors	전지가위로 나무들을 다듬다	My favorite job is to trim trees with pruning scissors. 제가 제일 좋아하는 일은 전지가위로 나무를 다듬어 주는 것입니다.
fertilize the soil	거름을 주다	The farmer fertilized the soil with manure. 농부는 토양에 거름을 주었습니다.
grow vegetables	채소를 재배하다	My grandmother grows vegetables in her backyard. 저희 할머니는 그녀의 뒷마당에 채소를 기르십니다.
do embroidery	자수를 놓다	You have to be very patient to do embroidery. 자수를 놓기 위해서 당신은 매우 인내심이 있어야 합니다.
crochet	크로셰 뜨개질 (작은 바늘로 하는 뜨개질)을 하다	My best friend loves to crochet blankets. 저의 가장 친한 친구는 뜨개질로 담요 만드는 것을 아주 좋아합니다.
knit a sweater	스웨터를 뜨다(짜다)	My grandmother knit a sweater for me. 저희 할머니는 저를 위해 스웨터를 짜 주셨습니다.
cross-stitch	십자수를 놓다	My aunt likes to cross-stitch in her free time. 저희 숙모는 여가 시간에 십자수 놓는 것을 좋아하십니다.

표현	의미	예문
check out a recipe in the cookbook	요리책의 조리법을 확인하다	I checked out a recipe for muffins in the cookbook. 저는 요리책에서 머핀 만드는 조리법을 확인 했습니다.
prepare ingredients	재료를 준비하다	First, you need to prepare all the ingredients. 우선, 당신은 모든 재료를 준비해야 합니다.
mix A and B together	A를 B와 함께 섞다	Mix the tuna and mayonnaise together. 참치와 마요네즈를 함께 섞습니다.
cut/chop something into pieces	~을 잘게 자르다/썰다	Cut the broccoli into bite-sized pieces. 브로콜리를 한 입 크기로 작게 자릅니다.
peel something	~의 껍질을 벗기다	Peel the onions before you cut them. 양파를 자르기 전에 껍질을 벗깁니다.
boil in a pot	~을 냄비에 끓이다	Boil the soup in a large pot for 15 minutes. 큰 냄비에 15분 간 수프를 끓입니다.
stir-fry in a pan	프라이팬에 ~을 볶다	Stir-fry all the vegetables in a pan. 프라이팬에 모든 채소를 볶아 줍니다.
add some spices	약간의 양념(향신료)을 넣다	Add some salt, pepper, and oregano. 소금, 후추와 오레가노를 뿌려줍니다.

CHAPTER 8

여가활동 Free Time Activities

표현	의미	예문
be held in/at	~에서 열리다	The concert will be held in the National Concert Hall. 공연은 국립콘서트홀에서 열릴 것입니다.
free of charge	무료의	This event is free of charge! 이 행사는 무료입니다!
give a big round of applause	큰 박수를 보내다	After her performance, the whole audience gave her a big round of applause. 그녀의 연주가 끝나고, 모든 청중은 그녀에게 큰 박수를 보냈습니다.
be surrounded by ~	~에 둘러싸이다	At the concert, I was surrounded by screaming fans. 콘서트에서 저는 비명을 지르는 팬들에 들어싸여 있었습니다.
in a frenzy	열광/격분하여	The crowd was in a frenzy when they appeared on stage. 그들이 무대에 나타났을 때 청중은 열광했습니다.
rowdy	떠들썩한	Later that night, the crowd got a little rowdy. 그날 밤 늦게 청중은 좀 떠들썩했습니다.
be blown away	넋을 잃다, 경탄하다, 날아가다	The concert was so amazing, I was completely blown away. 공연은 정말 대단했고 저는 완전히 넋을 잃었습니다.
the best performance I've ever~	내가 ~한 최고의 공연	At the 2010 Olympics, Yuna Kim gave the best performance I've ever seen. 2010년 올림픽에서 김연아는 제가 본 최고의 공연을 선보였습니다.

표현	의미	예문
purchase a ticket at the box office	매표소에서 표를 구매하다	I purchased two tickets at the box office. 저는 매표소에서 표 2장을 구매했습니다.
be sold out	매진되다	Unfortunately, the 6 o'clock showing was sold out. 불행히도, 6시 공연은 매진되었습니다.
make a reservation for a ticket	표를 예매하다	I made a reservation for two train tickets to Busan. 저는 부산행 기차표를 두 장 예매했습니다.
drive-in theater	드라이브인 영화관	For an unusual date, you should visit the drive-in theater. 당신은 특별한 데이트를 위해서는 드라이브인 영화관에 가봐야 할 것입니다.
relax at the beach	해변에서 쉬다	My favorite summer activity is relaxing at the beach. 제가 여름에 제일 좋아하는 것은 해변에서 쉬는 것입니다.
get a tan	선탠하다	I got a really nice tan on my last vacation. 지난 번 휴가때 저는 멋지게 선탠을 했습니다.
be buried in the sand	모래에 파묻히다	At the beach, I was buried in the sand up to my neck. 해변에서 저는 목까지 모래로 덮었습니다.
flip a coin to decide ~	동전을 던져 ~을 결정하다	Let's flip a coin to decide which movie to see. 어느 영화를 볼지 동전을 던져 결정합시다.
throw the dice	주사위를 던지다	Let's throw the dice to decide who goes first. 누가 먼저 시작할지 주사위를 던져서 결정하자.

표현	의미	예문
go forward/ back three spaces	세 칸을 앞으로/ 뒤로 가다	If you roll a 7, you must go back three spaces. 숫자 7이 나오면 뒤로 세 칸을 가야 합니다.
install a new game	새로운 게임을 설치하다	He installed a new game on his PC yesterday and now he can't stop playing. 그는 어제 자신의 컴퓨터에 새로운 게임을 설치하였고 이제는 게임하는 것을 멈출 수 없습니다.
be addicted to ~	~에 중독되다 (빠지다)	I'm addicted to video games. 저는 비디오 게임에 중독되었습니다.
anticipate a new edition	신판(새로운 버전)을 기대하다	I'm anticipating the new edition of the game. 저는 이 게임의 새로운 버전이 나올 것을 기대하고 있습니다.
open an exhibition	전시관을 열다	The museum opened a new exhibition about the history of coffee. 박물관은 커피의 역사에 대한 새로운 전시관을 개관하였습니다.
be crazy about ~	~에 빠지다 (미치다)	I'm crazy about that new TV drama. 저는 새로운 TV 드라마에 빠져있습니다.
tidy up	정리하다, 치우다	I need to tidy up my house before the guests arrive. 저는 손님들이 도착하기 전에 집정리를 해야 할 필요가 있습니다.
fill up on gas	주유하다, 기름을 넣다	We need to fill up on gas before we go on our road trip. 우리는 자동차 여행을 계속하기 전에 기름을 넣을 필요가 있습니다.
get the oil changed	오일 교환을 하다	The car wasn't running well because I didn't get the oil changed. 그 자동차는 제가 오일 교환을 하지 않았기 때문에 잘 달리지 못했습니다.

표현	의미	예문
remind A of B	A에게 B를 생각(상기)나게 하다	He reminds me of my ex-boyfriend. 그는 제 예전 남자친구를 생각나게 합니다.
set up a tent	텐트를 치다	My favorite part of camping is setting up the tent with my dad. 캠핑에서 제가 제일 좋아하는 부분은 아빠와 함께 텐트를 치는 것입니다.
RV camping area	레저 차량용 캠핑장	To get to the RV camping area, drive to the end of this road and turn left. 레저 차량용 캠핑장에 도착하기 위해서는 이 길의 끝까지 가서 좌회전하세요.
check one's homework	~의 숙제를 확인하다	I always make sure to check my son's homework before he goes to sleep. 저는 아이들이 잠들기 전에 항상 제 아들의 숙제를 확인합니다.
do homework by oneself	스스로 숙제하다	Now that my kids are older, they do their homework by themselves. 이제는 아이들이 다 커서, 자신들의 숙제는 스스로 합니다.
get rid of stress	스트레스를 해소하다	I swim to get rid of my stress. 저는 스트레스를 해소하기 위해 수영을 합니다.
get used to + (동)명사 = get accustomed to	~에 적응하다	After awhile, I got used to living in the city. 얼마 후에 저는 도시 생활에 적응했습니다

CHAPTER **9**

여행 Traveling

표현	의미	예문
look forward to ~	~을 학수고대하다	I'm really looking forward to my trip to Thailand. 저는 태국여행을 정말 학수고대하고 있습니다.
four days and three nights	3박 4일	I'm going to be traveling in India for four days and three nights. 저는 인도에 3박 4일간 여행할 것입니다.
on schedule	정시에; 예정한 시간에	I like the trains in Korea because they're always on schedule. 저는 한국의 기차가 항상 정시 운행하기 때문에 좋아합니다.
hot spring	온천	My aunt loves to visit hot springs in Yichun. 제 고모는 이천에 있는 온천에 가기를 좋아하십니다.
baggage claim	수하물 보관소	I'm still waiting for my suitcase in baggage claim. 저는 수하물 보관소에서 아직 제 여행가방을 기다리고 있습니다.
apply for a visa	비자를 신청하다	If you want to go to Laos, you must first apply for a visa. 당신이 라오스에 가기를 원한다면 먼저 비자를 신청해야 합니다.
arrival/ departure time	도착/출발시간	I asked the flight attendant for the arrival time of the flight. 저는 승무원에게 비행기 도착시간을 물었습니다.
window/aisle seat	창 쪽/통로 쪽 좌석	I prefer the aisle seat because it's easier to get up and go to the bathroom. 화장실에 다녀오기가 쉽기 때문에 저는 통로쪽 좌석을 선호합니다.

표현	의미	예문
go through immigration/ customs	입국심사/ 세관수속을 통과하다	It takes a long time to go through customs and immigration if you're a foreigner. 만일 당신이 외국인이라면 세관수속과 입국심사를 통과하는데 많은 시간이 걸릴 것입니다.
lavatory	화장실, 세면장	It is forbidden to smoke in the airplane lavatory. 비행기 화장실에서의 흡연은 금지되어 있습니다.
sightsee	관광하다	I spent the whole day sightseeing. 저는 하루 종일 관광하며 보냈습니다.
jet lag	시차로 인한 피로	When I went to Canada, I had a terrible jet lag. 제가 캐나다에 갔을 때 시차로 인한 피로 때문에 아주 고생했습니다.
buy a souvenir	기념품을 사다	While I was in London, I bought some souvenirs. 제가 런던에 있을 때 몇 가지 기념품을 샀습니다.
carsick/seasick/ airsickness	차멀미/뱃멀미/ 비행기멀미	I hate road trips because I always get carsick. 저는 항상 자동차 멀미를 하기 때문에 자동차 여행을 싫어합니다.
on the side of the road	도로 한편에	I saw many souvenir shops on the side of the road. 저는 도로 한편에 있는 많은 기념품 가게를 봤습니다.
It takes ~ to get to ~	~까지 가는데 ~시간 걸리다	It takes about ten hours to get to Washington, D.C. by car. 워싱턴 DC까지 가는데 차로 약 열 시간 정도 걸립니다.
flat tire	펑크 난 타이어, 바람 빠진 타이어	I'm late because I had a flat tire. 저는 타이어에 펑크가 나서 늦었습니다.

표현	의미	예문
traffic jam	교통정체	The accident caused a huge traffic jam. 그 사고는 엄청난 교통정체를 초래했습니다.
major tourist attraction	주요 관광명소	The Statue of Liberty is a major tourist attraction. 자유의 여신상은 주요 관광명소입니다.
vacancy	빈자리; 빈방	The hotel had no vacancies because the town had a festival that week. 그 마을에서 그 주에 축제가 있었기 때문에 그 호텔에는 빈 방이 없었습니다.
book	예약하다	I booked a hotel for two nights. 저는 호텔에 2박으로 예약했습니다.
be ripped off	바가지 쓰다	We were ripped off by that fake tour guide. 우리는 가짜 여행가이드한테 바가지를 썼습니다.
travel agency	여행사	The best way to plan a trip is to consult a travel agency. 여행을 계획하는 가장 좋은 방법은 여행사에 문의하는 것입니다.
pick up	마중 나가다	My brother is picking me up from the airport. 제 남동생이 공항으로 마중 나오기로 했습니다.
five-day trip	5일간 여행	We're planning a five-day trip to Japan. 우리는 일본으로 5일간 여행을 계획하고 있습니다.
round-trip ticket	왕복 티켓	There's a special deal on round-trip tickets to France right now. 지금 프랑스행 왕복 티켓이 특별할인가에 판매되고 있습니다. * one way ticket 편도 티켓

표현	의미	예문
be pickpocketed	소매치기 당하다	I was pickpocketed in Madrid and lost my wallet. 저는 마드리드에서 소매치기를 당해 지갑을 잃어버렸습니다.
first visit to ~	~에 첫 번째 방문	This is my first visit to the United States. 이번이 저의 첫 번째 미국 방문입니다.
flexible itinerary	여유 있는(융통성 있는) 일정	I like to have a flexible itinerary so I can easily make new plans. 저는 쉽게 새 계획을 짤 수 있게 융통성 있는 일정을 짜는 것을 좋아합니다.
check the itinerary	일정을 확인하다	I'll check the itinerary and let you know when I'll arrive. 일정을 확인해보고 제가 언제 도착할지 알려드릴게요.

CHAPTER 10

운동 Sports

표현	의미	예문
consist of	~로 구성되다	Basketball consists of two teams trying to throw a ball into a hoop. 농구는 농구대(링)에 공을 넣으려는 두 개의 팀으로 구성되어 있습니다.
win/lose the game	시합에서 이기다/지다	The Seoul Seahawks lost the game by two points. 서울 씨호크스는 두 점 차이로 시합에서 졌습니다.
go to the finals	결승에 진출하다	The Busan Vikings are going to the finals this year. 부산 바이킹스는 금년에 결승에 진출합니다.
The score was ~ to ~	점수는 ~대 ~이었습니다	The score was 3 to 2 in the last game between Korea and Japan. 한국과 일본의 지난번 경기의 점수는 3대 2였습니다.
game between A and B	A팀과 B팀의 경기	It was a great game between the Seoul Seahawks and the Busan Vikings. 서울 씨호크스와 부산 바이킹스의 경기는 대단했습니다.
one-sided	일방적인	The game was boring because it was really one-sided. 너무 일방적이였기 때문에 시합은 지루했습니다.
overtime period	연장전	It was such an exciting game because there were three overtime periods. 연장전이 세 번이나 있었기 때문에 경기는 정말 흥미진진했습니다.
referee	심판	The game was ruined because the referee made bad calls. 심판의 오심때문에 경기가 엉망이 되었습니다.

표현	의미	예문
make a basket	(구기종목에서) 득점하다	Jin-sup made five baskets in the last 10 minutes of the game. 진섭은 농구경기 마지막 10분동안 5개의 골을 성공시켰습니다. * score a run 득점하다(농구에서) * score a goal 슛을 성공시키다
steal a base	도루하다	Hong, Hyun-chul stole a base in the 9th inning. 홍현철은 9회에서 도루를 했습니다.
serve/receive first	먼저 서브하다/받다	The volleyball was served to the home team first. 배구 시합에서 홈팀이 먼저 서브를 받았습니다.
hit the ball back and forth	공을 쳐서 주고 받다	Ping-pong is a game where you have to hit the ball back and forth. 탁구는 공을 쳐서 주고 받는 경기입니다. * over the net 네트 위로 * out of the court 코트 밖으로
a big fan of ~	~의 열렬한 팬	I am a big fan of the Busan Lions because my family's from Busan. 저는 제 가족이 부산 출신이기 때문에 부산 라이온스의 열렬한 팬입니다.
lose/gain weight	체중이 줄다/늘다	In wrestling, if you gain or lose weight, you have to join a different weight class. 레슬링에서는 당신의 몸무게가 늘거나 줄면 다른 체급으로 들어가야 합니다.
keep in shape	몸매를 유지하다	I swim every day to keep in shape. 저는 몸매를 유지하기 위해 매일 수영을 합니다. * out of shape 원래의 몸매를 잃다

표현	의미	예문
build muscles	근육을 키우다	In order to play soccer, you must build muscles especially on your legs. 당신이 축구를 하기 위해서는 특히 다리 근육을 키워야 합니다.
run on the treadmill	러닝머신에서 뛰다	I started running on the treadmill every morning to lose weight. 저는 체중을 줄이기 위해서 러닝머신에서 달리기 시작했습니다.
lift heavy weights	무거운 운동기구를 들다	I'm really sore because my personal trainer made me lift heavy weights yesterday. 저의 개인 트레이너가 어제 저에게 무거운 운동기구를 들도록 해서 몸이 정말 쑤십니다.
meditation	명상	Meditation is a big part of yoga. 명상은 요가에서 매우 큰 부분입니다.
inhale/exhale	(숨을) 들이쉬다/내쉬다	Yoga teaches you how to inhale and exhale properly. 요가는 올바르게 숨을 들이쉬고 내쉬는 법을 가르쳐 줍니다.
stretch out one's spine	허리를 펴다	During yoga, it feels good to stretch out my spine. 요가를 하는 동안에, 저는 허리를 펼 수 있어서 좋습니다.
driving range	골프 연습장	I like to hit golf balls at the driving range with my friends. 저는 친구들과 골프 연습장에서 골프공을 치는 것을 좋아합니다.
reel in a catch	(릴을 감아) 잡은 물고기를 끌어 올리다	The last time we went fishing, we needed three guys to reel in a big catch. 지난 번에 낚시를 갔을 때 우리가 잡은 큰 물고기를 릴을 감아 끌어 올리기 위해 남자 세 명이 필요했습니다.
bait	미끼	I like to use anchovies as bait when I go fishing. 저는 낚시를 할 때 멸치를 미끼로 사용하기를 좋아합니다.

표현	의미	예문
get on(off) the lift	리프트에 타다(내리다)	One thing I dislike about snowboarding is getting on and off the ski lift. 제가 스노보딩을 좋아하지 않는 이유는 스키 리프트에 타고 내리는 것입니다.
get a bruise	멍이 들다	Ji-sung got a big bruise on his arm from being hit by a baseball. 지성은 야구공에 맞아 팔에 멍이 크게 들었습니다.
be carried away by the paramedics	구급요원에 의해 실려가다	It was scary when the soccer player had to be carried away by the paramedics. 축구선수들이 구급 요원들에 의해 실려 나갈 때 무서웠습니다.
cheer with a pom-pom	(응원도구로 쓰이는) 꽃술을 사용하여 응원하다	The cheerleaders were cheering with their pom-poms. 치어리더들은 응원도구인 꽃술을 사용하여 응원하고 있었습니다.
spectacular catch	극적으로 잡아내기	It was a spectacular catch by the outfielder. 외야수가 공을 극적으로 멋지게 잡았습니다.
breathtaking	아슬아슬한, 숨막히는, 놀랄만한	It was a breathtaking dunk by Kobe Bryant. 코비 브라이언트가 숨막히는 덩크슛을 했습니다.
on the edge of one's seat	몹시 흥분하여, 완전히 매료되어	I was on the edge of my seat the whole time Korea was playing against Japan. 한국과 일본의 경기 내내 저는 몹시 흥분했습니다.

memo

memo

크레듀 외국어연구소 · SDA 공저

credu Hawoo

머리말

두 마리 토끼를 잡자

"물고기를 잡아주지 말고 물고기 잡는 법을 가르쳐 주라."는 격언처럼 "고기 잡는 법을 가르쳐 주는" OPIc 수험서들이 많이 있습니다. 하지만, 정작 시험을 코앞에 둔 수험생에게 가장 필요한 "물고기를 잡아주는" OPIc 수험서가 없는 것이 현실입니다. "고기도 잡아주고, 잡는 법도 가르쳐 주는", 두 마리 토끼를 한 번에 잡아주는 책은 과연 없을까요? 이 꿈을 이루기 위해 공신력을 자랑하는 OPIc 주관사 크레듀 외국어연구소와 학원 최초 OPIc 자체 교재로 강의를 해 온 컨텐츠 전문 개발자 SDA 삼육 외국어학원이 힘을 합쳐 OPIc 수험서인 〈시험장에서 바로 써먹는 OPIc 실전서 중급〉을 공동 개발하였습니다.

OPIc 시험은 어려운 시험일까? 쉬운 시험일까?

영어 말하기 평가시험인 OPIc는 묘사하기와 서술하기를 발휘해야 하는 언어능력과 더불어, 특정 의견에 타당한 근거를 제시해야 하는 논리력과, Role-play와 같은 주어진 상황에 유연하게 대처하는 순발력을 요구하는 문제들로 구성되어 있어 고득점을 받기가 결코 쉽지 않은 시험입니다.

하지만, 다른 한편으로 OPIc시험에 출제되는 문제는 학술적 주제가 아닌 직장/학교 생활, 취미·관심사, 여행, 운동 등 일상 생활의 주제이며, Background Survey(배경설문)을 통해 수험자가 선택한 주제에 관련된 문제가 주로 출제된다는 점에서 준비만 잘한다면 어렵지 않게 고득점을 받을 수 있는 시험이기도 합니다. 그러므로, 어느 정도 말하기 실력이 갖추어진 수험자가 OPIc시험에서 고득점을 받기 위해서는 자주 출제되는 문제 유형의 답변 전략을 활용하여 자신의 모범답안을 만드는 것이 우선이자 필수입니다.

시험장에서 바로 써먹는 OPIc 실전서 중급을 선택하라!

〈시험장에서 바로 써먹는 Credu OPIc 실전서 중급〉은 OPIc 고득점(Intermediate Mid)을 목표로 하는 수험생을 위해 New OPIc 최신경향을 반영한 10회 실전 문제와 오랫동안 OPIc 교육을 통해 얻어진 크레듀 외국어연구소와 SDA 삼육 외국어 학원의 노하우가 묻어나는 모범답안으로 구성된 OPIc 실전서입니다.

본 실전서는 OPIc시험 유형 분석내용과 각 유형별 빈출 주제 및 문제와 각 문제의 모범답안을 통한 답변구성 전략 내용이 수록되어 있습니다. 본 교재의 가장 큰 장점은 10회분의 실전 모의고사의 모든 문제에 답변구성 분석 내용이 수록되어 있다는 것입니다. 예를 들면, 각 문제의 모범 답안의 구성 내용을 서론―본론―결론으로 나누어 구체적으로 어떤 내용으로 어떻게 답변했는지 도표로 정리하여, 답변 전략 비법을 제시하였습니다. 따라서, 이전의 OPIc 실전서에 담긴 모범답안들은 그대로 외워서 말할 수도, 변형하여 활용하기도 어려웠던 반면, 본 교재는 답변 전략 도표를 활용하여 수험생 스스로 쉽게 답안을 변형하여 작성할 수 있도록 하였습니다.

본 교재의 또 다른 장점은 주제별 빈출 어휘와 표현을 모아 OPIc 단어장을 휴대 가능한 사이즈로 제작하여 부록으로 제공하고 있다는 것입니다. 본 단어집에 수록된 단어와 표현을 적극 활용한다면 더욱 풍부한 답변을 준비할 수 있을 것입니다.

한 권의 수험서로 OPIc시험 준비를 마치고, 자신 있게 바로 시험장으로 향할 수 있다는 것이 그저 희망에 머물지 않도록 〈시험장에서 바로 써먹는 Credu OPIc 실전서 중급〉이 지름길을 안내해 드릴 것입니다. 수험생 여러분의 건투를 빕니다.

저자 일동

목차

OPIc 소개 8 / Background Survey 10 / OPIc FAQ 12 / 말하기 전략 14

CHAPTER 1
OPIc Analysis

Unit 01 Descriptive Speaking
Person 16 / Place 18 / Action 20 / Things 22

Unit 02 Narrative Speaking
Process 24 / Cause & Effect 26 / Comparison & Contrast 28
Experience 30 / Chronological Order 32 / Opinion 34

Unit 03 Role-play
Asking 36 / Explaining 38 / Persuading / Suggesting 40 / Complaining 42

Unit 04 Combo 44

부록 / 실전 OPIc 단어장

CHAPTER 2
Actual Test

01 Test
1 | 자기소개 2 | 여가활동-영화(1) 3 | 여가활동-영화(2) 4 | 취미, 관심사-음악감상(1) 5 | 취미, 관심사-음악감상(2) 6 | 직업-학교생활(1)
7 | 직업-학교생활(2) 8 | 직업-학교생활(3) 9 | 운동-축구(1) 10 | 운동-축구(2) 11 | 운동-축구(3) 12 | 기타-신용카드(1)
13 | 기타-신용카드(2) 14 | 여가활동-신세대활동(1) 15 | 여가활동-신세대활동(2)
48

02 Test
1 | 자기소개 2 | 여가활동-공연(1) 3 | 여가활동-공연(2) 4 | 취미, 관심사-악기 연주(1) 5 | 취미, 관심사-악기 연주(2)
6 | 취미, 관심사-악기 연주(3) 7 | 직업-회사생활(1) 8 | 직업-회사생활(2) 9 | 직업-회사생활(3) 10 | 운동-헬스(1)
11 | 운동-헬스(2) 12 | 주거형태-사는곳(1) 13 | 주거형태-사는곳(2) 14 | 여가활동-식당예약(1) 15 | 여가활동-식당예약(2)
64

03 Test
1 | 자기소개 2 | 여가활동-박물관, 전시회(1) 3 | 여가활동-박물관, 전시회(2) 4 | 취미, 관심사-여행 관련 잡지나 블로그 읽기(1)
5 | 취미, 관심사-여행 관련 잡지나 블로그 읽기(2) 6 | 취미, 관심사-여행 관련 잡지나 블로그 읽기(3) 7 | 직업-프로젝트(1) 8 | 직업-프로젝트(2)
9 | 직업-프로젝트(3) 10 | 운동-야구(1) 11 | 운동-야구(2) 12 | 기타-신분증 13 | 직업-출장(1) 14 | 직업-출장(2) 15 | 직업-출장(3)
80

04 Test
1 | 자기소개 2 | 여가활동-스포츠관람(1) 3 | 여가활동-스포츠관람(2) 4 | 여가활동-스포츠관람(3) 5 | 취미, 관심사-댄스(1)
6 | 취미, 관심사-댄스(2) 7 | 직업-회사업무(1) 8 | 직업-회사업무(2) 9 | 직업-회사업무(3) 10 | 운동-수영(1) 11 | 운동-수영(2)
12 | 기타-병원(1) 13 | 기타-병원(2) 14 | 기타-병원(3) 15 | 기타-시골
96

05 Test
1 | 자기소개 2 | 여가활동-공원가기(1) 3 | 여가활동-공원가기(2) 4 | 취미, 관심사-요리(1) 5 | 취미, 관심사-요리(2)
6 | 취미, 관심사-요리(3) 7 | 여가활동-자원봉사하기(1) 8 | 여가활동-자원봉사하기(2) 9 | 여가활동-자원봉사하기(3)
10 | 운동-조깅(1) 11 | 운동-조깅(2) 12 | 기타-명절(1) 13 | 기타-명절(2) 14 | 기타-명절(3) 15 | 기타-약속
112

06 Test
1 | 자기소개 2 | 여가활동-운동(1) 3 | 여가활동-운동(2) 4 | 여가활동-운동(3) 5 | 취미, 관심사-그림그리기(1)
6 | 취미, 관심사-그림그리기(2) 7 | 방학-국외여행(1) 8 | 방학-국외여행(2) 9 | 방학-국외여행(3) 10 | 운동-자전거(1)
11 | 운동-자전거(2) 12 | 주거형태-집 13 | 기타-계절(1) 14 | 기타-계절(2) 15 | 기타-계절(3)
128

07 Test
1 | 자기소개 2 | 여가활동-쇼핑(1) 3 | 여가활동-쇼핑(2) 4 | 취미, 관심사-애완동물 기르기(1) 5 | 취미, 관심사-애완동물 기르기(2)
6 | 여가활동-시험 대비 과정 수강하기(1) 7 | 여가활동-시험 대비 과정 수강하기(2) 8 | 여가활동-시험 대비 과정 수강하기(3)
9 | 운동-농구(1) 10 | 운동-농구(2) 11 | 기타-경찰(1) 12 | 기타-경찰(2) 13 | 기타-경찰(3) 14 | 여가활동-클럽(1) 15 | 여가활동-클럽(2)
144

08 Test
1 | 자기소개 2 | 여가활동-외식(1) 3 | 여가활동-외식(2) 4 | 여가활동-외식(3) 5 | 취미, 관심사-노래하기(1)
6 | 취미, 관심사-노래하기(2) 7 | 취미, 관심사-노래하기(3) 8 | 직업-수업/과제(1) 9 | 직업-수업/과제(2) 10 | 직업-수업/과제(3)
11 | 기타-농부(1) 12 | 기타-농부(2) 13 | 기타-농부(3) 14 | 방학-국내여행(1) 15 | 방학-국내여행(2)
160

09 Test
1 | 자기소개 2 | 여가활동-콘서트(1) 3 | 여가활동-콘서트(2) 4 | 여가활동-콘서트(3) 5 | 여가활동-SNS에 글 올리기(1)
6 | 여가활동-SNS에 글 올리기(2) 7 | 직업-방학(1) 8 | 직업-방학(2) 9 | 직업-방학(3) 10 | 기타-은행(1) 11 | 기타-은행(2)
12 | 기타-은행(3) 13 | 여가활동-미장원/이발소가기(1) 14 | 여가활동-미장원/이발소가기(2) 15 | 여가활동-미장원/이발소가기(3)
176

10 Test
1 | 자기소개 2 | 여가활동-차로 드라이브하기(1) 3 | 여가활동-차로 드라이브하기(2) 4 | 여가활동-차로 드라이브하기(3)
5 | 취미, 관심사-TV시청(1) 6 | 취미, 관심사-TV시청(2) 7 | 직업-휴가(1) 8 | 직업-휴가(2) 9 | 직업-휴가(3) 10 | 기타-테크놀로지(1)
11 | 기타-테크놀로지(2) 12 | 기타-테크놀로지(3) 13 | 취미, 관심사-인터넷(1) 14 | 취미, 관심사-인터넷(2) 15 | 취미, 관심사-인터넷(3)
192

OPIc 소개

OPIc이란?

OPIc(Oral Proficiency Interview-computer)은 면대면 외국어 인터뷰 OPI를 최대한 Interview와 가깝게 만든 iBT기반의 외국어 말하기 평가로서, 외국어 전문 교육 연구 단체인 ACTFL(American Council on the Teaching of Foreign Languages)에서 개발한 공신력 있는 말하기 평가입니다. OPIc은 단순히 문법이나 어휘 등을 얼마나 많이 알고 있는가 보다는 실제상황에서 얼마나 효과적이고 적절하게 언어를 구사하는지를 측정하는 객관적인 평가로, 국내에서는 2007년 시작되어 현재 약 1,000여 개 기업 및 기관에서 OPIc을 채용과 인사고과 등에 활발하게 활용하고 있습니다. 현재 OPIc은 영어뿐만 아니라 중국어, 러시아어, 스페인어 총 44개의 언어평가를 제공함으로써 다양한 언어를 동일한 기준으로 평가할 수 있는 유일한 외국어 말하기 평가로 자리매김하였습니다.

OPIc 진행과정

ORIENTATION(약 15분)

1. Background Survey
- 인터뷰 문항을 위한 사전 설문

2. Self Assessment
- 시험의 난이도 결정을 위한 자가 평가

3. Overview of OPIc
- 화면 구성, 문항 청취 및 답변 방법 안내

4. Sample Question
- 실제 답변 방법 연습

시험 시간(40분)

1. 1st Session
- 개인 맞춤형 문항
- 질문 청취 2회
- 문항별 답변 시간 제한 無
- 약 7문항 출제

2. 난이도 재조정
- Self Assessment(2차 시험 난이도 선택)
- 쉬운 질문/비슷한 질문/어려운 질문 中 선택

3. 2nd Session
- 개인 맞춤형 문항
- 질문 청취 2회
- 문항별 답변 시간 제한 無
- 약 5~8문항 출제

OPIc등급

OPIc의 등급은 크게 세 가지, 작게는 일곱 가지로 세분화됩니다.

- **Novice**: '초보자'라는 뜻으로 OPIc에서는 '초급' 단계의 등급입니다.
- **Intermediate**: '중간'이라는 뜻으로 OPIc에서는 '중급' 단계입니다.
- **Advanced**: '고급의'라는 뜻으로 OPIc에서는 가장 높은 '고급' 단계입니다

이 세 가지의 등급을 세분화해서 다음과 같이 구분하게 됩니다.

- Novice Low, Novice Mid, Novice High
- Intermediate Low, Intermediate Mid(1~3), Intermediate High
- Advanced Low

OPIc의 모체인 OPI에서는 Advanced도 Low, Mid, High로 구분되지만 컴퓨터로 시험을 보는 OPIc에서는 Advanced Low라는 등급 하나만 부여됩니다.

AL	Advanced LOW	사건을 서술할 때 일괄적으로 동사 시제를 관리하고, 사람과 사물을 묘사할 때 다양한 형용사를 사용한다. 적절한 위치에서 접속사를 사용하기 때문에 문장 간의 결속력도 높고 문단의 구조를 능숙하게 구성할 수 있다. 익숙하지 않은 복잡한 상황에서도 문제를 설명하고 해결할 수 있는 수준의 능숙도이다.
IH	Intermediate HIGH	개인에게 익숙하지 않거나 예측하지 못한 복잡한 상황을 만날 때, 대부분의 상황에서 사건을 설명하고 문제를 효과적으로 해결한다. 발화량이 많고, 다양한 어휘를 사용한다.
IM	Intermediate MID	일상적인 소재뿐 아니라 개인적으로 익숙한 상황에서는 문장을 나열하며 자연스럽게 말할 수 있다. 다양한 문장 형식이나 어휘를 실험적으로 사용하려고 하며 상대방이 조금만 배려해 주면 오랜 시간 대화가 가능하다.
IL	Intermediate LOW	일상적인 소재에서는 문장으로 말할 수 있다. 대화에 참여하고 선호하는 소재에서는 자신감을 가지고 말할 수 있다.
NH	Novice HIGH	일상적인 대부분의 소재에 대해서 문장으로 말할 수 있다. 개인 정보라면 질문을 하고 응답을 할 수 있다.
NM	Novice MID	이미 암기한 단어나 문장으로 말하기를 할 수 있다.
NL	Novice LOW	제한적인 수준이지만 영어 단어를 나열하며 말할 수 있다.

*Intermediate Mid의 경우 Mid 1, Mid 2, Mid 3로 세분화하여 제공합니다.

Background Survey (배경설문)

OPIc의 개인 맞춤형 문제는 Background Survey에 대한 응답을 기초로 출제됩니다. 나에게는 어떤 맞춤형 문제가 출제될지 미리 생각해 보세요.

1 현재 귀하는 어느 분야에 종사하고 계십니까?
☐ 사업/회사 ☐ 재택근무/재택사업 ☐ 교사/교육자 ☐ 군 복무 ☐ 일 경험 없음

1.1. 현재 귀하는 직업이 있으십니까?
☐ 네 ☐ 아니요

1.1.1. 귀하의 근무 기간은 얼마나 되십니까?
☐ 첫 직장 – 2개월 미만 ☐ 첫 직장 – 2개월 이상 ☐ 첫 직장 아님 – 경험 많음

1.1.1.1. 당신은 부하 직원을 관리하는 관리직을 맡고 있습니까?
☐ 네 ☐ 아니요

문항 1에서 교사/교육자로 답변했을 경우

1.1. 당신은 어디에서 학생을 가르치십니까?
☐ 대학 이상 ☐ 초등/중/고등학교 ☐ 평생교육

1.1.1. 귀하의 근무 기간은 얼마나 되십니까?
☐ 2개월 미만 – 첫 직장
☐ 2개월 미만 – 교직은 처음이지만 이전에 다른 직업을 가진 적이 있음
☐ 2개월 이상

2 현재 귀하는 학생이십니까?
☐ 네 ☐ 아니요

2.1. 현재 어떤 강의를 듣고 있습니까?
☐ 학위 과정 수업 ☐ 전문 기술 향상을 위한 평생 학습 ☐ 어학 수업

2.2. 최근 어떤 강의를 수강했습니까?
☐ 학위 과정 수업
☐ 전문 기술 향상을 위한 평생 학습
☐ 어학 수업
☐ 수업 등록 후 5년 이상 지남

3 현재 귀하는 어디에 살고 계십니까?
☐ 개인주택이나 아파트에 홀로 거주
☐ 친구나 룸메이트와 함께 주택이나 아파트에 거주
☐ 가족(배우자/자녀/기타 가족 일원)과 함께 주택이나 아파트에 거주
☐ 학교 기숙사   ☐ 군대 막사

아래의 4~7번 문항에서 12개 이상을 선택해 주시기 바랍니다.

4 귀하는 여가 활동으로 주로 무엇을 하십니까? (두 개 이상 선택)
☐ 영화 보기   ☐ 클럽/나이트클럽 가기   ☐ 공연 보기   ☐ 콘서트 보기
☐ 박물관 가기   ☐ 공원 가기   ☐ 캠핑하기   ☐ 해변 가기
☐ 스포츠 관람   ☐ 집안일 거들기   ☐ 술집/바에 가기   ☐ 카페/커피전문점 가기
☐ 게임하기(비디오, 카드, 보드, 휴대폰 등)   ☐ 당구 치기   ☐ 체스하기
☐ SNS에 글 올리기 ☐ 친구들과 문자대화하기
☐ 시험 대비 과정 수강하기 ☐ 뉴스를 보거나 듣기 ☐ 요리 관련 프로그램 시청하기
☐ 차로 드라이브하기 ☐ 스파/마사지샵 가기 ☐ 구직활동하기   ☐ 자원봉사하기

5 귀하의 취미나 관심사는 무엇입니까? (한 개 이상 선택)
☐ 아이에게 책 읽어 주기   ☐ 음악 감상하기   ☐ 악기 연주하기   ☐ 춤추기
☐ 글쓰기(편지, 단문, 시 등) ☐ 그림그리기   ☐ 요리하기   ☐ 애완동물 기르기
☐ 주식 투자하기   ☐ 신문 읽기   ☐ 여행 관련 잡지나 블로그 읽기
☐ 사진 촬영하기   ☐ 혼자 노래 부르거나 합창하기

6 귀하는 주로 어떤 운동을 즐기십니까? (한 개 이상 선택)
☐ 농구   ☐ 야구/소프트볼   ☐ 축구   ☐ 미식축구
☐ 하키   ☐ 크리켓   ☐ 골프   ☐ 배구
☐ 테니스   ☐ 배드민턴   ☐ 탁구   ☐ 수영
☐ 자전거   ☐ 스키/스노보드   ☐ 아이스 스케이트 ☐ 조깅
☐ 걷기   ☐ 요가   ☐ 하이킹/트레킹   ☐ 낚시
☐ 헬스   ☐ 태권도   ☐ 운동 수업 수강하기 ☐ 운동을 전혀 하지 않음

7 당신은 어떤 휴가나 출장을 다녀온 경험이 있습니까? (한 개 이상 선택)
☐ 국내 출장   ☐ 해외 출장   ☐ 집에서 보내는 휴가   ☐ 국내 여행   ☐ 해외여행

OPIc FAQ

OPIc 시험 중 필기구를 사용하여 답변을 준비해도 되나요?
OPIc 응시자는 필기구를 가지고 시험장에 입실할 수 없습니다. 따라서 시험 중에 필기구를 이용하여 메모 등을 하실 수 없으며, 적발 시 부정행위로 처리되어 OPIc 시험 규정에 따라 향후 시험 응시 기회에 제한을 받습니다.

무조건 길게 말하는 것이 도움이 되나요?
짜임새 없는 내용으로 길게만 말하는 것보다는 질문이 요구하는 내용에 충실한 답변을 정확한 문법과 표현을 사용하여 논리적으로 표현할 때 좋은 평가를 받을 수 있습니다. 또한 기-승-전-결 혹은 서론-본론-결론의 짜임새 있는 구성으로 답변해야 합니다. 공식적인 수치는 아니지만, 주어진 시간 내 모든 문제에 풍부한 내용으로 답변을 하려면 한 문항당 짧으면 1분, 일반적으로 2분에서 2분 30초 이상 말할 수 있도록 준비하는 것이 좋습니다.

Background Survey 응답 내용대로만 출제되나요?
아닙니다. 시험 전에 체크한 Background Survey 결과는 나에게 맞는 맞춤형 문항이 출제되는 데 영향을 주지만, 그 외 시스템으로 선별된 문항도 출제됩니다. 즉, 여러분이 선택하지 않은 내용에서도 문제가 출제됩니다. 일반적으로 여러분의 일상생활에서 일어나는 일들을 위주로 문제가 출제되며 전문적인 내용이 출제되더라도 일상생활과 연결되어 있는 질문들이 출제됩니다. OPIc 등급 향상을 위해서는 Background Survey 항목에 관련된 답변만을 무조건 외우기보다는 평소에 다양한 말하기 연습을 하는 것이 도움이 될 것입니다.

OPIc 문제 중 Background Survey 내용과 관련이 없는 내용이 나오면 답변하지 않아도 되나요?
아닙니다. 수험자는 주어진 문항에 대해서 모두 답변을 진행해야 합니다. OPIc은 Background Survey를 통해 수험자의 개인 맞춤형 문항의 출제가 가능하지만 다른 영역의 질문 또한 출제되어 수험자가 예상하지 못한 문제에 대한 상황 대처능력 및 순발력 또한 평가합니다. 따라서, 질문에 대한 답변이 진행되지 않는 경우 감점의 요인이 될 수 있습니다. 그러므로 답변할 때 모르는 문제가 나왔다고 해서 당황해서는 안 됩니다. 설령, 여러분이 Background Survey에서 선택한 내용과 다른 문제가 출제되더라도 최선을 다해 성실하게 답변하는 것이 좋습니다.

시험 보는 중간에 Self Assessment로 레벨을 변경하는 것이 성적에 영향이 있나요?
처음에 높은 레벨로 시작했다가 중간에 낮은 레벨로 바꾸거나, 그 반대로 낮은 레벨에서 시작해서 높은 레벨로 바꾸는 그 자체로 성적이 바뀌지는 않습니다. 철저히 주어진 답변에 얼마나 충실하게 답변했는지가 성적을 좌우한다고 보면 됩니다. 그러나, 나의 영어실력과 너무 동떨어진 레벨을 선택하는 것은 바람직하지 않습니다.

문제를 반복해서 들으면 성적이 좋지 않게 나오는 것이 사실인가요?
문제 풀기 전략 중 하나로 문제를 습관적으로 반복해서 듣는 사람들이 있습니다. 문제를 반복 청취하는 것이 성적에 직접적으로 영향을 미치는 것은 아니지만, 문제를 반복 청취했을 때 답변 시간이 줄어들 수밖에 없으므로, 시간 관리에 어려움을 느낄 수도 있습니다. OPIc 문제의 답변 시간은 질문 청취 시간을 제외하고 약 35분 가량입니다. 따라서 주어진 시간 내 모든 문제에 효율적으로 답변할 수 있도록 시간을 활용해야 합니다.

발음이 안 좋거나 더듬거리면 성적에 나쁜 영향을 주게 되나요?
발음은 이해가 가능한 수준일 경우 크게 영향을 미치지 않는 것으로 알려져 있습니다. 그러나 메시지 전달이 안 될 정도로 말을 매끄럽지 못하게 할 경우에는 당연히 채점이 어려울 수밖에 없습니다.

OPIc 시험은 현장에서 결과를 직접 확인할 수 있나요?
OPIc 정기 시험은 시험 응시일로부터 7일 후 자정부터 OPIc 홈페이지(www.opic.or.kr)에서 성적 확인이 가능합니다. 예) 8월 6일 시험 응시 → 8월 12일에서 8월 13일로 넘어가는 00:00부터 성적 확인 가능
※성적 확인 및 인증서 출력은 회원 전용 서비스이므로 회원 가입 필요

OPIc 시험 일정은 1년에 몇 번 정도 있나요?
OPIc 시험은 일반적으로 월 6회(수요일, 일요일) 있으며 채용 시즌에는 매일 정기 시험을 진행 합니다. 또한 강남 오픽스퀘어 센터에서는 채용 시즌 외에도 주중에 3일 이상 시험이 시행되고 있습니다. 자세한 내용은 OPIc 홈페이지(www.opic.or.kr)를 확인해주시기 바랍니다.

성적이 UR이라고 나오는 것은 무엇을 의미하나요?
"UR"은 unable to rate를 의미합니다. UR이 나오는 경우는 녹음 불량, 녹음 음량이 너무 작은 경우, 수험자가 자신이 없어 답변을 하지 않은 경우입니다. 수험자의 과실인 경우 응시료 환불은 없으며 재시험의 기회도 없습니다. 시스템적인 오류로 UR이 나왔을 경우 한 번의 재시험 기회를 드립니다.

시험에 필요한 규정 신분증이 무엇인가요?
OPIc 시험에서 인정되는 규정 신분증은 주민등록증, 운전면허증, 기간만료 전 여권 등이며, 사원증 및 학생증, 기타 자격증은 신분증으로 인정되지 않습니다.

Level Up 전략

01 준비가 반, 예상 문제는 미리 준비하기

OPIc은 소위 '족집게식' 대비가 힘든 시험입니다. 그렇다고 방법이 아예 없는 것은 아닙니다. 자기 자신에 대한 질문들은 충분히 답변을 미리 준비해 갈 수 있는 문제들입니다. 자기소개, 학교 소개, 하는 일, 사는 곳, 취미 및 관심사 등에 관한 문제들은 출제될 가능성도 높을뿐더러 시험 전에 말할 내용을 준비할 수 있습니다. 따라서 이 같은 문제들의 답변을 미리 준비해서 평소에 연습해 두면 실전에서 긴장을 풀고 좋은 결과를 얻을 수 있을 것입니다.

02 답변을 말할 때는 결론부터 말하기

우리말에서는 서론에서 배경 설명을 하고 본론으로 들어간 후, 마지막에 가서야 결론을 짓게 되는 경우가 많습니다. 하지만 영어로 말할 때는 그 순서가 달라집니다. 주제와 결론을 먼저 이야기하고, 그 다음에 결론을 보강해줄 수 있는 부연 설명(supporting sentences)을 추가하는 경우가 많기 때문입니다. 따라서 OPIc에서도 질문에 대한 직접적인 답변을 먼저 말한 후에 그에 대한 보충 설명을 이어서 말하는 것이 좋습니다.

03 의견에는 언제나 이유나 사례 덧붙이기

질문의 내용이 간단한 문제들이 있습니다. 예를 들어, Describe your favorite vacation spot.이라는 문제가 나왔다고 해볼까요? 수험자들은 '제주도', '부산', '동남아' 등 휴가 장소만을 언급한 후, 간단한 문장들로 답변을 마무리 짓는 경우가 많습니다. 여기서 기억해야 할 것은 OPIc은 설문 조사가 아니라는 것입니다. OPIc은 응시자에 대한 개인 정보를 조사하는 것이 아닌, 응시자가 질문에 대해 얼마나 자세한 내용들을 영어로 이야기할 수 있는지를 평가하는 시험입니다. 따라서 좋아하는 여행지에 대한 문제가 출제되었다면 그 여행지가 어디인지를 이야기한 후, 그곳을 좋아하는 이유, 그곳의 모습, 그곳의 방문 경험 등 자세한 내용을 담아주는 것이 좋습니다.

04 마침표를 아껴라! 간단한 문장도 적절히 이어주기

OPIc에서 높은 등급을 받으려면 답변 하나하나가 이야기(story) 구조를 갖는 것이 좋습니다. 그러려면 짧고 간단한 문장들을 단순히 열거하는 습관에서 벗어나, 적절한 연결어(transitional devices)를 사용해서 이들을 유기적으로 연결시켜 주어야 합니다. 처음에는 문맥에 따라 문장과 문장 사이를 and나 but, so와 같은 간단한 접속사로 이어주는 연습부터 시작해봅니다. 익숙해지면 관계대명사를 사용해 문장들을 연결하거나 문장 앞에 쓰는 연결어들(although, meanwhile, on the other hand 등)을 사용해서 말하는 연습을 합니다.

현재, 과거시제 사용에서 벗어나라

OPIc에서 등급을 높이기 위해서는 여러 가지 시제를 자유롭게 구사할 수 있어야 합니다. 특히 완료시제를 정확하게 쓸 줄 안다면 금상첨화! 자신의 경험이나 추억에 대해 말할 때는 과거의 특정한 시점에 벌어진 사건(과거), 과거에 시작되어 현재까지 이어지는 일(현재완료), 과거 시점보다 이전에 일어난 일(과거완료)들에 대해 시제에 주의하면서 이야기하는 습관을 길러보기 바랍니다.

나와 관련 없는 질문에도 답변은 충실하게!

배경 설문에서는 좋아하는 스포츠로 축구를 선택했는데 수영에 대한 문제가 출제되었다면 당황할 수밖에 없습니다. 그러나 '수영은 잘 모른다'라고 간단하게 답해서는 높은 등급을 받기 힘듭니다. 예상치 못한 상황에 어떻게 대처하는지를 보는 것도 평가 기준에 들어가기 때문입니다. 개인적으로 답변할 내용이 부족하더라도 '나는 수영을 잘 못하지만 내 동생은 잘 한다'라든지 '나는 수영을 별로 안 좋아하지만 한국 선수의 올림픽 금메달 덕에 전국적으로 수영에 대한 관심이 높아지고 있다'와 같은 문장들을 만들어주는 것이 좋은 결과를 얻는 데 도움이 됩니다.

충분히 생각하고 말하기

급한 마음에 생각이 정리되지 않은 상태에서 답변을 시작하는 것은 좋지 않습니다. OPIc은 문항별 답변 제한 시간이 없습니다. 수험자가 주어진 전체 시험 시간 40분을 적절히 조절하며 사용할 수 있습니다. 때문에 녹음이 시작됐다 하더라도 몇 초 동안 여유를 갖고 생각을 정리한 후에 답변을 시작하는 것이 좋은 결과를 얻는 데는 훨씬 도움이 됩니다. 특히 난이도가 높은 후반부 문제의 경우에는 빠른 문제 해결력과 상황 판단력이 필요한 만큼 이야기를 어떻게 구성할지 생각을 정리하는 훈련을 충분히 하는 것이 필요합니다.

신경향 OPIc의 열쇠는 연계형 문제

OPIc은 문제 은행식 시험이지만 질문의 데이터베이스가 한정되어 있지만은 않습니다. 그러나 안타깝게도(?) OPIc 시험 문제들은 계속해서 업데이트되고 있어 시험을 많이 본다고 문제들을 다 알 수 있는 것은 아닙니다. 따라서 수험자들은 질문들이 업데이트되는 만큼 이에 빠르게 적응하고 대비하는 노력을 해야 합니다. 이렇게 진화하는 신경향 OPIc의 가장 큰 특징은 연계형 문제(combination questions)입니다. 기존 OPIc과 가장 큰 차이는 모든 문항들이 주제별로 2~4개씩 특정 주제로 묶여 있다는 것입니다. 예전에도 이러한 형태의 연계형 문제가 출제되기도 했으나, 시험 전체가 이러한 구성을 띄게 된 것은 작지 않은 변화가 아닐 수 없습니다. 자기소개가 끝난 2번 문항부터 곧장 영화에 관한 질문 3가지가 나올 수 있고, 바로 다음에 여행에 관한 질문 2개, 바로 이어 회사 업무에 관한 질문 3개가 연속해서 나올 수 있다는 의미입니다. 이러한 주제 연계형 문제들에 대응을 하기 위해서는 한 주제에 대해 다각적인 내용을 전달하는 연습을 해야 합니다. 같은 이야기라도 전달하는 초점을 바꿔서 다르게 전달하는 연습도 좋습니다. 무엇보다 〈Hello! OPIc 실전 TEST 개정판〉에 나오는 연계형 문제들을 철저히 분석하고 활용하셔서 신경향 OPIc에 대비하시기 바랍니다.

CHAPTER 1

OPIc ANALYSIS

Oral Proficiency Interview-computer

Unit 1. Descriptive Speaking

Unit 2. Narrative Speaking

Unit 3. Role-play

Unit 4. Combo

Descriptive Speaking
Person

유/형/설/명

이 유형은 인물을 묘사하는 말하기 유형입니다. 자기 소개, 가족, 이웃, 친구, 자신이 좋아하는 사람, 닮고자 하는 인물, 운동 선수, 연예인 등에 대한 묘사가 이 유형에 속합니다.

- **Tell me about yourself.**
- **Who is your favorite soccer player? Please describe him or her in as much detail as possible.**

답/변/전/략

형용사를 사용하여 내·외적 특징 묘사하기

- She has **long**, **curly**, **red** hair. 그녀는 빛나는 긴 붉은 곱슬머리를 가지고 있습니다.
- My best friend, Mickey, is a **workaholic**. He even works during weekends.
  나의 가장 친한 친구인 Mickey는 일 중독입니다. 그는 주말에도 일을 합니다.

관계대명사를 사용하여 관계 묘사 및 신분 묘사하기

- Ji-sung Park, **who** plays for Manchester United, is one of the best soccer players in the world.
  Manchester United에서 뛰는 박지성은 세계적인 축구 선수 중 하나입니다.
- Mr. Kim, **whose** main responsibility at work is to sell products, is one of my closest colleagues.
  영업 담당인 Mr. Kim은 저와 가장 친한 동료 중 하나입니다.

시제를 사용하여 기본 인적 사항 묘사하기

- He **used to live** in Korea, but **has recently moved** to France with his wife.
  그는 한국에 살았지만 최근에 아내와 프랑스로 이사를 갔습니다.
- Jasmine **is in her late twenties**. Jasmine은 20대 후반입니다.

인물묘사에 자주 사용되는 형용사

adorable 사랑스러운	adventurous 모험을 즐기는	aggressive 공격적인	attractive 매력적인	beautiful 아름다운
brown-eyed 갈색 눈을 가진	blushing 부끄러움을 잘 타는	bright 밝은	cute 귀여운	dark 어두운
distinct 뚜렷한	elegant 우아한	excited 흥미로운	fancy 화려한	glamorous 매력이 넘치는
gorgeous 멋있는	graceful 우아한	handsome 잘생긴	shiny 빛나는	strange 이상한
ugly 못생긴				

 **Tell me about one of your professors from school. Describe his/her personality and appearance in as much detail as possible.**

당신의 교수님 중 한 분에 대해 말해 보세요. 그 교수님 성격과 외모를 가능한 자세히 묘사해 보세요.

How to Answer

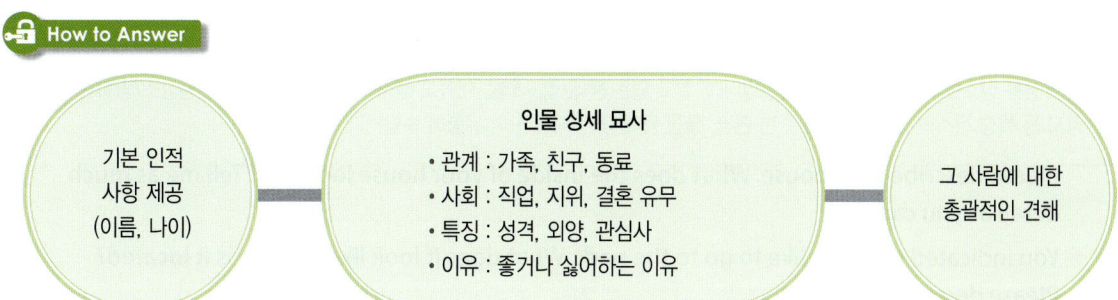

[소개] I'd like to tell you about my history professor. **[이름]** His name is Sung-jin Choi. **[직업]** He is an expert in the field of modern Korean history. **[외양 묘사]** He's small and slim, and looks like he's in his late fifties. He has a mustache and he always wears a red bowtie. Those are Professor Choi's trademarks. From his looks, I thought he would be serious and kind of boring. However, it turned out that my first impression was totally wrong. **[성격]** He's very humorous and witty. We laugh throughout the entire class. **[이유]** I like him because he's also a man of action. Every vacation, he opens a "Korean History and Tales" class to raise funds to help poor children. **[견해]** I want to follow his example in my life.

저의 역사 교수님에 대해 말씀 드리자면, 성함은 최성진 교수님이시고 근대한국사 전문가이십니다. 체구가 작고 날씬하며 50대 후반처럼 보이십니다. 콧수염을 기르시고 항상 붉은색 나비넥타이를 매고 다니시는데 그분만의 독특한 스타일입니다. 외모로 봤을 때 교수님은 좀 진지하고 따분한 분이라고 생각했는데 저의 첫번째 인상은 완전히 잘못 생각했던 것이었습니다. 교수님은 정말 재미있으시고 재치가 풍부하셔서 우리는 강의시간 내내 웃습니다. 제가 교수님을 좋아하는 이유는 또한 그분은 실천하시는 분이기 때문입니다. 방학 때마다 교수님은 불우한 어린이들을 돕기 위한 기금을 조성하기 위해 "한국 역사와 설화" 강의를 하십니다. 저는 일생 동안 그분의 모범을 따르고 싶습니다.

Key Expressions

in one's late forties 40대 후반의
- I was **in my late forties** when I opened my first store in New York.
  제가 뉴욕에 첫 상점을 열었을 때 저는 40대 후반이었습니다.

turn out ~인 것으로 드러나다
- Although it was cloudy this morning, it **turned out** to be a nice day.
  비록 오늘 아침에는 흐렸지만 날씨가 좋아졌습니다.

raise funds 기금을 조성하다
- We held a concert to **raise funds** for flood victims.
  우리는 수재민을 위한 기금을 조성하기 위해 연주회를 열었습니다.

Unit 01

Descriptive Speaking

Place

유/형/설/명/

이 유형은 장소를 묘사하는 말하기 유형입니다. 살고 있는 동네/집, 내 방, 대학교 캠퍼스, 자주 가는 공원/여행장소/영화관/야영지 등 특정 장소의 분위기, 시설, 주변 환경, 특징 등에 대한 묘사가 이 유형에 속합니다.

- Please describe your house. What does the inside of your house look like? Tell me as much detail as you can.
- You indicated that you like to go to the park. What does it look like? Where is it located? Please describe it in detail.

답/변/전/략/

유도부사를 사용하여 장소 표현하기

- **There is** a big, rectangular table in the middle of the room. 방 한가운데에 큰 직사각형 탁자가 있습니다.

부사구를 사용하여 구체적으로 장소 묘사하기

- You can see the beautiful sunset **on the banks** of the river. 강둑에서 아름다운 일몰을 볼 수 있습니다.

형용사를 사용하여 장소 묘사하기

- I live in a **furnished** studio apartment. 저는 가구가 딸린 원룸에서 살고 있습니다.

관계대명사와 관계부사를 사용하여 건물이나 장소 묘사하기

- Ilsan is the city **where** I live. 일산은 제가 살고 있는 도시입니다.
- It has a wonderful park **which** is in the middle of the city. 그 도시 가운데에는 멋진 공원이 있습니다.

장소를 나타내는 다양한 부사구

near the subway station 전철역 근처에	beside the big window 큰 창문 옆에	across from the park 공원 맞은 편에
on the first floor 1층에	on top of ~위에	over there 저쪽에
in the middle of the park 공원 가운데에	in the suburbs 교외에	along the river 강을 따라

장소 묘사에 자주 쓰이는 형용사

quiet 조용한	crowded 붐비는	cozy 안락한	narrow 좁은	broad 넓은
rural 전원의	fancy 화려한			

Q Describe a restaurant that you frequently visit. What kind of restaurant is it? What is it like? Describe the restaurant in detail.

당신이 자주 가는 음식점을 묘사해 보세요. 어떤 종류의 음식점인가요? 어떤 곳인가요? 자세히 묘사해 보세요.

How to Answer

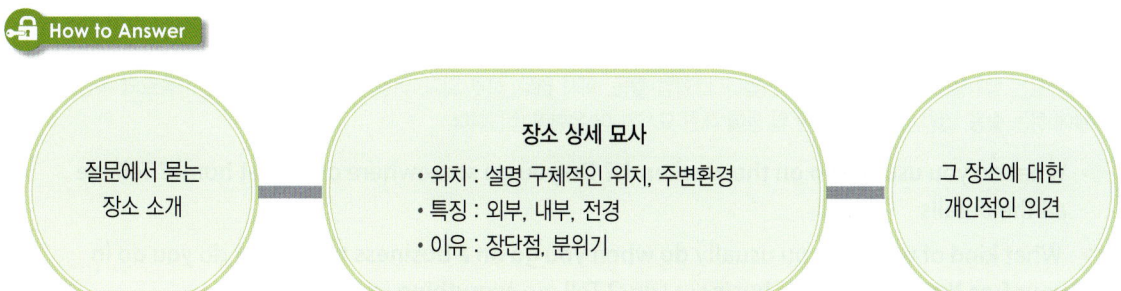

- 질문에서 묻는 장소 소개
- 장소 상세 묘사
  - 위치 : 설명 구체적인 위치, 주변환경
  - 특징 : 외부, 내부, 전경
  - 이유 : 장단점, 분위기
- 그 장소에 대한 개인적인 의견

[소개/위치] There's a really nice Thai restaurant near my company. [내부] It's not very spacious so it's always crowded with people during lunch time. The kitchen is right next to the entrance. People can see the chefs cooking in the kitchen through the glass wall. The interior is very simple. There's a big palm tree in the middle of the room. The tables are placed along the walls on both sides. Some of the tables face the wall. [장점/이유] That's good for me because I often eat alone. What I like most about this restaurant is the food. The chief chef is from Thailand and he knows how to cook real Thai food. [의견] Last but not least is the price. You'll never find a cheaper Thai restaurant in Korea.

저희 회사 근처에 정말 괜찮은 태국 음식점이 있습니다. 규모가 그다지 크지 않아서 점심 시간에는 항상 사람들로 붐비는 곳입니다. 입구로 들어서면 바로 옆에 주방이 있어서 사람들이 유리를 통해 요리사들이 요리하는 모습을 볼 수 있습니다. 인테리어는 아주 단순합니다. 식당 중앙에 큼지막한 야자수 나무가 있고, 테이블이 그 양쪽 벽을 따라 놓여 있습니다. 그 중 몇 개 테이블은 벽을 향해 놓였는데 제가 가끔 혼자 식사할 때 편하게 이용합니다. 제가 이 음식점을 좋아하는 가장 큰 이유는 음식 때문입니다. 태국 출신 주방장이 요리하는데 정말 태국 음식 맛을 제대로 낼 줄 압니다. 마지막이지만 역시 중요한 것은 가격입니다. 한국에서 이 태국 음식점보다 더 저렴한 곳은 없을 것입니다.

Key Expressions

be crowded with ~로 붐비다
- The shopping mall **was crowded with** people who wanted to buy Christmas gifts.
  쇼핑몰은 크리스마스 선물을 사려는 사람들로 붐볐습니다.

what ~ like most ~가 가장 좋아하는 것은
- **What I like most** about him is his generosity.
  제가 그에 대해서 가장 좋아하는 것은 그의 너그러움입니다.

last but not least 마지막이지만 역시 중요한 것은
- **Last but not least,** plenty of sleep is important because it improves concentration.
  마지막이지만 역시 중요한 것은, 충분한 수면이 집중력을 향상시켜주므로 중요하다는 것입니다.

Descriptive Speaking

Action

유/형/설/명

이 유형은 행동을 묘사하는 말하기 유형입니다. 학업 활동, 회사 업무, 하루 일과, 여행/출장, 여가 활동, 친구/동료와 특정한 날에 하는 활동, 건강/운동에 관련된 일 등에 대한 묘사가 이 유형에 속합니다.

- **What do you usually do on the weekends? Do you go somewhere or stay at home? Tell me all the details.**
- **What kind of work do you usually do when you go on a business trip? What do you do in your free time during your business trips? Tell me everything in detail.**

답/변/전/략

활동과 관련된 다양한 동사/동사구 사용해 묘사하기

- In most cases, I **reserve the tickets** online. 대부분의 경우 저는 온라인으로 표를 예매합니다.

활동과 관련된 시간, 장소 등을 구체적으로 묘사하기

- I **often** play basketball **at my school gym when** I have some free time.
  저는 시간이 나면 종종 학교 체육관에서 농구를 합니다.

주제별 다양한 동사구

- 학교 : attend a class, take an English class, do homework
- 회사 : write documents, meet a customer, attend a conference, go on a business trip
- 여가 활동 : make a reservation, do house chores, go camping, take a trip, eat out, work out
- 기타 : make an appointment, surf the Internet

시간, 장소 등을 나타내는 표현

- 시간 표현 : in the morning, late at night, after, before, when, while, at, for two hours, from 9 a.m. to 5 p.m., on Monday
- 장소 표현 : in the park, in one's neighborhood, around Korea, 고유 명사
- 빈도 표현 : every day, always, usually, often, every Sunday, on weekends

Q Let's talk about your days off. What do you like to do on your days off? Tell me all the details.

당신의 휴가에 대해 말해 보세요. 휴가에 무엇을 하기를 좋아하나요? 자세히 말해 보세요.

How to Answer

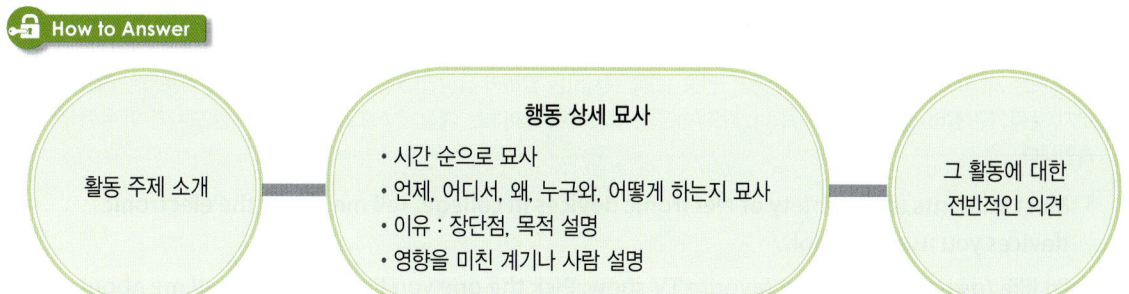

[활동 주제소개] I always have Mondays off. This way, I can have longer weekends. I usually spend Sundays hiking with my family. [시간 순 묘사] We usually leave early in the morning after breakfast. We pack lunch boxes and have a picnic at the top of the mountain. After that, we climb back down the mountain. While climbing down, we talk about my work and family issues. Then, we go to a sauna to relax. [이유] The best part of the day is movie night. We start watching a movie around midnight. [의견] It's really relaxing to watch a movie without worrying about going to work the next day.

저는 항상 월요일에 휴가를 냅니다. 그러면 더 긴 주말을 보낼 수 있거든요. 저는 보통 일요일은 가족과 하이킹을 하면서 보내는데, 온 가족이 아침을 일찍 먹고 출발합니다. 산 정상에서 미리 준비해 온 도시락으로 점심 피크닉을 즐기고 나서 산을 내려옵니다. 하산하면서 제 직장에 관한 이야기나 가족 이야기를 합니다. 그리고 나서는 사우나에서 쉬면서 몸을 풀어줍니다. 하루 일과의 하이라이트는 밤에 영화 감상하는 것입니다. 자정쯤에 영화를 보기 시작하지요. 다음날 출근 걱정 없이 마음 편하게 영화를 즐길 수 있어서 정말 좋습니다.

Key Expressions

have ~ off ~에 휴가를 내다, ~에 쉬다
- Next week is Christmas vacation, so I **have** Monday and Tuesday **off**.
  다음 주가 크리스마스 휴가라서, 저는 월요일과 화요일에 쉽니다.

spend (시간) ~ing ~하는 데 (시간을) 보내다
- I **spent** all Sunday **studying** in the library. 저는 일요일 내내 도서관에서 공부를 하며 시간을 보냈습니다.

climb down 내려오다
- The kitten was afraid to **climb down** the tree trunk, so we had to call the fire department for help.
  그 새끼 고양이는 나무에서 내려오기를 무서워해서, 우리는 도움을 요청하려고 소방서에 전화해야 했습니다.

Descriptive Speaking
Things

유/형/설/명/

이 유형은 사물이나 무형의 대상(영화, 공연, 전공 등)을 묘사하는 말하기 유형입니다. 회사/학교/가정에서 사용하는 테크놀로지, 운동기구/장비, 음악감상 도구/장비, 카드/신분증, 웹사이트, 좋아하는 계절, TV 프로그램 등에 대한 묘사가 이 유형에 속합니다.

- **Most students use a variety of electronic devices in college. Tell me about the electronic devices you use at school.**
- **I'd like to know about your favorite TV show. Pick the one you like most, and tell me about it in detail.**

답/변/전/략/

사물의 형태와 모양을 자세하게 묘사

- 크기, 형태 : It looks like a **rectangular** notepad. 그것은 직사각형 메모지처럼 보입니다.
- 색상 : It comes in **various colors**. 그것은 여러 색상으로 출시됩니다.
- 재료 : It is made of **metal and plastic**. 그것은 금속과 플라스틱으로 만들어졌습니다.

사물의 기능을 다양하게 묘사

- The machine is used to **copy documents and send faxes**.
  그 기계는 문서를 복사해서 팩스로 보내는데 사용됩니다.
- The device provides both **copying and faxing functions**.
  그 장비는 복사와 팩스 기능이 둘 다 있습니다.

기능의 활용도 묘사

- My digital camera has a video camera function, so I can actually **capture** video and still pictures at the same time.
  제 디지털 카메라는 비디오 카메라 기능이 있어, 비디오나 정지화면을 동시에 캡처할 수 있습니다.

사물 묘사에 사용하는 형용사

flat 평평한	mounted 붙박은	state-of-the-art 최신식의	impressive 인상적인
compact 경제적인, 소형의	high-rise 고층의	electric 전기의	round 원형의
star-shaped 별 모양의	budget 저렴한		

Q You indicated in the survey that you listen to music. Describe your music-playing device. How does it look? What can it do?

설문 조사에 음악을 듣는다고 했습니다. 당신이 음악을 들을 때 사용하는 장비를 묘사해 보세요. 어떻게 생겼나요? 기능은 무엇인가요?

How to Answer

- 묘사할 도구나 장비 등 소개
- 사물 상세 묘사
  - 형태 : 크기, 모양, 색상 등
  - 기능 : 기능과 특징 묘사
  - 활용 : 언제/어떻게/왜 활용하는지 묘사
  - 이유 : 좋거나 싫은 이유, 장단점
- 도구 등에 대한 희망 사항

[소개] My MP3 player is the fourth-generation of K-pop Touch. **[형태]** This metal device is flat and rectangular. It fits perfectly in my hands. The outside cover is silver and black. It also has a cartoon character key chain. I love using it whenever I travel far. **[활용방법]** It's bigger than other MP3 players, so I can play games and even watch movies on it. Last month, I took a trip to Busan. I watched two movies on the way home. That's when I made the best use of it. However, **[이유/단점]** I'm not satisfied with the sound quality. I like to listen to loud music. This player isn't loud enough, even at full volume. **[희망사항]** Someday, I hope to get the fifth-generation of K-pop Touch.

제 MP3 플레이어는 4세대 K-pop 터치라는 모델입니다. 금속으로 만들어진 납작한 직사각형 모양이라 제 손안에 딱 들어옵니다. 겉은 검정과 은색이고 만화 캐릭터 열쇠고리가 달려있습니다. 멀리 여행할 때마다 아주 유용하게 사용합니다. 그것은 다른 MP3 플레이어보다 커서 게임도 할 수 있고 영화감상도 할 수 있습니다. 지난 달에 부산에 여행 갔다가 집에 돌아오는 길에 영화를 두 편이나 봤는데 그때가 그것을 가장 유용하게 사용한 때였습니다. 하지만 음질은 그다지 만족스럽지는 않습니다. 음악을 크게 듣는 걸 좋아하는데 볼륨을 최대한 높여도 소리가 크지 않아요. 조만간 5세대 K-pop 터치를 살 수 있으면 좋겠습니다.

Key Expressions

on the way home 집에 돌아오는 길에
- He bought a newspaper **on the way home** from work. 퇴근 후 집에 돌아오는 길에 그는 신문을 샀습니다.

make the best use of it (가급적) 잘 활용하다
- I visited my grandma all Sunday instead of studying, but I think I **made the best use of** my time. 저는 공부 대신 일요일 내내 할머니 댁에 방문했는데, 시간을 잘 활용한 것 같습니다.

be satisfied with ~로 만족하다
- I'm not **satisfied with** my B- in statistics. 저는 통계학에서 B-을 받은 것에 만족하지 않습니다.

Unit 02

Narrative Speaking

Process

유/형/설/명/

이 유형은 어떤 일의 과정 또한 진행 상황을 순서에 따라 기술하는 말하기 유형입니다. 신분증(ID) 만들기, 통장 개설, 음식 만들기 등에 대한 기술이 이 유형에 속합니다.

- Choose one of your favorite foods and tell me about how to make it from beginning to end.
- What steps do you have to take to get an ID card? Tell me about the whole process from beginning to end.

답/변/전/략/

도입 부분에서 과정 설명을 하는 이유나 목적 소개

- I like to cook this food **for two reasons**. 저는 2가지 이유에서 이 음식을 요리하기 좋아합니다.

일의 시작부터 끝날 때까지의 과정을 순서대로 기술

- To get an ID, I **first** need to prepare a photo of myself. 신분증을 받기 위해서는 우선 제 사진을 준비해야 합니다.
- **Then**, I have to fill out a form that asks for my basic information. 그런 다음 제 기본 정보를 기입해야 합니다.

과정 설명 시 필요에 따라 세부 과정, 목적 및 기간 기술

- I need to wait **until it boils**. 저는 그것이 끓을 때까지 기다려야 합니다.
- I opened a new bank account **to get a loan**. 저는 대출을 받기 위해 새 은행 계좌를 개설했습니다.

절차를 설명할 때 사용할 수 있는 표현

- first, then, after that, finally, in the end, during, after a few hours, until, from beginning to end

 **I'd like to know about a food that you frequently make. How do you make it? Describe the process from beginning to end.**
당신이 자주 만드는 음식에 대해 알고 싶습니다. 어떻게 만드나요? 과정을 처음부터 끝까지 묘사해 보세요.

How to Answer

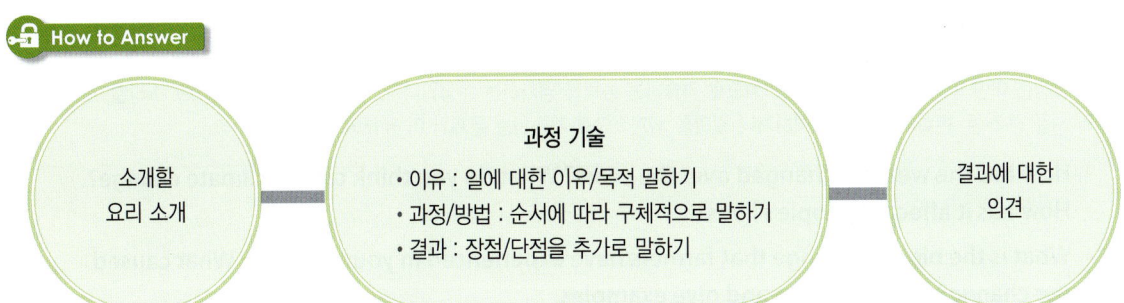

소개 I often cook ramen. 이유 I like ramen because it's quick and simple to make. It only takes about seven minutes. 과정 First, boil two cups of water. For a healthier meal, you can add some vegetables, like onions or carrots. When the vegetables are half-cooked, you put the noodles in the water. It's important to break the noodles in half so that they'll cook faster. Next, pour the powder mix into the soup and mix everything together. You can also add an egg for a better, milder flavor. Lastly, add green onions for a final touch. 의견 Grab a pair of chopsticks and enjoy!

저는 종종 라면을 끓여 먹습니다. 라면은 빠르고 간편하게 만들 수 있어서 좋아합니다. 약 7분 밖에 걸리지 않습니다. 우선 두 컵 분량의 물을 끓입니다. 좀 건강하게 먹고 싶으면 양파나 당근 같은 채소를 넣어도 좋습니다. 채소가 반 정도 익을 때쯤 면을 넣어줍니다. 이때 면이 빨리 끓도록 반으로 잘라서 넣어주는 게 중요합니다. 다음으로는, 스프를 넣고 함께 잘 저어줍니다. 좀 더 맛있고 부드러운 맛을 원하면 계란을 넣을 수도 있습니다. 마지막으로 파를 넣어줍니다. 이제 젓가락을 집어서 맛있게 즐기세요!

Key Expressions

half-cooked 반 정도 익은, 설익은
- The beans were hard and chewy because they were only **half-cooked**.
  콩이 반 정도 익어서 딱딱하고 쫀득했습니다.

break ~ in half ~을 반으로 쪼개다
- Did you see the way she **broke** that board **in half**? 그녀가 판자를 반으로 쪼개는 것을 봤습니까?

final touch 마무리
- I'm almost done with the slideshow. I'm just adding the **final touches**.
  저는 슬라이드 쇼를 거의 끝냈습니다. 지금 막 마무리를 하고 있습니다.

Narrative Speaking

Cause and Effect

유/형/설/명/

이 유형은 어떤 일의 원인과 결과를 논리적으로 기술하는 능력을 평가하는 유형입니다. 주로, 기후, 기술, 라이프 스타일, 도시와 시골 변화 등, 변화의 원인을 분석하거나 결과를 체계적으로 기술하는 문제가 이 유형에 속합니다.

- How has the weather changed over the years? What do you think causes climate change? How has it affected people's lives?
- What is the biggest change that farmers have experienced in your country? What caused the change? Please explain and give examples.

답/변/전/략/

원인과 결과의 상관관계를 나타내는 어구 활용

- Cause → Effect
  It rained very hard, **so** I got soaked. 비가 심하게 와서 나는 흠뻑 젖었습니다.
  → **Because** it rained very hard, I got soaked.

  The heavy rain **caused** severe damage. 폭우가 심각한 피해를 가져왔습니다.
  → Severe damage **is caused by** the heavy rain.

원인/결과의 구체적인 예를 제시

- **For example**, 10 years ago, there were very few multicultural families in the country.
  예를 들면, 10년 전 시골에는 다문화 가정이 거의 없었습니다.

다중의 원인과 결과를 논리적으로 나열하기

- 시간 순서로 나열
- 일의 중요도 순으로 나열
- 항목별로 나누어 나열

- Smart phones have caused some changes in people's lives. **The primary change** can be seen on the subway. **Another change** can be found at meetings in the office.
  스마트 폰은 삶에 변화를 가져왔습니다. 주요 변화는 전철에서 볼 수 있습니다. 또 다른 변화는 사무실의 회의에서 볼 수 있습니다.

원인과 결과를 나타낼 때 자주 사용되는 표현

원인 : because/because of, as, since, due to, cause
결과 : so, therefore, as a result, consequently, result, outcome, effect

Q There have been many advances in technology in the last decade. How have changes in technology affected students? Please explain and give examples.

지난 10년간 큰 기술적 발전이 있었습니다. 기술의 변화가 학생들에게 어떻게 영향을 주었나요? 예를 들어 설명해 보세요.

How to Answer

- 현 상태에 대한 원인과 결과관계 제시
- 원인과 결과 서술
  - 원인/결과의 논리적 제시 (시간/중요도에 따라 항목별로 제시)
  - 각 원인/결과에 대한 구체적 예시 제공
- 전체를 총괄하는 내용으로 마무리

[원인과 결과 관계 제시] The tablet PC came out five years ago. It has caused several changes in school life. [결과/구체적 예시] First, it can download e-books. This means that students don't need to buy paper textbooks. Second, students can type their notes and save them on their PC. That way, they don't need to buy notebooks. Finally, students can use tablet PCs to get on the Internet. They can use the Internet to do research and email their professors. [마무리] Because of its many functions, students can go to school with only a light tablet PC instead of a heavy backpack.

태블릿 PC는 5년 전에 출시되었습니다. 그것은 학교생활에 변화를 가져왔습니다. 우선 전자책을 태블릿 PC에 다운로드해서 볼 수 있습니다. 이는 더 이상 학생들이 종이로 된 교과서를 구입할 필요가 없어졌다는 의미입니다. 둘째, 학생들은 태블릿 PC에 직접 필기를 하고 저장할 수 있기 때문에 공책도 살 필요가 없어졌습니다. 마지막으로 태블릿 PC를 통해 인터넷에 접속하여 연구조사도 하고 담당교수님들에게 이메일을 보낼 수도 있습니다. 이러한 다양한 기능 덕분에 학생들은 무거운 가방대신에 태블릿 PC만 들고 가볍게 학교에 갈 수 있게 되었습니다.

Key Expressions

come out 나오다, 출시되다, 개봉하다 (= **be released**)
- The movie is **coming out** this Friday.
  그 영화가 이번 금요일에 개봉됩니다.

don't need to ~할 필요가 없다
- I **don't need to** read the whole book tonight.
  저는 오늘 밤에 이 책을 전부 읽을 필요는 없습니다.

instead of ~ 대신에
- We want to go bowling **instead of** watching a movie tonight.
  우리는 오늘 밤 영화 보는 대신 볼링을 치고 싶습니다.

Narrative Speaking
Comparison and Contrast

유/형/설/명/

이 유형은 두 개의 다른 대상을 비교하여 유사점과 차이점을 기술하거나, 한 대상의 전과 후를 비교하여 기술하는 능력을 평가하는 유형입니다. 도시와 시골의 차이점, 수영과 조깅의 비교, 주거 형태의 전/후 비교 등이 이 유형에 해당합니다.

- Let's talk about city life and country life. How are they different? In what ways are they the same?
- I'd like to know about different types of housing in Korea. Choose two different types and compare them.

답/변/전/략/

두 대상을 대조하는 경우 유사점과 차이점을 각각 분류해서 기술

- The **difference** between jogging and hiking is in the equipment. On the other hand, jogging and hiking are **similar** because they're both aerobic exercises.
  조깅과 하이킹의 차이점은 장비입니다. 반면, 조깅과 하이킹은 유산소 운동이므로 유사합니다.

한 대상의 전/후를 비교하는 경우 변화의 계기나 이유를 설명

- However, the lake is gone now. **The government filled the lake to create land for farming**.
  그러나, 이제는 호수는 사라지고 없습니다. 정부가 호수를 메워 경작용 부지를 만들었기 때문입니다.

대조 또는 비교할 때 자주 쓰이는 표현 활용

- Su-jung likes to be prepared for everything. **In the same way**, her sister never leaves their house without her sunglasses and an umbrella.
  수정이는 모든 것이 잘 준비되는 것을 좋아합니다. 동일하게, 그녀의 여동생도 선글라스와 우산 없이 집을 나서는 일은 절대 없습니다.

- **While** the country has a peaceful environment, the city has an interesting nightlife.
  시골은 평화로운 환경이 있는 반면에, 도시는 재미있는 밤문화가 있습니다.

대조 또는 비교할 때 자주 사용되는 어구

유사점	차이점
like ~처럼	but 그러나
also 역시	however 하지만
be similar to ~와 유사하다	be different from ~와 다르다
in the same way 동일하게	while 반면에
at the same time 동시에	on the one hand/on the other hand 한편/다른 한편
both 둘 다	

Compare and contrast your current home to your old home.
현재 사는 집과 예전에 살던 집을 비교해 보세요.

How to Answer

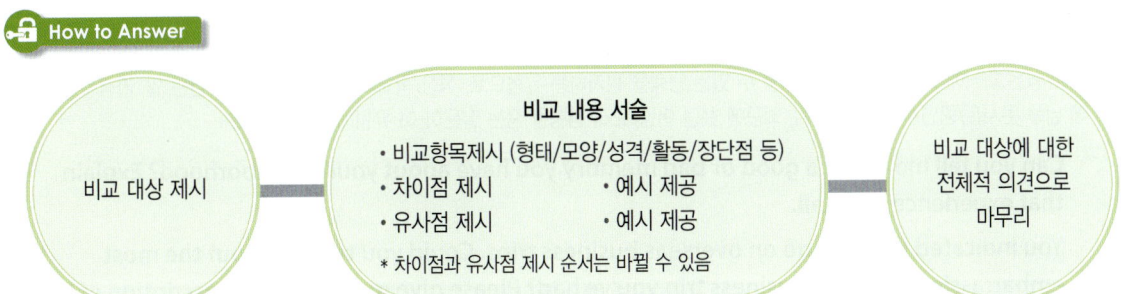

[비교대상제시] I currently live in an apartment in downtown Seoul, but I used to live in a house in the countryside. [비교항목] One big difference is the environment. [차이점/예시] My old house was surrounded by nature. I was able to watch the seasons change throughout the year. However, in Seoul, I can only see apartments and tall buildings. [비교항목] Another difference is the public transportation. [차이점/예시] Since my apartment is downtown, it has convenient transportation. On the other hand, there was no public transportation near my old house. I traveled to school on foot. [유사점] There's one similarity, though. [예시] Both houses have two rooms and a bathroom. [마무리] Three members of my family, my parents and I, still live happily together.

저는 예전에 시골에 있는 주택에 살았는데 지금은 서울 도심에 위치한 아파트에 살고 있습니다. 가장 큰 차이는 주변환경입니다. 예전 집은 자연에 둘러싸여 있어서 계절의 변화를 직접 느낄 수 있었습니다. 하지만 서울에서는 아파트나 고층 빌딩밖에 볼 수 없습니다. 또 다른 점 하나는 대중교통입니다. 지금 아파트는 시내에 있어서 대중교통 이용이 아주 편리합니다. 반면, 예전 집에서는 대중 교통을 전혀 이용할 수가 없었어요. 그래서 학교에 걸어서 다녀야 했습니다. 비슷한 점도 하나 있는데 예전이나 지금 모두 집에 방이 두 개이고 욕실이 하나라는 것입니다. 저희 부모님과 저 이렇게 셋이서 여전히 화목하게 살고 있습니다.

Key Expressions

used to ~하곤 했다(과거에 반복적으로 했던 일)
- We **used to** attend that school. 우리는 저 학교를 다녔습니다.

be surrounded by ~에 둘러싸여 있다
- The campground **is surrounded by** mountains. 그 캠프장은 산으로 둘러싸여 있습니다.

since ~이기 때문에 (=**because**)
- **Since** I'm going abroad next spring, I have to study English extra hard this year.
  나는 내년 봄에 유학을 가기 때문에, 올해 더 열심히 영어 공부를 해야 합니다.

Narrative Speaking
Experience

유/형/설/명/

이 유형은 과거에 있었던 일들을 기술할 수 있는 능력을 평가하는 유형으로, 직장/학교에서 있었던 기억에 남는 일, 가장 기억에 남는 콘서트/공연/영화/운동경기, 최근에 했던 여행/요리 경험을 묻는 질문이 이 유형에 해당합니다.

- Can you tell me about a good or bad memory you have about your neighborhood? Explain that experience in detail.
- You indicated that you go on overseas business trips. Could you tell me about the most embarrassing overseas business trip you've had? Please give me a detailed description of it.

답/변/전/략/

과거시제 정확히 활용

- During the trip, I **visited** many interesting places and **bought** souvenirs for my family.
  여행하는 동안에 저는 흥미로운 곳을 많이 다니고, 가족을 위한 기념품도 샀습니다.

시간 부사구와 동사의 시제 일치시키기

- 현재 : My family **goes** on vacation **every year**. 우리 가족은 매년 휴가를 갑니다.
- 과거 : **Two years ago**, we went to the beach. 2년 전에 우리는 해변에 갔습니다.
- 현재완료 : **Ever since** that experience, I've never **gone** on vacation to the beach.
  그 경험 이후로 저는 절대 해변으로 휴가를 가지 않습니다.

해당 경험이 중요하다고 여겨지는 타당한 이유 제시

- I'll never forget this place **because it reminds me of my grandmother**.
  저는 이 곳을 잊을 수 없는데, 제 할머니를 생각나게 하기 때문입니다.

- **This experience was a turning point in my life**, so I'll never forget it.
  이 경험은 제 인생의 전환점이어서 저는 그것을 결코 잊을 수 없습니다.

시제 별 부사(구) 정리

- 현재시제 : every day, in the morning, now
- 과거시제 : two years ago, last year, when I was young, in 2011, as soon as, before/after
- 현재완료시제 : ever since, for a month, already, so far, from then on

Q: What is the most memorable event that ever happened while you were in school? What happened? Tell me all the details.

학교에서 일어났던 가장 기억에 남는 일은 무엇인가요? 무슨 일이 있었나요? 자세히 말해 보세요.

How to Answer

- 흥미를 이끄는 도입
- 배경(setting) 설명

과거 경험 서술
- 스토리텔링 구성요소 적용
- 인물(who)과 사건(when, where, what, how, why)을 서술
- 시작 → 전개 → 클라이막스 → 결론으로 구성

과거 경험에 대한 의견
- 잊을 수 없는 이유 등

[도입] My most memorable event was when I was in elementary school. [스토리 시작] Once during PE class, we had a race. [전개] All the boys ran hard, but I easily beat them all. All the girls were cheering for me as I was celebrating. [클라이막스] Right then, a jealous friend came up behind me and pulled my pants down! I was really embarrassed and my face turned red. [결론] After pulling my pants up, I chased him around the playground while everybody was laughing at me. My nickname for the rest of the year became Pantyboy. [기억에 남는 이유] It's been over 20 years, but I'm still not comfortable talking about it. When I meet my friends from elementary school, they still bring it up. One of them is the boy who pulled down my pants.

가장 기억에 남는 것은 제가 초등학교때 일입니다. 한번은 체육시간에 달리기를 했습니다. 모든 소년들이 열심히 달렸는데, 제가 그들 모두를 쉽게 이겼어요. 여학생 전부가 저를 응원해주었고, 저는 제 승리를 자축하고 있었습니다. 바로 그때, 저를 시샘하던 친구가 제 뒤로 와서 갑자기 바지를 내려버렸어요! 저는 너무 놀라 당황했고 얼굴이 벌겋게 달아올랐습니다. 바지를 다시 올리고 나서 그 친구를 잡겠다고 운동장을 뛰어다녔는데 모두들 그걸 보고 웃느라 정신 없었습니다. 그 뒤 제 별명은 일년 내내 팬티소년이었습니다. 20년이 지난 일인데도 그 이야기를 하면 아직도 마음이 불편합니다. 초등학교 친구들도 만날 때마다 그 일을 이야기하는데 그 중에 제 바지를 내린 친구도 있습니다.

Key Expressions

be embarrassed 당황하다
- I **was** so **embarrassed** when they asked me to sing for them.
  그들을 위해 노래를 불러달라고 부탁 받았을 때 저는 굉장히 당황했습니다.

laugh at ~을 보고(듣고) 웃다
- Everyone **laughed at** him. 모든 사람들이 그를 보고 웃었습니다.

bring up (문제 등)을 꺼내다
- We were all uncomfortable when he **brought up** the subject of her ex-boyfriend.
  그가 그녀의 예전 남자친구 얘기를 꺼냈을 때, 우리는 모두 불편했습니다.

Narrative Speaking
Chronological Order

유/형/설/명/

이 유형은 주어진 상황/주제를 연대순으로 나열하여 기술하는 능력을 평가하는 유형입니다. 출장의 시작부터 끝까지 있었던 일, 하루 일과, 취미 생활의 변천사, 생일 파티의 변화 등을 시간 순으로 나열하는 문제가 이 유형에 해당합니다.

- You indicated in the survey that you work. What is your normal workday like? Please describe your typical day at work.
- I want to know how your drawing style has changed over the years. Start by explaining how you first started drawing and describe the changes up to the present.

답/변/전/략/

시작 시점과 활동 제시하기

- **When I arrive at my office** in the morning, I **first check my email**.
  아침에 사무실에 도착하면, 저는 먼저 이메일을 확인합니다.
- When I **first played the violin**, I was **four years old**.
  처음 바이올린을 켰을 때, 저는 네 살이었어요.

시간의 순서를 나타내는 표현 활용

- **After** school, I went to an English academy to work part time.
  방과 후에, 저는 아르바이트를 하기 위해 영어학원으로 향했습니다.
- **Lastly**, I ended my business trip by having dinner with my contractors.
  마지막으로 저는 계약자들과 함께 식사를 한 후 출장을 마쳤습니다.

시간의 순서를 나타낼 때 자주 쓰는 표현

- 전치사 : after, before, next
- 접속사 : when, while, until, meanwhile
- 부사 : first, second, then, previously, at the same time, finally, lastly, in the end

Imagine that you are on a business trip. Give me a detailed description of your day.

당신이 출장 중이라고 가정해 봅시다. 당신의 일과를 자세히 묘사해 보세요.

How to Answer

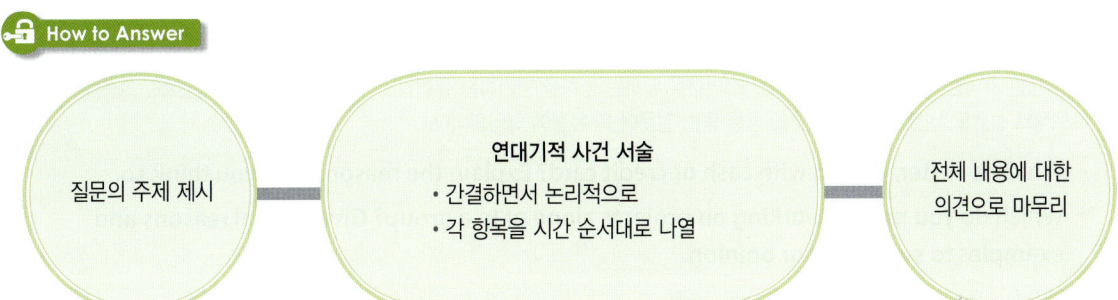

질문의 주제 제시

연대기적 사건 서술
• 간결하면서 논리적으로
• 각 항목을 시간 순서대로 나열

전체 내용에 대한 의견으로 마무리

[질문의 주제 제시] This is how my day went. [처음 일어난 일] In the morning, I got up early and dressed up for a meeting with an executive. It was a breakfast meeting, so we had breakfast together inside the hotel restaurant. After that, I went back to my room to work on a presentation on my computer. Next, I took an hour break from working. Around 1 p.m., I had lunch while looking at my notes. At 3 p.m. I gave a presentation and then we negotiated on the terms of the contract. We spent more than three hours doing this. After signing the contract, we had dinner in a fancy restaurant. We enjoyed talking and eating. [마지막 일어난 일] After dinner, I went to a shopping mall near my hotel and bought some souvenirs for my family and co-workers. [의견] It was quite a long day.

저의 하루 출장 일정은 다음과 같습니다. 아침에 일찍 일어나 회사 임원 회의를 위해 정장을 차려 입었습니다. 조찬회의라 호텔 레스토랑에서 아침식사를 함께 하면서 회의를 했습니다. 회의를 마친 후 방에 돌아와 컴퓨터로 발표 준비를 위한 작업을 했습니다. 그리고 나서 한 시간 정도 휴식을 취했습니다. 오후 1시쯤에 발표내용을 검토하며 점심식사를 했습니다. 3시에 발표를 한 뒤 계약조건에 대한 협상을 하며 세 시간 이상을 보냈습니다. 계약서에 서명을 하고 나서 근사한 레스토랑에서 맛있는 저녁식사를 하며 여러 가지 대화를 나누었습니다. 저녁 식사 후 저는 호텔 근처의 쇼핑몰에 가서 가족과 직장 동료에게 줄 기념품을 구매했습니다. 아주 힘든 하루였습니다.

Key Expressions

work on ~작업을 하다
• I'm **working on** a big project now. 저는 지금 큰 프로젝트 작업을 하고 있습니다.

take a break 잠시 쉬다
• You look tired. You should **take a break**. 당신은 피곤해 보이는데, 잠시 쉬는 것이 좋겠어요..

sign the contract 계약에 사인하다
• After weeks of meetings, they finally **signed the contract**.
몇 주간 회의를 한 뒤, 그들은 마침내 계약에 서명했습니다.

Unit 02

Narrative Speaking
Opinion

유/형/설/명/

이 유형은 주어진 상황/주제에 대한 자신의 의견을 말하는 능력을 평가하는 유형입니다. 현금과 신용카드 선호도, 그룹/개인 프로젝트 선호도, 여행이동수단 선호도 등을 묻는 질문이 이 유형에 해당합니다.

- Which is better, paying with cash or credit card? Explain the reasons why you think so.
- Which do you prefer : working on projects alone or in a group? Give several reasons and examples to support your opinion.

답/변/전/략/

비교급/최상급 등을 활용하여 선호도를 제시

- I **like** reading paper books **more than** e-books. = I **prefer** reading paper books to e-books.
  나는 전자책보다 페이퍼북으로 읽는 것을 더 선호합니다.

- I think the train is **the safest mode of transportation** for a long trip.
  저는 기차가 긴 여행에는 가장 안전한 교통수단이라 생각합니다.

의견에 대한 타당한 근거 제시

- In my opinion, camping is better than swimming because I can learn cooperation. **For example, we need to work together when we set up tents or cook meals**.
  제 의견에는, 협동심을 배울 수 있으므로 캠핑이 수영보다 더 나은 것 같습니다. 예를 들면, 텐트를 치거나 요리를 할 때 협동을 해야 하기 때문입니다.

자신 또는 타인의 경험을 근거로 활용

- Personally, I prefer to buy things with cash instead of a credit card because it is safe. **I was in big trouble when my credit card number was stolen**.
  개인적으로 저는 신용카드보다는 현금이 안전하기 때문에 현금으로 물건 사기를 좋아합니다. 저는 카드 번호를 도난 당해 곤욕을 치른 적이 있습니다.

그 밖의 의견을 나타낼 때 쓸 수 있는 표현

personally 개인적으로
in my opinion 제 의견으로는
It seems to me that ~ 제게는 ~로 보입니다
I (dis)agree with the opinion that ~ 저는 ~라는 의견에 동의합니다/동의하지 않습니다

When you retire, do you want to live in the countryside or the city? Explain your answer and give examples to support your opinions.

당신은 은퇴하면 시골에서 살고 싶나요? 아니면 도시에서 살고 싶나요? 당신의 의견을 뒷받침할 만한 예를 들어 설명해 보세요.

How to Answer

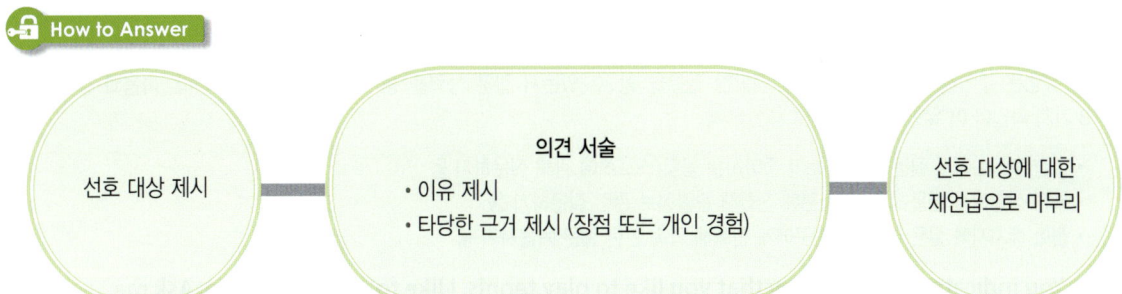

대상제시 When I retire, I want to move back to the countryside. **이유/근거** I've lived in the city ever since I moved here when I was seven. I enjoy city life, but at the same time, I miss my clean and peaceful hometown. **이유** I also want to have a garden where I can grow my own organic vegetables. **근거** My grandparents still live in the countryside. They always send me fresh fruits and vegetables from their garden. It takes a lot of effort to maintain a farm or garden. However, I think it's worth it because we can share love through sharing food. **마무리** Surely I hope to have a garden like theirs when I retire. Gardening in the countryside is the perfect way to retire.

은퇴를 하게 되면 저는 시골에 다시 가서 살고 싶습니다. 저는 일곱 살 때 이사온 후 계속 도시에서 살았습니다. 도시 생활을 즐겨왔지만 동시에 깨끗하고 평화로운 고향을 항상 그리워하고 있습니다. 저는 텃밭에서 유기농 채소를 기르고 싶습니다. 제 조부모님은 아직 시골에 사시는데, 텃밭에서 기른 신선한 과일과 채소들을 항상 보내주십니다. 농장이나 텃밭을 관리하는 것은 엄청난 노력이 필요합니다. 하지만, 음식을 나누면서 사랑을 나눌 수 있기 때문에 가치 있는 일이라 생각합니다. 저는 은퇴하면 조부모님처럼 꼭 텃밭을 갖길 바랍니다. 시골에서 텃밭을 가꾸는 것은 최고의 은퇴 생활입니다.

Key Expressions

ever since ~한 이후로
- My back has been sore **ever since** the accident. 사고가 난 이후로 허리가 아픕니다.

take effort 힘이 들다
- Learning a new language **takes** a lot of **effort**. 새로운 언어를 배우는 것은 많은 힘이 듭니다.

be worth ~할 가치가 있다
- Cooking healthy food is a lot of work, but I think it **is worth** it.
  건강에 좋은 음식을 요리하는 것은 손이 많이 가지만, 그럴만한 가치가 있다고 생각합니다.

Role-play
Asking

📖 **유/형/설/명**

이 유형은 주어진 주제 또는 상황에 적합한 질문을 할 수 있는지 질문 능력을 평가하는 문제 유형입니다. 다음과 같은 3 가지 타입이 이 유형에 속합니다.

- 면접관(Eva)에게 질문하기 : Eva가 좋아하는 음악/스포츠에 관해 질문하기 등
- 특정 상황에서 질문하기 : 도서관에 전화해 관람정보 관련 질문하기 등
- 전화 메시지에 질문 남기기 : 친구에게 전화해 약속 관련 질문 녹음하기 등

- You indicated in the survey that you like to play tennis. I like to play tennis too. Ask me three or four questions about tennis.

- I'm going to give you a situation for you to act out. You saw an ad looking for a part-time worker at a restaurant. Call the phone number in the ad and ask three or four questions about the job.

- I'm going to give you a situation. You want to hang out with your friend. You call your friend, but he/she doesn't answer the phone. Leave him/her a message and ask three or four questions to set up a date.

🎤 **답/변/전/략**

전화를 걸거나 찾아온 용건을 말하기

- **I'm calling because** I saw your ad for a part-time worker. I have some questions about the job.
  아르바이트생을 찾는다는 광고를 보고 전화 하는데요. 일에 관해 질문이 좀 있어요.

- Excuse me. Are you the librarian? **I have a few questions about borrowing books**.
  실례합니다. 사서이신가요? 책 대출에 관해서 몇 가지 질문이 있는데요.

역할극 하듯이 자연스럽게 대화하기

- **I heard that you** also like to go hiking. 너도 하이킹을 좋아한다고 들었어.

자동 응답기에 메시지를 남길 경우, 응답을 기다린다는 내용 포함하기

- Thank you for your time. **I look forward to speaking** with you.
  시간을 내주셔서 감사합니다. 전화를 기다리겠습니다.

- **Call me back**. My number is 123-4567. Have a great day.
  전화 주세요. 전화번호는 123-4567입니다. 좋은 하루 보내세요.

Q Let me give you a situation to act out. A new library recently opened near your house. You are a mother with a small child and you want to take him there. Call the library and ask three or four questions to get more information.

상황을 드릴테니 역할 연기를 해보세요. 당신의 집 근처에 새 도서관이 개관을 했습니다. 당신은 어린 자녀를 둔 어머니이고, 아이를 도서관에 데려가길 원합니다. 더 많은 정보를 얻기 위해 도서관에 전화해서 서너 가지 질문을 해보세요.

How to Answer

특정상황에서 전화로 질문하기
- 전화를 건 용건 설명
- 질문하기
- 자연스러운 대화를 위한 연결문장 활용 (상대방에게 호응하는 문장)
- 대화 중 자신의 의견 말하기
- 질문을 통해서 얻은 정보로 향후 일정에 대해 기술

간단한 인사와 질문하는 상대방의 신분을 확인

간단한 인사로 대화 마무리

〔인사/상대방 확인〕 Hello, is this the library? 〔용건〕 I have a few questions about your services. I want to take my eight-year-old son to your library. 〔질문〕 How big is the children's section? Is it possible for him to get a kid's library card? How many books can he check out at one time? Also, do you offer story time for kids? Finally, do you show kids movies on the weekends? 〔의견〕 I think you have a really nice facility and good programs for kids. 〔향후 일정〕 I'm going to bring my son to the library every day during summer vacation. 〔마무리 인사〕 Thank you for the information.

여보세요, 도서관이죠? 도서관 이용에 관련해서 몇 가지 알아보고 싶은데요. 제 아이가 여덟 살인데 도서관에 데려가고 싶거든요. 어린이 코너는 규모가 어떻게 되나요? 제 아이도 어린이 도서관 카드를 받을 수 있나요? 한 번에 대출할 수 있는 책은 몇 권이나 되는지요? 그리고 아이들을 위한 동화 읽기 시간도 있나요? 마지막으로 주말에 아이들 영화도 상영해 주시나요? 도서관 시설도 좋고 아이들을 위해 좋은 프로그램도 있는 것 같네요. 여름 방학 동안 제 아이를 데리고 매일 다녀 보려고요. 좋은 정보 감사합니다.

Key Expressions

check out (도서관 등에서) 대출받다
- At my library, I can **check out** up to ten books at a time.
  제가 가는 도서관에서는 한번에 10권 까지 대출받을 수 있습니다.

Is it possible for someone to do something? ~가 ~을 할 수 있을까요?
- **Is it possible for me to take** dance lessons from you? 댄스 수업을 받을 수 있을까요?

Unit 03 Role-play
Explaining

유/형/설/명/

이 유형은 주어진 상황의 문제점을 적절하고 타당하게 설명하는 능력을 평가하는 유형입니다. 정해진 약속을 지킬 수 없는 상황, 예약을 했는데 문제가 발생된 상황, 쓰던 물건이 고장 나서 콜센터에 전화하는 상황, 지인의 물건을 빌려와서 망가뜨린 상황 등을 설명하는 문제가 이 유형에 속합니다.

- I'm going to give you a situation for you to act out. You and your friend are going to the movies tomorrow. However, you just remembered that tomorrow is your mother's birthday. Call your friend to explain your situation and ask him/her three or four questions to reschedule the date.

- I'm going to give you a situation for you to act out. Your computer is not working properly. Call customer service, describe the problem that your computer has, and ask for help.

답/변/전/략/

문제점 제시하기

- **I hate to tell you this, but I have a problem**. I can't make it to our movie night tomorrow.
  말하기 정말 괴로운데, 내일 밤 영화보러 못 갈 거 같아.

- **I have a problem with** the USB drive that I bought yesterday.
  어제 산 USB에 문제가 생겼는데요.

상황을 해결하는 대안 제시하기

- **Would you please** change this to a new one? 새것으로 교환해 주시겠어요?
- **Is it possible for me to** come back later? 다음에 와도 괜찮을까요?

대화를 마칠 때, 사과/감사의 표시하기

- Again, **sorry** about this. It won't happen again. 이번 일은 정말 미안해. 다시는 이런 일 없을거야.
- **Thank you** for the help. 도움을 주셔서 감사합니다.

Here's a situation for you to act out. You went shopping at the mall yesterday. After eating in the food court, you left your phone on the table. Call the lost and found department and explain the situation to get your phone back.
역할 연기를 할 상황이 있습니다. 어제 쇼핑몰에 다녀왔습니다. 시식코너에서 식사를 마치고, 테이블에 전화기를 두고 왔습니다. 전화기를 찾을 수 있도록 분실물 센터에 전화를 걸어 상황을 설명해 보세요.

How to Answer

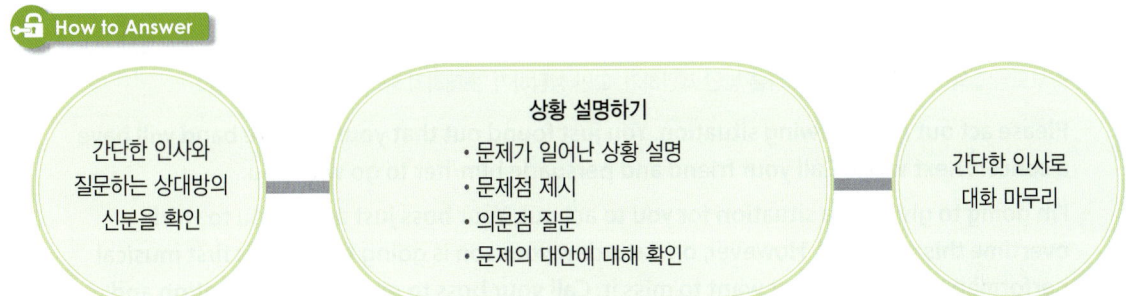

[인사/신분 확인] Hello, is this the lost and found department? [상황 설명] I went to the mall yesterday afternoon. I had dinner in Burger Queen at around 6 p.m. [문제점 제시] I think I left my cell phone there. But I'm not sure exactly where I left it. It might be on the table in the corner, or on the counter. It's a pink smart phone with a furry cat keychain. There's also a sticker picture of my family on the back. It's a brand new phone. I just got it two weeks ago. Oh, you have it! [의문점 질문] When can I pick it up? I'll be at work during that time. What time do you close? [대안 제시/확인] Is it possible for me to go and get it before 10 p.m.? Okay, then I'll be there around nine tonight. [마무리 인사] Thank you so much!

여보세요, 분실물 센터인가요? 제가 어제 오후에 거기 쇼핑몰에 다녀왔는데요. 저녁 여섯 시쯤에 버거퀸에서 저녁을 먹었는데 그 곳에 제 휴대폰을 두고 온 것 같아요. 정확하게 어디에 두고 왔는지는 잘 모르겠지만 아마 안쪽에 있는 테이블이나 계산대 위에 두고 온 것 같아요. 핑크색 스마트 폰이고 고양이 열쇠고리가 달려 있어요. 휴대폰 뒤에는 제 가족 사진 스티커도 붙여 있어요. 최신 모델이고 2주 전에 구입했거든요. 갖고 계신다고요? 언제쯤 가지러 가면 되나요? 그 시간에는 회사에 있어야 하는데. 몇 시에 닫으시나요? 저녁 10시 이전에 가면 괜찮을까요? 알겠습니다. 제가 오늘 저녁 9시쯤에 갈게요. 정말 고맙습니다!

Key Expressions

picture of ~ ~ 사진
- She has a **picture of** her boyfriend in her wallet. 그녀는 지갑에 남자친구의 사진이 있습니다

brand new 최신 모델의, 완전 새 것인
- He has a **brand new** car. 그는 최신 모델의 차가 있습니다.

pick up ~ ~을 찾다, ~을 가져오다
- He forgot to **pick** it **up** from school. 그는 학교에서 그것을 가져오는 것을 잊어버렸습니다.

Unit 03 Role-play
Persuading/Suggesting

유/형/설/명

이 유형은 주어진 상황에 대한 자신의 생각을 설득하거나 상대방에게 적절한 제안을 하는 말하기 능력을 평가하는 유형입니다. 친구/부모님 설득하기, 직장상사에게 다른 방안 제안하기, 고민 상담하기, 초대하기 등이 이 유형에 속합니다.

- Please act out the following situation. You just found out that your favorite band will have a concert next week. Call your friend and persuade him/her to go with you.
- I'm going to give you a situation for you to act out. Your boss just asked you to work overtime this weekend. However, on Saturday, your son is going to have his first musical performance and you don't want to miss it. Call your boss to explain your situation and suggest two or three ways to resolve the situation.

답/변/전/략

상대방의 의견을 수긍하면서 자신의 의견을 표현하기

- **I know that** you're not interested in this band. But once you hear them live, I'm sure that you'll love them! 이 밴드에 네가 흥미가 없다는 건 알아. 하지만, 그들의 라이브를 본다면 완전 사랑하게 될 거야!

제안하는 구문을 사용하기

- **Why don't we** meet at 3 p.m. tomorrow? 내일 오후 3시에 만나는 게 어때?
- **What about** me working overtime next week instead of this weekend?
  주말 근무 말고 다음 주에 야근하면 어떨까요?
- **I suggest** that you deliver a new screen, and then I'll send the broken one back.
  새 스크린을 보내주시면 고장난 것을 보내드릴게요.
- **I'm wondering if** you could move me to another table. The people next to my table are smoking too much, and I can't stand it.
  제 자리를 다른 곳으로 잡아주실 수 있는지 궁금합니다. 옆 테이블 사람들이 담배를 너무 많이 피워서 참을 수가 없네요.

자신의 생각이나 제안을 뒷받침해주는 구체적인 이유를 말하기

- I read a review about a movie that's supposed to be very funny. **We'll laugh a lot.**
  그 영화 리뷰를 읽었는데 굉장히 재미있을 거래. 많이 웃을 수 있을 거야.
- In order to get the job that I want, **a master's degree is required**.
  제가 원하는 직업을 가지려면 석사학위가 필요해요.

Q Please act out the following situation. You were just elected president of the guitar club. It's the beginning of a new term and you need new members. Talk to a student and persuade him/her to join the club.

다음 상황에 맞도록 역할 연기를 해보세요. 당신은 기타 동아리의 회장으로 선출되었습니다. 새 학기를 맞아 신입회원이 필요합니다. 한 학생에게 가서 동아리에 가입하도록 설득해 보세요.

How to Answer

- 간단한 인사와 질문하는 상대방의 신분을 확인
- **설득하기**
  - 대화를 하는 목적 설명
  - 간략한 상황 설명
  - 직접적인 설득/제안 제시
  - 자신의 주장에 대한 장점 설명
- 제안으로 마무리

[인사] Hey, buddy! [신분확인] Are you a new student here? [목적] I know that you're looking for a club to join. You seem musically inclined. Am I right? [제안] I suggest joining the guitar club! [장점] We'll give you free guitar lessons. I know that you're worried because you've never played the guitar before. However, if you practice 20 minutes a day for three months, then you'll be playing beautiful music in no time. [제안] Why don't you come to our guitar club this afternoon? It's on the fifth floor of the club building. After that, I'm sure you'll want to join. You don't need to buy a new guitar. We have several extra guitars that you can borrow. [장점] You can play in our year-end concert this year. It's one of the most popular concerts on our campus. [마무리] Will you come?

어이 그 쪽! 신입생인가? 가입할 만한 동아리를 알아보는 중이지? 보니까 좀 음악에 소질이 있을 것 같은데, 맞지? 우리 기타 동아리에 들어와 볼 생각 없어? 기타 레슨도 무료로 해 주는데. 기타를 한 번도 안쳐봤어도 걱정할 것 없어. 하루에 20분씩 3개월 정도만 연습하면 곧 아주 잘 치게 될 수 있거든. 이따가 오후에 동아리에 한 번 와봐. 동아리 건물 5층에 있어. 한 번 와보면 꼭 가입하고 싶어하게 될 거야. 기타를 새로 살 필요도 없어. 동아리실에 연습할 만한 기타가 여분으로 있으니까. 연말 콘서트에서 같이 연주할 수도 있어. 우리 대학에서 가장 인기 있는 콘서트 중 하나라고. 올꺼지?

Key Expressions

in no time 곧
- Don't worry. I'll be home **in no time**. I won't be late. 걱정하지마. 곧 집에 갈게. 늦지 않을 거야.

why don't you ~? ~하는 게 어때?
- **Why don't you** join my project? 나랑 프로젝트 하는 게 어때?

Role-play
Complaining

유/형/설/명/

이 유형은 주어진 상황에서 자신에게 어떤 불만이 있는지, 불만족한 부분을 설명하고 그 문제를 해결해가는 능력을 평가하는 문제유형입니다. 식당에서 일어나는 사건에 대한 불만, 구매한 제품에 대한 불만, 예약 상황에 대한 불만, 배송 지연에 대한 불만 등이 이 유형에 속합니다.

- **You booked a restaurant for a family gathering. However, when you arrive there, you find out that they put you on the wrong day. Call the manager and complain about this situation.**
- **I'm going to give you a situation for you to act out. You ordered a pair of shoes online. However, the seller sent you the wrong design. Call customer service and complain about this situation. Also suggest two or three ways to solve the problem.**

답/변/전/략/

질문에 나온 상황설명 문구를 이용하여 도입문장으로 사용하기

- **Q : You bought a computer yesterday and it doesn't work properly.**
  당신은 어제 컴퓨터를 샀는데 작동을 하지 않습니다.
- **A :** Hi, I'm calling about the computer that **I bought yesterday. It doesn't work properly**.
  안녕하세요, 어제 컴퓨터를 샀는데요. 작동이 되질 않아서 전화 드렸어요.

불만족한 부분을 구체적으로 설명하기

- **However, it turned out that** you didn't put us under the reservation for tonight.
  하지만 오늘밤 예약이 되어있지 않은 것으로 나타났습니다.
- **I found out** that the printer has a problem with its rollers.
  프린터의 롤러 부분에 문제가 있는 것을 발견했어요.

그 문제점으로 인한 피해나 불편함을 함께 기술하기

- The camera that I ordered hasn't arrived yet. **I need it for my presentation tonight**.
  제가 주문한 카메라가 아직 도착하지 않았어요. 오늘 저녁 프레젠테이션에 필요한데요.

Q I'm going to give you a situation for you to act out. You and your wife are going to a musical for your wedding anniversary. However, when you arrive in the theater, there is another couple sitting in your seats. Go to the manager and complain about this situation. Also suggest two or three ways to solve the problem.

상황을 드릴테니 역할 연기를 해보세요. 당신과 아내는 결혼 기념일이라 뮤지컬을 보러 가기로 했습니다. 그런데, 극장에 도착해보니 다른 부부가 이미 당신의 좌석에 앉아 있습니다. 매니저에게 가서 이 상황에 대해 불만을 표현해 보세요. 그리고 문제를 해결하기 위해 두세 가지 제안을 해보세요.

How to Answer

- 간단한 인사와 질문하는 상대방의 신분을 확인

문제점에 대해서 항의하기
- 문제점 제기
- 문제점을 구체적으로 나열하기
- 상황에 대한 불만토로 (제품/서비스/사람/장소에 대한 불만)
- 해결 방안 등을 2가지 정도 제시

- 상대방의 생각을 다시 묻는 것으로 마무리

[신분확인] Excuse me. Are you the manager here? [문제점] I have a problem with my tickets. [구체적 문제점] I booked two tickets for the show tonight, but a couple is sitting in our seats. We found out that the tickets were double-booked. What should we do? The show is starting in 10 minutes. Are there any other seats available for us? [불만] Today is our wedding anniversary. We expected a romantic night out. Frankly speaking, my wife and I are upset about this situation. [해결방안] If the other seats aren't better, we don't want to watch the show at this time. Would you give us upgraded seats for the next showing? Otherwise, we want a refund. [상대방의 의견 묻기] Is there anything you can do to solve this problem?

실례합니다. 혹시 이곳 매니저 되시나요? 저희 티켓에 문제가 있는데요. 제가 오늘 저녁 공연 티켓을 두 장 구매했는데 지금 다른 사람들이 저희 자리에 앉아있어요. 알아보니까 중복예약되었어요. 어떻게 하죠? 공연은 10분 뒤에 시작하는데 저희가 앉을만한 자리가 있나요? 오늘이 저희 결혼기념일이라서 좀 로맨틱하게 보낼 계획이었는데, 솔직히 말씀 드리자면 제 아내와 저는 지금 좀 언짢네요. 더 좋은 자리가 아니라면 오늘 공연은 관람하고 싶지 않아요. 다음에 오면 자리를 업그레이드해 주실 수 있나요? 안되면 그냥 환불해주시구요. 지금 이 문제를 해결할 만한 다른 방법이 있으신가요?

Key Expressions

double-book 중복 예약하다
- Because my ticket was **double-booked**, I couldn't watch the show yesterday.
  티켓이 중복예약되어서, 어제 공연을 못 봤어.

frankly speaking 솔직히 말하자면
- **Frankly speaking**, I can't stand this situation anymore.
  솔직히 말씀 드리자면, 이 상황을 더 이상 참을 수가 없네요.

Unit 04 Combo

유/형/설/명/

이 유형은 동일 주제의 문제가 연속으로 출제되는 유형입니다. 3개의 연속문제를 3콤보라고 하며, 가장 일반적인 출제유형입니다. 다음과 같은 세 가지 타입이 이 유형에 속합니다.

- 일반문제 3개 : 설명/묘사/소개하기 ➜ 자세하게/처음부터 끝까지 설명하기 ➜ 경험 말하기
- 일반문제 + Role-play ┌ 문제상황 설명/해결 ➜ Eva에게 질문하기
                      └ 설명하기 ➜ 경험 말하기 ➜ Eva에게 질문하기

- **Q1.** Let's talk about the bank you go to frequently. Describe the place in detail. (Description : Place)
- **Q2.** Tell me how to open a new bank account in your country. (Narrative : Process)
- **Q3.** Have you had an unforgettable experience at a bank? What was it? Why was it unforgettable? (Narrative : Experience)

답/변/전/략/

- Background survey에 나오지 않는 주제에 관한 돌발문제도 3 combo로 나올 수 있다. 돌발문제는 거의 99%가 3 combo로 나온다.
- 답변은 질문에서 주어지는 상황을 벗어나지 않으면서 객관적인 관점에서 말하도록 한다.
- 자주 출제되는 돌발문제 주제는 다음과 같다.
- 은행, 건강, 명절, 건물, 식사, 신분증, 시골/농부, 경찰, 학원, 동네, 가구, 이웃, 병원, 치과, 계절, 미장원/이발소 가기, 여행지

Q01

I'm going to give you a situation and have you act it out. You're planning to go watch a movie with a friend. Call him/her and ask three or four questions to set up the date.

상황을 드릴테니 역할 연기를 해보세요. 친구와 영화를 보러 가기로 계획하고 있습니다. 약속을 하기 위해 친구에게 전화를 걸어 서너 가지 질문을 해보세요.

Hey, Seong-su! How are you? How about going to a movie this weekend? Is there anything that you want to watch? There are two movies that just came out that we can see. The first one is a Korean horror movie. I just checked the trailer, and it sent chills down my spine. It got pretty good reviews too. The other one is the Hong Kong action movie that everybody is talking about. People say that the CGI effects look so realistic. What do you feel like watching? Yeah, I'd like to watch that one too. Which day is good for you, Saturday or Sunday? Both are fine with me. What time should we meet then? Should we meet at the subway exit? That sounds good. So we'll meet at exit two, Saturday at 7 p.m. See you then!

여보세요, 성수니? 잘 지내? 이번 주말에 영화나 보러 갈까? 뭐 보고 싶은 영화 있어? 우리가 볼 만한 개봉한 영화가 두 편 있는데 하나는 한국 공포영화야. 예고편 봤는데 정말 무서운 것 같아. 영화에 대한 평도 꽤 좋아. 다른 영화는 요즘 화제 만발한 홍콩 액션영화야. 사람들이 그 영화 컴퓨터 그래픽 효과가 정말 실감난대. 어느 영화보고 싶어? 그래, 나도 그 영화가 보고 싶었어. 어느 날이 좋을까, 토요일 아니면 일요일? 나는 둘 다 괜찮은데. 몇 시에 만날까? 지하철 역에서 만날까? 그것 좋겠다. 그럼 토요일 7시에 지하철역 2번 출구에서 만나자. 내일 봐!

Key Expressions

send chills down one's spine 정말 무섭다/간담을 서늘하게 하다
- When I saw the huge dog in front of me, it **sent chills down my spine**.
  큰 개를 제 앞에서 봤을때, 정말 무서웠습니다.

CGI effects 컴퓨터 그래픽 효과
- It is said that the **CGI effects** in Korean movies have greatly improved.
  한국영화의 그래픽 효과는 비약적으로 성장했습니다.

feel like ~ing ~하고 싶다
- What kind of food do you **feel like eating** tonight? 오늘 저녁에 뭐 먹고 싶어?

Q 02 I'm sorry, but there's a problem you need to resolve. You can't go to the movies with your friend because your cousin is coming from America. Please call him/her to explain the situation and reschedule the movie time.

유감스럽게도 해결해야 할 문제가 생겼습니다. 당신의 사촌이 미국에서 온다고 해서 친구와 영화를 보러 갈 수 없게 되었습니다. 친구에게 전화를 걸어 상황을 설명하고 영화 볼 날짜를 다시 정해 보세요.

Hello, is this Seong-su? I'm sorry to tell you this, but we have to reschedule our movie date. My cousin from America is coming to visit us on Saturday. He was supposed to come next week, but somehow he decided to come earlier without telling us. I have to pick him up at the airport. So can we see the movie another day? When is a good time for you to reschedule? Sunday night? That works for me too. What time can you meet? Why don't we meet in front of the movie theater at 6 p.m. on Sunday? I'm going to re-book the tickets now. Again, sorry about this. See you then!

여보세요, 성수니? 미안하게 됐는데 오늘 영화보기로 한 거 다음에 해야 할 것 같아. 토요일에 사촌이 미국에서 온대. 원래는 다음 주에 오기로 했었는데 우리한테 말도 안하고 일찍 오기로 했대. 공항에 마중 나가야 하거든. 영화는 다른 날에 보면 어떨까? 너는 언제가 괜찮은데? 일요일 저녁? 나도 괜찮아. 몇 시에 만날까? 그럼 일요일 저녁 6시에 극장 앞에서 만나자. 예매는 내가 다시 할게. 정말 미안해. 그럼 일요일에 보자.

🔑 Key Expressions

be supposed to ~하기로 하다
- I **was supposed** to give the presentation. 저는 프리젠테이션을 하기로 되어 있었습니다.

works for someone ~에게 괜찮다, 가능하다
- Does Friday night at seven **work for you**? 금요일 저녁 7시 괜찮으세요?

Q 03 Tell me about one of your professors from school. Describe his/her personality and appearance in as much detail as possible.
당신의 교수님 중 한분에 대해 말해 보세요. 그 교수님 성격과 외모를 가능한 자세히 묘사해 보세요.

A few months ago, my friends and I planned to hang out downtown. When the day came, it was raining and I felt like staying home. I called one of my friends and lied that I was very sick. I didn't think it was a big deal because I see them all the time. However, she was very concerned about me and told me to get well soon. After hanging up the phone, I was happily watching TV at home. About an hour later, my doorbell rang. There were all of my friends looking very worried! They canceled their plans and visited me instead. Of course, they forgave me when I bought them a nice dinner. After that, I decided to never lie to my friends. Now, I always agree to meet up with them.

몇 달 전에 친구들이랑 시내에서 놀기로 했었습니다. 근데 막상 약속한 날이 되니까 비도 오고 집에 있고 싶었습니다. 그래서 친구에게 전화를 해서 아프다고 거짓말을 했습니다. 늘 만나는 친구들이라 그다지 큰 문제가 되지 않을 거라고 생각했습니다. 그 친구는 제가 아프다는 말에 걱정하면서 빨리 건강이 회복되었으면 좋겠다고 말해주었습니다. 전화를 끊고 TV를 재미있게 보고 있는데 약 한 시간쯤 뒤에 누가 초인종을 누르는 것이었습니다. 친구들이 모두 걱정스런 얼굴로 서 있었습니다. 계획을 모두 취소하고 저를 찾아온 것이었습니다. 나중에 제가 저녁을 근사하게 한턱 쏜 뒤에 친구들은 당연히 저를 용서해 주었어요. 그 뒤로 저는 다시는 친구들에게 거짓말을 안 하기로 결심했습니다. 이제는 친구들이 만나자고 하면 항상 나갑니다.

🔑 Key Expressions

hang out 친구들과 놀다
- Let's **hang out** this weekend. 이번 주말에 놀자.

be concerned about ~ ~에 대해 걱정하다
- I'm **concerned about** you. 네가 걱정이 돼.

CHAPTER 2

ACTUAL TEST

Oral Proficiency Interview-computer

Test 1	Test 2
Test 3	Test 4
Test 5	Test 6
Test 7	Test 8
Test 9	Test 10

TEST 1

Oral Proficiency Interview-computer

1 | 자기소개
2 | 여가활동–영화(1)
3 | 여가활동–영화(2)
4 | 취미, 관심사–음악감상(1)
5 | 취미, 관심사–음악감상(2)
6 | 직업–학교생활(1)
7 | 직업–학교생활(2)
8 | 직업–학교생활(3)
9 | 운동–축구(1)
10 | 운동–축구(2)
11 | 운동–축구(3)
12 | 기타–신용카드(1)
13 | 기타–신용카드(2)
14 | 여가활동–신세대활동(1)
15 | 여가활동–신세대활동(2)

Let's start the interview now. Briefly tell me about yourself and your interests.

인터뷰를 시작하겠습니다. 간략하게 자신과 자신의 관심사에 대해 말해 보세요.

Hello, my name is In-su Lee. I'm 21 years old and my major is Biotechnology. I'm currently taking biology, calculus, statistics, and biochemistry. Many people think that these classes are boring, but I really enjoy them. Someday I want to work in a research center. I live in Seoul with my parents, younger sister, and my pet cat. I've had her ever since I was 13. We live in a small apartment on the 11th floor. In my spare time, I like to watch action movies. I enjoy them because of all the exciting fight scenes. I also enjoy playing soccer and reading comic books. Someday I want to learn how to draw like my favorite comic book artists.

 Key Expressions

be currently ~ing 현재 ~을 하고 있다
- I **am currently taking** violin lessons at school. 저는 현재 학교에서 바이올린 레슨을 받고 있습니다.

in one's spare time 여가 시간에
- **In my spare time**, I like to lock myself in my room and play the guitar.
  저는 여가 시간에 제 방에 틀어 박혀 기타를 치는 것을 좋아합니다.

learn how to ~ ~하는 법을 배우다
- I want to **learn how to** sing well, so I started taking voice lessons.
  저는 노래 잘 하는 법을 배우고 싶어서 발성레슨을 받기 시작했습니다.

 **Idea Flow**

서론	본론	결론
기본 인적 사항 소개 (이름, 나이, 전공)	자기소개 1. 선호 과목과 나의 의견 (전공 과목 공부를 즐김) 2. 장래희망 (연구소 근무 희망) 3. 가족과 애완동물 소개 4. 주거지 묘사 (아파트 크기, 층수) 5. 취미 소개 (액션 영화보기, 축구 하기, 만화책 읽기)	마무리 : 좋아하는 만화가처럼 그리는 법을 배우길 원함

 **Translation**

안녕하십니까, 저는 이인수라고 합니다. 저는 스물 한 살의 생명공학을 전공하는 학생입니다. 현재 생물학, 미분학, 통계학, 그리고 생화학 수업을 듣고 있습니다. 많은 사람들은 이런 과목들을 따분하게 여기지만 저에게는 정말 재미있습니다. 저는 언젠가는 연구소에서 일하고 싶습니다. 저는 서울에서 부모님과 여동생과 고양이와 살고 있습니다. 열 세 살 때부터 이 고양이와 지내고 있습니다. 제가 사는 곳은 아담한 아파트이고 11층입니다. 저는 여가 시간에 액션 영화감상을 즐깁니다. 이런 영화를 좋아하는 이유는 신나는 액션 장면들이 많이 있기 때문입니다. 또한 축구와 만화책 읽기도 좋아합니다. 언젠가는 제가 좋아하는 만화가처럼 그리는 법을 배우고 싶습니다.

You indicated in the survey that you go to movies. Give me a detailed description about a movie theater that you often go to.
당신은 설문조사에서 영화관에 간다고 말했습니다. 자주 가는 영화관을 자세히 묘사해 보세요.

I often go to CineBox in Dongdaemun. The whole theater is very clean and modern-looking. When I walk into the lobby, I can see colorful movie posters on the wall. The ticket counter is on the left. On my right, there's a counter where you can buy many different types of snacks. The food is expensive, but I buy it anyway. My favorite movie snacks are gummy bears and popcorn. Next to the counter, there's a waiting area where you can eat. There's also an arcade room, which is usually full of kids. To watch a movie, I take the escalator up to the theaters on the next floor. I especially like this movie theater because of the comfortable seats. They make me feel right at home.

Key Expressions

walk into ~ ~에 들어가다
- I **walked into** the room and saw my brother chatting online.
  저는 방에 들어가서 남동생이 인터넷으로 채팅하고 있는 것을 보았습니다.

be full of ~ ~으로 가득한
- I dislike riding the subway in the morning because it**'s full of** people.
  저는 사람들이 많아서 아침에 지하철 타는 것을 좋아하지 않습니다.

feel right at home 집처럼 편안하게 느끼다
- I enjoy going to that café because it makes me **feel right at home**.
  저는 저 카페에 가면 집처럼 편안하게 느껴져서 그곳에 가는 것을 좋아합니다.

Idea Flow

서론
자주 가는 영화관 소개
(이름, 위치)

본론
자주 가는 영화관 묘사
1. 전체적인 분위기 묘사
2. 로비, 티켓 카운터 묘사
3. 스낵 카운터와 즐겨먹는 스낵 소개
4. 대기장소와 아케이드 소개

결론
의견 : 특별히 집처럼 편안한 의자가 좋아서 자주 찾음

 Translation

저는 동대문에 있는 시네박스에 자주 갑니다. 영화관은 아주 깨끗하며 현대식 건물입니다. 영화관 로비에 들어서면 벽에 붙어 있는 화려한 색깔의 영화포스터가 보입니다. 매표소는 왼쪽에 있습니다. 오른쪽에는 여러 종류의 스낵을 살 수 있는 판매대가 있습니다. 스낵은 비싸지만 그래도 사먹습니다. 저는 특히 팝콘과 동물모양의 젤리를 좋아합니다. 판매대 옆에는 스낵을 먹으면서 기다릴 수 있는 공간이 있습니다. 아케이드 센터도 있는데 주로 어린이들로 가득합니다. 영화를 보기 위해서는 에스컬레이터를 타고 위층으로 올라가야 합니다. 제가 이 영화관을 특별히 좋아하는 이유는 의자가 아주 편하기 때문입니다. 이곳 의자에 앉아 있으면 정말 집에 있는 것처럼 편안합니다.

Let's talk about your favorite actor/actress. Why do you like him/her? Tell me as many details about him/her as you can.

제일 좋아하는 배우에 대해 이야기해 보겠습니다. 왜 그 배우를 좋아하나요? 그 배우에 대해 가능한 한 자세히 말해 보세요.

My favorite actress is Angelina Jolie. She's from America. First of all, I like her because she's gorgeous and talented. She has even won an Oscar for her acting. I first saw her in Tomb Raider. I was really impressed with her acting. She was even better in Tomb Raider 2. After that, I became a big fan of hers. Secondly, I like her because her movies are usually very exciting. For example, the Tomb Raider series was full of action. There were many fight scenes and CGI effects. Finally, I admire her because she helps poor people around the world. For example, she donates lots of money to help people in Third World countries. She has also adopted children from three different countries. Someday, I hope to meet her.

 Key Expressions

first of all 우선, 무엇보다도
- **First of all**, I like working with my boss because she always encourages me.
  우선, 저는 제 상사가 항상 저를 격려해 주기 때문에 그와 함께 일하기를 좋아합니다.

win a prize 상을 타다
- I had a bad day because I didn't **win a prize** at the speech competition.
  저는 연설 대회에서 상을 타지 못했기 때문에 온종일 불쾌했습니다.

a big fan of ~ ~의 열성적인 팬
- I have been **a big fan of** the Seoul Bears for fifteen years now.
  저는 지난 15년간 서울 베어스의 열성 팬입니다.

Idea Flow

서론	본론	결론
좋아하는 배우 소개 (안젤리나 졸리, 국적)	좋아하는 배우 이유 설명 1. 훌륭한 연기 : 〈툼 레이더〉에서 인상적인 연기 2. 흥미 있는 영화에 출연 (격투장면, 컴퓨터 그래픽 효과) 3. 선행활동 (빈곤계층을 위한 기부)	희망 : 만나고 싶은 마음 표현

 **Translation**

제가 제일 좋아하는 영화배우는 안젤리나 졸리입니다. 미국출신 배우입니다. 우선 그녀는 정말 훌륭하고 재능있는 배우입니다. 그녀는 연기력으로 오스카상도 수상했습니다. 저는 안젤리나 졸리를 〈툼 레이더〉라는 영화에서 처음 봤는데 그녀의 연기는 아주 인상적이었습니다. 후속편인 〈툼 레이더 2〉에서는 더 대단했습니다. 그 후로 저는 안젤리나 졸리의 열성 팬이 되었습니다. 둘째로, 그녀가 출연한 영화들은 모두 정말 흥미진진하다는 것입니다. 예를 들어, 〈툼 레이더〉 시리즈는 액션으로 가득합니다. 격투 장면들도 많고 컴퓨터 그래픽 효과도 훌륭합니다. 마지막으로 저는 그녀가 전세계의 많은 가난한 사람들을 돕는 것을 보고 동경하게 되었습니다. 예를 들면, 그녀는 제 3세계 국가의 사람들을 위해 많은 돈을 기부합니다. 또한 3개국에서 아이들을 입양했습니다. 언젠가는 그녀를 꼭 만나보고 싶습니다.

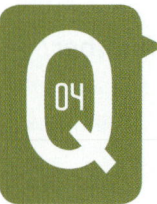

Q 04 You indicated in the survey that you like music. What do you use to listen to music? Give me as many details about your music-playing device as you can.

설문조사에 음악을 좋아한다고 표기했습니다. 어떻게 음악을 듣나요? 사용하는 음악을 듣는 장비에 대해 자세하게 설명해 주세요.

I love music, but I'm usually too busy to just relax and listen. That's why I listen to music with my MP3 player on my way to school. My MP3 player is not the newest model, but it still works pretty well. It's a white rectangular device. It's about the size of my hand. I recently got a black case for it because I didn't like the original color. I also had to get an extra battery because of its short battery life. It has 30 gigabytes of space and it can play video and store pictures as well. I'm saving my money for a new MP3 player. It will have a bigger screen and will be able to get on the Internet.

Key Expressions

too~ to~ 너무 ~해서 ~할 수 없는
- I was **too** tired **to** go to the bridge with my friends. 저는 너무 피곤해서 친구들과 그 다리에 갈 수 없었습니다.

on one's way ~가는 길에
- I was **on my way** home when I realized I forgot my lunch box. 도시락을 잊고 왔다는 사실을 깨달았을 때 저는 집으로 돌아오는 중이었습니다.

get on the Internet 인터넷에 접속하다
- As soon as I go home, I **get on the Internet**. 저는 집에 도착하자마자 인터넷에 접속합니다.

Idea Flow

서론	본론	결론
바쁜 일정으로 등교 길에 음악 들음 → 음악 듣는 장비 소개 (MP3 플레이어)	현재 사용 중인 MP3 플레이어 묘사 1. 상태 묘사 (구모델이지만 성능 좋음) 2. 형태 묘사 (모양, 크기, 케이스 색상) 3. 기능 묘사 (메모리, 동영상, 사진저장)	희망 : 좀더 큰 스크린과 인터넷 접속 가능한 새 MP3 플레이어 구매

Translation

저는 음악을 좋아하지만 너무 바빠서 편안하게 음악을 감상할 시간을 많지 않습니다. 그래서 보통 학교 가는 길에 MP3 플레이어로 음악을 듣습니다. 제 MP3플레이어는 최신 모델은 아니지만 아직 꽤 쓸만합니다. 흰색의 직사각형 모양이고 제 손바닥 만한 크기입니다. 기존의 색상이 맘에 들지 않아서 최근에 검정 케이스를 샀습니다. 그리고 건전지 수명이 짧아서 새 건전지도 샀습니다. 용량은 30기가바이트인데, 비디오를 보고 사진을 저장할 수도 있습니다. 저는 지금 새 MP3플레이어를 사려고 저축하고 있습니다. 제가 사려는 모델은 스크린도 더 크고 인터넷 접속도 가능합니다.

Q05 Let's talk about the music that you like. Describe how your tastes in music have changed over the years.

좋아하는 음악에 대해 이야기해 보겠습니다. 지난 몇 년간 음악에 대한 취향이 어떻게 변했는지 말해 보세요.

My tastes in music have changed a lot. When I was younger, my parents played classical music all the time. Therefore, I always listened to symphonies and operas. I loved it! I used to sing along to the operas or pretend that I was the conductor. I had no idea what I was doing, but I always gave my parents a big laugh. When I grew up, my friends got me into K-pop. I didn't enjoy it too much at first. It was too loud and repetitive. However, the songs kept getting stuck in my head. I started going to karaoke bars with my college friends to sing K-pop. It was a lot of fun. These days, depending on my mood, I listen to either K-pop or classical music. Both are good, just in different ways.

Key Expressions

get into ~ ~에 빠지다, 열중하게 되다
- I was never interested in golf, but my friends **got** me **into** it.
  저는 골프에 흥미가 없었지만, 친구들이 저를 골프에 빠지게 만들었습니다.

get stuck in ~ ~에서 떠나지 않다
- The last scene from the movie **got stuck in** my head for days.
  그 영화의 마지막 장면이 며칠 동안 제 머리 속에 맴돌았습니다.

depending on ~ ~에 따라
- I either wear jeans or khakis **depending on** my mood.
  저는 제 기분에 따라 청바지를 입거나 카키색 바지를 입습니다.

Idea Flow

서론
음악에 대한 취향이 변화되었음을 알림

본론
음악에 대한 취향의 변화
1. 아동기 (부모님 영향으로 클래식 음악 들음)
2. 청소년기 (친구의 영향으로 K-pop을 접함)
3. 현재 (클래식과 K-pop을 들음)

결론
의견 : 클래식과 K-pop을 둘 다 좋아함

Translation

음악에 대한 저의 취향은 많이 변했습니다. 제가 어릴 적에 부모님께서는 집에 클래식 음악을 늘 틀어놓으셨습니다. 그래서 저는 항상 교향곡이나 오페라 같은 음악을 들었는데 정말 좋았습니다! 외국 오페라 가수의 노래를 따라 부르기도 하고 지휘자가 된 것처럼 흉내 내곤 했습니다. 그때 무엇을 하는지도 잘 모르고 따라 하면서 부모님을 많이 웃겨 드렸습니다. 제가 자라서는 친구들이 저를 K-pop에 빠지게 만들었습니다. 처음에는 별로 좋아하지 않았습니다. 소리도 너무 크고 음악이 좀 반복적이었습니다. 그런데 이 노래들이 제 머리 속에서 늘 맴도는 것이었습니다. 대학 친구들과 K-pop을 부르려고 노래방에 가기 시작했습니다. 그것은 정말 재미있었습니다. 요즘은 제 기분에 따라 K-pop과 클래식 음악을 골라가며 듣습니다. K-pop과 클래식 음악은 좀 다르지만 모두 유익하다고 생각합니다.

Q06 I'd like to know about your school campus. What does it look like? What's the surrounding area like? Give as much description as possible.

당신의 학교 캠퍼스에 대해 알고 싶습니다. 학교 캠퍼스가 어떻게 생겼나요? 학교 주변은 어떤가요? 가능한 한 자세하게 말해 보세요.

I go to Hankook University in Seoul. I think it's the most beautiful school in Seoul. Everybody says that my campus looks like a big garden. The campus is full of flowers, trees, and green lawns. The campus is pretty big, so we have to take the shuttle bus from the entrance to the library. Next to the library is a beautiful pond. There is a bench that I like to sit on whenever I need a break from studying. There are families of ducks around the pond. This is a hot spot for couples. There are many shops, bars, and restaurants nearby. They're not expensive, so many students from other schools often come and hang out there. My school is a great place to study and have fun.

Key Expressions

look like ~ ~처럼 보이다, 생기다
- The church that I attend **looks like** a cathedral. 제가 다니는 교회는 성당처럼 생겼습니다.

hot spot 잘 가는 곳
- That club is a **hot spot** for all the pretty girls. 그 클럽은 예쁜 여자들이 잘 가는 곳입니다.

hang out 놀러 가다, 어울리다
- The bowling alley is my favorite place to **hang out** with friends.
  그 볼링장은 제가 친구들과 어울릴 때 가장 좋아하는 장소입니다.

Idea Flow

서론
자신의 학교를 소개
(이름, 위치)

본론
학교 캠퍼스 묘사
1. 캠퍼스의 전경과 크기 (큰 정원 비슷하고 셔틀 버스로 이동)
2. 좋아하는 장소 (도서관 옆 연못)
3. 학교 주변 (상점이 많고 저렴)

결론
의견 : 학교가 멋진 곳 이라고 생각

Translation

저는 서울에 위치한 한국대학에 다니고 있습니다. 제가 보기에는 서울에서 가장 아름다운 캠퍼스라고 생각합니다. 사람들도 우리 대학이 커다란 정원 같다고 말합니다. 캠퍼스는 꽃과 나무, 그리고 푸른 잔디로 가득합니다. 캠퍼스는 아주 넓기 때문에 정문에서 도서관까지 셔틀 버스를 타야 합니다. 도서관 옆에는 아주 예쁜 연못이 있습니다. 연못 옆에는 공부를 하다가 쉬고 싶을 때 제가 자주 가서 앉는 벤치도 있습니다. 연못 주위로 오리가족이 살고 있습니다. 이곳이 바로 연인들이 잘 가는 곳입니다. 학교 주변에는 상점도 많고 술집과 음식점도 즐비합니다. 가격도 저렴해서 다른 학교 학생들도 자주 애용하는 곳입니다. 우리 학교는 공부하고 재미있게 지낼 수 있는 멋진 곳입니다.

I'd like to give you a situation and ask you to act it out. You're trying to decide whether or not to take an English class. Call up the professor and ask three or four questions about the class to find out more about it.

상황을 드릴테니 역할 연기를 해보세요. 지금 영어 수업을 수강할지 말지 고민하고 있습니다. 교수님께 전화해서 수업과 관련된 서너 가지 질문을 해보세요.

Hello, Professor Kim? My name is In-su Lee. I have a few questions about your English class. First, how many times a week does it meet? Which days does it meet and at what time? I have a tight schedule this term, but I think I can squeeze this class in. How many books are required for the class? My roommate is letting me borrow his English textbook, but it's an older edition. I hope that's OK. By the way, how many tests and term projects will there be? I know that the class is starting very soon and I missed the registration deadline. Is it still possible to sign up? I really want to take your class. Thank you!

Key Expressions

squeeze in ~ 밀어 넣다, 비집고 들어가다
- This bus is full, but maybe we can try to **squeeze in** here.
  이 버스는 만원이지만 우리가 여기에 비집고 들어갈 수 도 있을 것 같습니다.

be required for ~ ~에 필요하다
- Three books **are required for** this year's biology class. 올해 생물학 수업에는 교재 세 권이 필요합니다.

miss the deadline 마감시간을 놓치다
- I almost **missed the** project **deadline** this month. 저는 이번 달 프로젝트 마감일을 놓칠 뻔 했습니다.

Idea Flow

서론	본론	결론
교수님 확인과 자기소개 → 전화 용건 설명 (영어 수업 수강신청)	영어 수업에 대한 질문 1. 수업일수 및 시간 2. 교재 (필요한 교재 수, 구교재 사용 여부) 3. 시험/과제 횟수 4. 수강신청기간 후 신청가능 여부	희망 : 수업을 듣기를 원함

Translation

여보세요, 김교수님이신가요? 저는 이인수라고 합니다. 교수님의 영어 수업에 대해 몇 가지 여쭙고 싶은데요. 우선, 일주일에 수업이 몇 번인가요? 어떤 요일이고 몇 시에 수업이 있나요? 제가 일정이 빡빡한데 간신히 수업에 들어갈 수 있을 거 같아요. 수업에 필요한 교재는 몇 권이에요? 제 룸메이트가 자신의 영어교재를 빌려 준다고 했는데 구판인데 괜찮겠지요. 참, 시험은 몇 번이고 프로젝트는 몇 개인가요? 수업이 곧 시작하는 걸로 알고 있는데 제가 등록 마감일을 놓쳤어요. 아직도 등록이 가능할까요? 꼭 교수님 수업을 듣고 싶어요. 감사합니다!

I'm sorry. There's a problem that you need to resolve. You signed up for the English class, but the class time has been changed. Now you can't attend it anymore. Call the school office, explain the situation, and ask questions to solve the problem.

유감스럽게도, 해결해야 할 문제가 생겼습니다. 영어 수업에 등록했는데 수업시간이 변경되었습니다. 이제 수업을 들을 수 없게 되었습니다. 학교 등록 사무실에 전화해서 상황을 설명하고 문제해결을 위해 몇 가지 질문을 해보세요.

Hello? Is this the registrar's office? I have a problem with my schedule. I signed up for Professor Kim's English class which is scheduled for 3 p.m. on Tuesdays and Thursdays. However, he changed the class time to 5 p.m. Unfortunately, I have biochemistry lab at that time. I can't get into another lab section because all the others are full. What do you suggest? Is there another English class at 3 p.m. on Mondays and Wednesdays? If not, are there any English classes before noon? I don't have any classes in the morning, so any class before noon will work for me. Will Professor Kim's class be available next semester? I really want to take a class from him. If you have any other suggestions, please let me know!

Key Expressions

sign up for ~ ~에 등록하다, 가입하다
- I want to **sign up for** the hiking club this year. 저는 올해 하이킹 동아리에 가입하고 싶습니다.

be available 이용할 수 있는, 이용 가능한, 유효한
- Excuse me, will the tickets for the Monday's game **be available** today?
실례합니다. 이번 월요일 경기 입장권을 오늘 살 수 있을까요?

Idea Flow

서론	본론	결론
인사와 교무처 확인 → 전화 용건 (수강시간 문제)	수업시간 변경으로 인한 문제해결 질문 1. 문제 상황 설명 • 수강신청을 한 과목의 시간이 바뀜 • 그 시간에 다른 수업 있음 2. 대안 질문 • 개설된 다른 영어 수업 여부 • 다음 학기 개설 여부	부탁 : 수업을 듣길 간절히 소망하면서 도움 요청

Translation

여보세요? 등록 사무실인가요? 시간표에 문제가 좀 있어서 그러는데요. 제가 화요일, 목요일 오후 3시에 잡혀 있는 김교수님 영어 수업에 등록했는데요. 그런데 교수님께서 수업을 오후 5시로 변경하셨어요. 공교롭게도 제가 그 시간에는 생화학 실험 수업이 있어요. 모든 실험 수업이 마감이 되어서 다른 수업에 참여할 수가 없어요. 어떻게 하면 좋을까요? 월요일, 수요일에 오후 3시 영어 수업이 있나요? 아니면 오전에 하는 영어 수업은요? 제가 오전에는 수업이 없어서 오전 수업은 다 가능해요. 혹시 다음 학기에 김교수님 수업이 개설될까요? 꼭 김교수님 수업을 듣고 싶은데요. 다른 제안이 있다면 알려주세요!

Q 09 You answered in the survey that you like soccer. How is soccer played? Describe the rules and the equipment needed to play the game.

설문조사에서 축구를 좋아한다고 했습니다. 축구는 어떻게 하나요? 경기 규칙과 경기에 필요한 장비에 대해 묘사해 보세요.

Soccer is a pretty simple game. There are two teams and one ball. Each team is trying to kick the ball into its opponent's goal. The goals are at opposite ends of the field. The game has two 45-minute sections and each team has 11 players. The four main positions are goalkeeper, defender, midfielder, and striker. Touching the ball with hands is not allowed. However, players can use any other body part to move the ball. To play, you need a soccer ball, soccer cleats, and shin guards. Soccer can sometimes be dangerous. Therefore, players should always be careful and wear shin guards for safety. Anyone can play soccer because of its simple rules and the little equipment that it requires.

Key Expressions

try to ~ ~하려고 노력하다
- I **tried to** invite many friends to this beach, but it didn't work out.
  저는 이 해변에 많은 친구들을 초청해 보았지만 뜻대로 되지 않았습니다.

at an opposite end of ~ ~의 반대편 끝에
- My friends were all **at the opposite end of** the dance floor.
  제 친구들은 댄스 플로어 반대편 끝에 있었습니다.

be not allowed 허용되지 않다
- Water guns **are not allowed** at this water theme park. 이 워터파크에는 물총이 허용되지 않습니다.

Idea Flow

서론	본론	결론
답변의 주제를 알림 (축구는 간단한 경기)	축구의 규칙과 장비묘사 1. 축구 규칙 묘사 (득점 방법, 경기 시간, 선수 인원, 포지션, 반칙) 2. 축구 장비 묘사(공, 축구화, 다리 보호대)	장점 : 누구나 축구를 즐길 수 있음

Translation

축구는 아주 간단한 경기입니다. 두 팀이 한 개의 공을 가지고 경기합니다. 각팀 모두 공을 차서 상대편 골대 안으로 넣으면 됩니다. 골대는 경기장 양쪽 반대편 끝에 위치해 있습니다. 경기는 전반과 후반 각각 45분씩이며 한 팀 당 11명의 선수가 있습니다. 선수들은 골키퍼, 수비수, 미드필더, 그리고 공격수 이렇게 크게 네 분류로 나누어집니다. 손으로 공을 만지는 것은 허용되지 않습니다. 하지만 선수들은 몸의 다른 부위로는 공을 움직일 수 있습니다. 축구경기에 필요한 장비로는 축구공과 축구화, 그리고 다리 보호대가 있습니다. 축구는 때때로 위험하기도 합니다. 그래서 선수들은 항상 주의해야 하고 부상방지를 위해 다리 보호대를 착용해야 합니다. 축구는 간단한 경기 규칙과 필요한 장비가 많지 않기 때문에 누구나 할 수 있습니다.

Tell me how you started playing soccer. When did you learn how to play? Tell me all the details.
어떻게 축구를 시작하게 되었는지 말해 보세요. 언제 처음 배우게 되었나요? 자세히 말해 보세요.

In elementary school, I learned how to play soccer in PE class. At first, I was shy and didn't like it. Later, some of my friends invited me to play at recess. Then, it became my favorite sport. I liked soccer because it was an easy game to play. It helped me make a lot of new friends. Because of soccer, I wasn't shy anymore. I became more active and outgoing. When I started middle school, I joined a soccer league. I sat on the bench most of the time because everybody on my team was really good. We even won a tournament two years in a row. I still keep in touch with my friends from the team. Once in a while, we meet up to play soccer, just for fun.

Key Expressions

recess 쉬는 시간, 휴식 시간
- My favorite game during **recess** is basketball. 쉬는 시간에 제가 제일 좋아하는 게임은 농구입니다.

in a row 연속으로
- I won the best player award because I had six baskets **in a row**.
제가 여섯 골을 연속으로 넣었기 때문에 최고 선수상을 받았습니다.

keep in touch 연락하고 지내다
- I still **keep in touch** with all my friends from sewing academy.
저는 재봉 학원에서 알던 친구들과 아직도 연락을 하고 지냅니다.

Idea Flow

서론	본론	결론
처음 축구를 접한 시기 소개 (초등학교)	축구를 배우게 된 계기 1. 축구를 시작하게 된 계기 (체육시간과 쉬는 시간) 2. 좋아하게 된 이유 　• 배우기 쉬움　• 친구 많이 사귐 　• 활동적인 성격으로 변함 3. 축구리그 활동 경험 (중학교 때)	결과 : 아직도 중학교 친구들과 만나서 경기 함

Translation

저는 초등학교 체육시간에 처음 축구를 배웠습니다. 처음에는 부끄럽기도 하고 해서 별로 좋아하지 않았습니다. 그때, 쉬는 시간에 친구들이 축구를 하자고 했습니다. 그 이후로 축구를 가장 좋아하게 되었습니다. 축구를 좋아했던 이유는 쉽게 할 수 있는 경기였기 때문입니다. 축구를 통해서 친구들도 많이 사귀게 되었고, 축구 덕분에 더 이상 부끄럼도 타지 않게 되었습니다. 활동적이고 사교성도 풍부해졌습니다. 중학교에 들어가서는 축구 리그에 참가하기도 했습니다. 제가 속한 팀의 선수들이 모두 뛰어나서 저는 대부분 후보선수로 경기를 구경만 했습니다. 우리 팀이 2년 연속으로 우승한 적도 있었습니다. 아직도 그 때의 팀 동료들과 연락을 하고 지냅니다. 아직도 가끔 만나서 재미로 축구경기를 하기도 합니다.

I'd like to give you a situation and ask you to act it out. You want to join a soccer club. Call the club president and ask three or four questions about how to join and other details about the club.

상황을 드릴테니 역할 연기를 해보세요. 당신은 축구클럽에 가입하고자 합니다. 클럽 회장에게 전화를 걸어 어떻게 가입할 수 있는지, 그리고 클럽에 관한 세부 사항에 대해 서너 가지 질문을 해보세요.

Hi, is this the president of the soccer club? I'd like to learn more about your club. First of all, when and how often do you meet? That's great because I'm free every Sunday and also in the evenings during the week. However, if school gets really busy, I may have to miss some practices. Also, how much does it cost to join? Does that include equipment, or should I bring my own? I'm also wondering about the club uniform. Do I have to buy a new one, or are there any old ones I can borrow? I have a friend who also wants to join the team. However, he is just a beginner. Will that be a problem? Thank you for the information!

Key Expressions

miss practice 연습에 빠지다
- I **missed practice** because I had to take my grandmother to the hospital.
  저는 할머니를 병원에 모셔 드려야 했기 때문에 연습에 빠졌습니다.

wonder about ~ ~에 대해 궁금해하다
- Hi, Professor, I'm calling because I'm **wondering about** my grades.
  안녕하세요 교수님, 제 성적이 궁금해서 전화드렸어요.

Idea Flow

서론	본론	결론
축구클럽회장 확인 → 전화 용건 설명 (클럽가입희망)	축구클럽 가입을 위한 질문하기 1. 시간과 횟수 2. 가입비 3. 장비와 유니폼 (구입 또는 대여) 4. 자격 조건 (초보자 가능여부)	감사 : 정보를 알려준 것에 감사

Translation

여보세요, 축구클럽 회장님이신가요? 클럽에 대해 좀 알고 싶은데요. 우선, 모임이 언제 있고 그리고 얼마나 자주 있나요? 저는 일요일과 평일 주중 저녁에 시간이 있는데 잘됐네요. 그런데 학교가 아주 바빠지면 연습을 빠질 수도 있을 거예요. 클럽 가입비는 얼마인가요? 가입비에 장비도 포함되나요 아니면 개인장비를 가져와야 하나요? 클럽 유니폼도 좀 궁금한데요. 제가 새로 사야 하나요 아니면 쓰던 것을 빌려 입을 수 있나요? 제 친구도 가입하길 원해요. 하지만 그 친구가 축구는 초보자거든요. 괜찮을까요? 알려주셔서 감사합니다!

Do you use credit cards? Tell me about the credit card you use most. What do you use it for? Tell me as many details as possible.

당신은 신용카드를 사용하나요? 가장 많이 사용하는 신용카드에 대해 말해 보세요. 어떤 경우에 사용하나요? 가능한 한 상세히 말해 보세요.

I just started using credit cards last year. The one I use most is my MasterCard. Mainly, I use it to buy things online or to make big purchases. Last month, I bought a new laptop computer. I couldn't afford to pay for it all at once, so I used my credit card. Now, I can pay it off little by little. I also use my credit card as a backup. It's a safety net for whenever I don't bring enough money. For example, last month, I wanted to buy my friend lunch for his birthday. However, he brought his girlfriend along with him. I had to use my credit card because I didn't have enough cash to pay for both of them. Now, I always carry a credit card with me.

 Key Expressions

make a purchase 물건을 구매하다
- I **made** too many **purchases** at the supermarket last month.
  저는 지난 달에 슈퍼마켓에서 너무 많은 물품을 구매했습니다.

can't afford ~할 여유가 없다
- I couldn't go to school this quarter because my parents **couldn't afford** it.
  저는 저희 부모님께서 경제적 여유가 없으셔서 이번 학기에는 학교에 갈 수 없었습니다.

pay off 전액을 지불하다, 갚다
- It took me about ten years to **pay off** my student loans.
  제가 학자금 대출을 다 갚는 데 10년이 걸렸습니다.

 **Idea Flow**

서론	본론	결론
신용카드 처음 사용한 시기 → 사용하는 신용카드 종류 알림 (마스터카드)	신용카드 사용 용도 설명 1. 온라인 또는 고가품 구매 시 (지난 달에 노트북 컴퓨터 구입) 2. 비상용 (현금이 부족할 때)	의견 : 항상 신용카드를 소지함

Translation

저는 작년부터 신용카드를 사용하기 시작했습니다. 제가 가장 많이 사용하는 신용카드는 마스터카드입니다. 주로 온라인으로 물건을 주문하거나 값이 비싼 물건을 구매할 때만 사용합니다. 지난 달에는 노트북 컴퓨터를 새로 샀는데 한 번에 지불할 여유가 없어서 신용카드를 사용했습니다. 신용카드를 사용하면 조금씩 갚을 수 있거든요. 또 저는 신용카드를 예비용으로 가지고 다닙니다. 현금이 부족할 때를 대비한 안전대책이죠. 예를 들면, 지난 달 같은 경우에 친구 생일에 점심을 사려고 했었는데, 이 친구가 여자친구를 데려 왔습니다. 점심값을 내는데 돈이 모자라서 신용카드를 사용해야 했습니다. 지금은 항상 신용카드를 가지고 다닙니다.

Q13. Which is better, paying with cash or a credit card? Explain your reasons in detail.

현금과 신용카드 중에 어떤 것을 사용하는 것이 더 좋은가요? 왜 그렇게 생각하는지 설명해 보세요.

I think it's better to pay with cash. Credit cards make it too easy for me to spend money that I don't have. I learned that the hard way. I am an impulsive buyer. I'll buy something without thinking if it catches my eye. When I first got my credit card, I went on a shopping spree at the computer store. I bought a new printer, a webcam, and a bunch of other stuff that I didn't need. It took me three months to pay off the credit card bill. So most of the time I try not to use my credit cards unless I have to. It keeps me from buying things that are too expensive or unnecessary. So using cash instead of credit cards really helps me.

 Key Expressions

catch one's eye 눈을 사로잡다
- Her long straight black hair really **caught my eye**.
  그녀의 길고 까만 머리가 정말 제 눈을 사로잡았습니다.

go on a shopping spree 신나게 돈을 쓰다, 흥청망청 쇼핑하다
- After getting a raise, I **went on a shopping spree**.
  봉급이 인상되고 나서 저는 흥청망청 쇼핑을 했습니다.

keep A from B A가 B하지 않도록 하다
- My job **kept me from visiting** my mother for Chuseok.
  저는 직장 때문에 추석에 어머니를 뵈러 갈 수 없었습니다.

 **Idea Flow**

서론	본론	결론
선호하는 지불 방법 선택 (현금결재)	현금결재는 충동구매를 예방할 수 있음 1. 신용카드는 돈을 쉽게 쓰게 됨 (컴퓨터 가게에서 신용카드로 흥청망청 쓴 경험) 2. 반드시 필요한 물건만 현금으로 구매	의견 : 자신의 소비성향에 도움이 되는 현금구매 선호

 **Translation**

저는 현금을 사용하는 것이 더 좋은 것 같습니다. 신용카드를 사용하면 저는 돈이 없는데도 너무 쉽게 쓰게 됩니다. 개인적으로 쓰라린 경험을 통해 배운 것입니다. 제가 좀 충동적으로 구매하는 경향이 있거든요. 제 눈을 사로잡는 물건이 있으면 생각 없이 사버리곤 합니다. 제가 처음 신용카드가 생겼을 때 컴퓨터 상점에 가서 신나게 썼습니다. 새 프린터, 웹캠, 필요하지도 않은 다른 물건을 샀습니다. 그 때 사용한 신용카드 청구서를 다 갚는데 세 달이나 걸렸습니다. 그래서 저는 대체로 필요한 경우가 아니면 신용카드를 사용하지 않으려고 합니다. 그렇게 하니까 비싸거나 필요하지 않은 물건은 사지 않게 되더라고요. 그렇기 때문에 제 경우에는 신용카드 대신 현금을 사용하는 것이 더 좋습니다.

Tell me about dating customs in your country. What is a typical date like? Describe the activities in detail.
당신의 나라에 있는 데이트 풍습에 대해 말해 보세요. 전형적인 데이트는 어떤가요? 데이트 할 때 하는 일들을 자세하게 설명해 보세요.

Well ... as a biotechnology student, I'm too busy to go on many dates. Therefore, I don't know what a typical date is like. For me, a typical date would be hanging out at a cafe'. My friends say that girls like to talk. Therefore, I think going to a cafe' is a brilliant idea. We can drink coffee and she can talk as much as she wants. After that, we'd go to a PC room and play games for hours. I love computer games. I hope to meet a girl who enjoys them as much as I do. Maybe after that, we'd get ice cream. That's my favorite dessert in the whole world. Now that's what I call a perfect date!

 Key Expressions

go on a date 데이트 하다
- I'm finally **going on a date** with my wife tomorrow.
  드디어 저는 내일 제 아내와 데이트를 하게 되었습니다.

brilliant idea 훌륭한 생각
- Suddenly, I came up with a very **brilliant idea**. 갑자기, 아주 훌륭한 생각이 났습니다.

as much as ~ ~하는 만큼
- My son is getting fat because he eats **as much as** he wants.
  제 아들은 먹고 싶은 만큼 먹기 때문에 점점 더 살이 찌고 있습니다.

 **Idea Flow**

서론	본론	결론
데이트 경험이 부족해 전형적인 데이트는 잘 모른다고 함	자신이 바라는 데이트 묘사 1. 카페 가기 (여자들은 말하기를 좋아함) 2. PC 방 가기 (컴퓨터 게임을 함께 하길 바람) 3. 아이스크림 먹기 (가장 좋아하는 디저트)	의견 : 이 세가지 활동이 완벽한 데이트

 **Translation**

글쎄요. 저는 생명공학을 전공하는 학생으로서 데이트를 많이 하기엔 너무 바쁩니다. 그래서 전형적인 데이트가 어떤 것인지 잘 모릅니다. 저에게 전형적인 데이트는 카페에서 시간 보내기일 것입니다. 친구들이 그러는데 여자들은 이야기하는 것을 좋아한답니다. 그래서 카페에 가는 것은 정말 훌륭한 생각인 것 같습니다. 커피를 마시면서 여자친구가 하고 싶은 이야기를 다 하도록 해 줍니다. 그리고 나서는 PC방에 가서 몇 시간 동안 게임을 합니다. 저는 컴퓨터 게임을 정말 좋아합니다. 저처럼 컴퓨터 게임을 좋아하는 여자친구가 생겼으면 좋겠습니다. 그리고 아마 아이스크림을 사먹을 겁니다. 제가 세상에서 제일 좋아하는 디저트가 아이스크림이거든요. 이것이 저한테는 완벽한 데이트 코스입니다!

Tell me about a memorable time when you and your friend sang karaoke. What happened? Discuss all the details.
당신이 친구와 함께 노래방에 갔던 기억에 남는 추억에 대해 말해 보세요. 어떤 일이 있었나요? 자세하게 말해 보세요.

One time, my friend and I took a trip across Korea on the train. It was a long trip, so we got bored. We decided to do karaoke in the cafe' car. We had a great time and sang all of our favorite songs. They even had my favorite American pop songs. We got really caught up in the music and started dancing. We started yelling and jumping inside the tiny karaoke room. However, when we got out of the room, everyone in the car was staring at us. We realized that they could hear us the whole time! It was really embarrassing! We hung our heads and quietly went back to our seats. We still laugh about it to this day!

Key Expressions

decide to ~하기로 결심하다
- I've **decided to** take my family on a cruise because I received a holiday bonus.
  저는 휴가 보너스를 받았기 때문에 제 가족을 크루즈 여행에 데려가기로 결심했습니다.

get caught up ~ ~에 빠지다
- I **got** too **caught up** playing computer games. 저는 컴퓨터 게임에 푹 빠져있습니다.

stare at ~을 (빤히) 보다, 응시하다
- The gambler **stared at** his cards when he lost the game.
  그 도박사는 게임에 졌을 때 그의 카드를 빤히 응시했다.

Idea Flow

서론	본론	결론
친구와의 기차여행을 함 → 지루한 여행 중 기차에 있는 노래방에 가게 됨	기차 안 노래방에서 당황했던 경험 1. 친구와 좋아하는 노래를 함께 부름 2. 점점 흥이 나서 소리지르고 춤도 춤 3. 노래방에서 나왔을 때 당황함 (승객들이 모두 들었음)	감상 : 지금도 즐거운 기억으로 남아있음

Translation

한번은 친구와 전국 기차여행을 떠난 적이 있습니다. 그러다 오랜 기차여행이 지루해져서 기차의 카페 카에 마련된 노래방에 가기로 했습니다. 친구와 신나서 놀았고 우리가 좋아하는 노래를 모두 불렀습니다. 제가 제일 좋아하는 미국 팝송도 있었습니다. 음악에 빠져 춤도 추었습니다. 그 좁은 노래방에서 소리지르고 뛰기 시작했습니다. 그런데, 우리가 그 노래방에서 나오자 그 열차칸에 있던 사람들이 모두 우리를 쳐다보는 것이었습니다. 알고 보니 우리가 노래 부르는 소리를 밖에서도 다 들을 수 있었던 것이었습니다! 정말 당황했습니다! 고개를 푹 숙이고 조용히 우리 자리로 돌아왔습니다. 친구와 그 얘기를 하면 아직도 웃음이 납니다!

TEST 2

Oral Proficiency Interview-computer

1 | 자기소개
2 | 여가활동–공연(1)
3 | 여가활동–공연(2)
4 | 취미, 관심사–악기 연주(1)
5 | 취미, 관심사–악기 연주(2)
6 | 취미, 관심사–악기 연주(3)
7 | 직업–회사생활(1)
8 | 직업–회사생활(2)
9 | 직업–회사생활(3)
10 | 운동–헬스(1)
11 | 운동–헬스(2)
12 | 주거형태–사는곳(1)
13 | 주거형태–사는곳(2)
14 | 여가활동–식당예약(1)
15 | 여가활동–식당예약(2)

Tell me a little bit about yourself and your occupation. Tell me why your job fits your personality.
간단하게 자신과 자신의 직업에 대해 말씀해 주세요. 왜 현재 직업이 자신의 성격과 맞는지 설명해 보세요.

My name is Jin-ho Lee. I'm 32 years old. I got married to my college girlfriend six months ago. I thought I'd miss the independence, but married life is great. My wife is very loving and good to me. I work as a software trainer for a leading IT company. My job is to teach people how to use my company's software. For my job, I have to meet a lot of people. This is stressful for some people, but not for me. I'm very talkative and outgoing. In fact, when I was in college, I was president of the student association. Nowadays, I get to meet new people every day for my job. I love it. That's why this is the perfect job for me.

Key Expressions

get married to ~ ~와 결혼하다
- I'm so lucky because I **got married to** the woman of my dreams.
  저는 제 이상형 여성과 결혼하게 된 것이 정말 행운입니다.

leading company 굴지의 회사
- I work for the **leading** cell phone **company** in Korea. 제가 일하는 회사는 한국 굴지의 휴대폰회사입니다.

student association 학생회
- I'm the president of the **student association**. 저는 학생회장입니다.

Idea Flow

서론	본론	결론
기본 인적 사항 소개 (이름, 나이)	자기소개 1. 결혼생활 (결혼기간, 배우자) 2. 직업 소개 (IT 회사 근무) 3. 성격 묘사 (외향적)	마무리 : 새로운 사람을 만날 수 있어 현재 직업에 만족함

Translation

제 이름은 이진호이고 서른 두 살입니다. 저는 6개월 전에 대학 시절 여자친구와 결혼했습니다. 결혼하고 나면 혼자 살 때의 자유로움이 그리울 줄 알았는데, 결혼생활도 정말 좋습니다. 제 아내는 저를 너무 사랑해주고 잘 해줍니다. 저는 굴지의 IT회사에서 소프트웨어 교육담당관으로 일하고 있습니다. 제 업무는 사람들에게 저희 회사의 소프트웨어 사용법을 가르치는 일입니다. 일과 관련해서 많은 사람을 상대하는데, 어떤 사람들에게는 스트레스겠지만 저는 괜찮습니다. 저는 이야기하는 것도 좋아하고 외향적입니다. 사실 대학시절에는 학생회장으로 일하기도 했습니다. 요즘 들어 업무상 새로운 사람들을 매일 만나고 있습니다. 저는 이것이 너무나도 좋습니다. 이것이 저에게 완벽한 직업인 이유입니다.

You indicated in the survey that you go to performances. What kind of performances do you usually watch? Give me as many details as you can.

설문조사에서 공연에 간다고 했습니다. 어떤 공연을 주로 보나요? 가능한 한 자세히 말해 보세요.

I like all kinds of performances, but above all, I love watching musicals. I've loved them ever since I was a kid. It's great because my wife also enjoys watching them. We often go to musicals on our date nights. I like musicals because they have everything. They all have an exciting story, colorful costumes, singing, and dancing! The best part of a musical is when everyone sings and dances together at the end. Sometimes they even ask the audience to sing and dance along with them. It always makes my heart pound and I feel like joining them on stage. Sometimes, I daydream about quitting my job and becoming an actor. I think my wife would kill me, though. Maybe I'll join a music club someday.

Key Expressions

above all 무엇보다도
- I like many things about playing the cello, but **above all**, I love it because it relieves my stress.
  저는 첼로 연주의 여러 가지 면을 좋아하지만 무엇보다도 제 스트레스를 해소해 주기 때문에 좋아합니다.

feel like ~ing ~하고 싶다
- I **feel like snowboarding** every time I see snow on TV.
  저는 TV에서 눈을 볼 때마다 스노보딩을 하고 싶은 마음이 듭니다.

quit one's job 직장을 그만 두다
- My boss **quit his job** because of his poor health. 제 상사는 건강문제로 직장을 그만두었습니다.

Idea Flow

서론	본론	결론
좋아하는 공연 소개 (뮤지컬)	뮤지컬 묘사 1. 장점 (부인과 함께 즐김) 2. 좋아하는 이유 (종합 예술) 3. 가장 좋아하는 부분 (마지막 장면)	의견 : 가끔 뮤지컬 배우가 되는 공상을 하며 음악 클럽에 가입하려 함

Translation

저는 모든 종류의 공연을 좋아합니다. 하지만 무엇보다 뮤지컬을 제일 좋아합니다. 어려서부터 좋아했습니다. 다행인 것은 제 아내도 좋아한다는 것입니다. 가끔 아내와 둘만의 시간을 갖고 밤에 뮤지컬 공연을 보러 가기도 합니다. 제가 뮤지컬을 좋아하는 이유는 그 안에 공연의 모든 것들이 다 있기 때문입니다. 흥미진진한 이야기며, 형형색색의 의상과 노래, 그리고 춤까지 있습니다! 뮤지컬의 하이라이트는 마지막에 모든 연기자가 나와서 춤추며 노래하는 것입니다. 어떤 때는 배우들이 관객도 함께 노래하고 춤추도록 할 때도 있습니다. 그럴 때면 제 가슴은 쿵쿵 뛰고 무대에서 함께 하고 싶은 마음이 됩니다. 가끔은 직장을 그만 두고 배우가 되어볼까 하는 공상도 합니다. 그러면 아내가 저를 가만두지 않겠지요. 언젠가 음악클럽에 가입할 것입니다.

Let's talk about a performance that was not what you expected. What happened? How did you react? Please give me all the details.

당신이 예상하지 못했던 공연에 대해 이야기해 보겠습니다. 어떤 일이 있었나요? 어떤 반응을 보였나요? 자세히 말해 보세요.

Once, I took my wife to an outdoor concert of my favorite singer. At first, we had a wonderful time, but suddenly, the singer began to stumble and quickly left the stage. After a few minutes, a man came out and asked if there was a doctor in the audience. My wife is a doctor, so she immediately went backstage. The singer had fainted because of heatstroke. My wife asked me to get a wet towel to cool him off. She waited with the singer until the ambulance came. It was scary, but I was so proud of my wife for helping out. The singer was okay, and he left the hospital that night. The best part was that the singer took us out to dinner the next day!

Key Expressions

stumble 비틀거리다
- I dislike drinking because I often **stumble** after one glass of beer.
  저는 맥주 한 잔만 마셔도 비틀거려서 술 마시는 것을 좋아하지 않습니다.

cool off 식히다, 가라앉히다
- We brought a watermelon to the beach to **cool** us **off** from the heat.
  우리는 열을 식히기 위해 해변에 갈 때 수박을 가져갔습니다.

be proud of ~ ~을 자랑스러워 하다
- I **was** so **proud of** my son when he graduated from medical school.
  저는 제 아들이 의대를 졸업할 때 너무나도 자랑스러웠습니다.

Idea Flow

서론	본론	결론
예전에 갔던 콘서트 소개 (야외 콘서트)	콘서트홀에서 예상하지 못한 경험 설명 1. 문제 발생 (가수가 비틀거리며 무대를 떠남) 2. 도움 요청 (관객에게 도움 요청) 3. 도움에 응함 (의사인 부인이 도움을 줌) 4. 사건 해결 (병원에 간 가수가 회복함)	결과 : 가수가 근사한 저녁식사를 대접함

Translation

한번은 아내와 함께 제가 제일 좋아하는 가수의 야외 콘서트에 갔습니다. 처음에는 아내와 둘이서 좋은 시간을 보내고 있었습니다. 그런데 갑자기 가수가 비틀거리더니 황급히 무대를 떠났습니다. 조금 뒤에 한 남자가 나와서 혹시 관객 중에 의사가 있는지 물어보았습니다. 제 아내가 의사라서 재빨리 무대 뒤로 갔습니다. 가수는 열사병으로 기절해 있었습니다. 열을 식혀주기 위해 아내는 저에게 젖은 수건을 가져오라고 했습니다. 구급차가 도착할 때까지 아내는 환자의 옆을 지켰습니다. 좀 겁이 나는 상황이었지만 아내가 환자를 도운 것을 보고 무척 자랑스러웠습니다. 그 가수는 완쾌해서 그날 밤에 퇴원했습니다. 놀라운 것은 다음날 그 가수가 저희 두 사람을 불러 멋진 저녁식사를 대접했다는 것입니다.

Q 04 You responded in the survey that you play a musical instrument. What musical instrument do you play? How long have you played it? Describe in detail on how you play your instrument.

설문조사에서 악기를 연주한다고 했습니다. 어떤 악기를 연주하나요? 얼마나 오래 연주했나요? 어떻게 악기를 연주하는지 자세하게 묘사해 보세요.

When I was young, I went to a jazz concert. They had a special guest drummer. It was Ringo Starr from the Beatles! It was super exciting and the audience went wild. That's when I decided that I wanted to play the drums. I begged my mom for drum lessons for months. She finally agreed. I still remember the moment I first made a sound on the drums. I loved it, so I practiced day and night. My mom told me later that she regretted buying me the drums. However, now she says that she's proud of me whenever she sees me play. I've played the drums for more than 15 years now. It helps me get rid of stress from work. Most importantly, playing the drums makes me feel like a superstar.

Key Expressions

go wild 열광하다, 광란하다
- The crowd **goes wild** whenever the electric guitarist plays his solo.
  전자 기타리스트가 솔로 연주를 할 때마다 관객들은 열광했습니다.

beg A for B A에게 B를 위해 조르다
- I **begged** my mom **for** a puppy. 저는 엄마에게 강아지를 사달라고 졸랐습니다.

get rid of ~ ~을 제거하다, 없애다
- I **got rid of** all the trash in the garage this weekend.
  저는 이번 주말에 차고의 모든 쓰레기를 치워버렸습니다.

Idea Flow

서론	본론	결론
즐겨 연주하는 악기 소개 (드럼)	드럼 연주 묘사 1. 악기를 배우게 된 계기 (재즈 콘서트에 간 경험) 2. 드럼 연주 경험 • 밤낮으로 연습 • 엄마의 반응 (후회 → 자랑스러움)	장점 : 스트레스를 해소하고 슈퍼스타처럼 느끼게 됨

Translation

제가 어릴 적에 재즈 콘서트에 갔습니다. 그 때 비틀즈의 드럼 연주자인 링고 스타가 특별초청 연주자로 나왔습니다! 정말 멋진 공연이었고 관객들도 열광했습니다. 그때가 제가 드럼을 치고 싶다고 결정한 시점이었습니다. 엄마에게 드럼 레슨을 시켜달라고 몇 달 동안 졸랐고 결국 엄마는 허락하셨습니다. 저는 처음 제 손으로 드럼 소리를 낸 그 때를 아직도 기억합니다. 너무 좋아서 저는 매일 밤낮으로 연습했습니다. 엄마는 드럼을 사준 것을 후회했다고 나중에 말씀했습니다. 하지만 지금은 제가 연주하는 것을 볼 때마다 자랑스러워 하십니다. 이제 드럼을 친지 벌써 15년이 넘었습니다. 직장에서 받는 스트레스를 푸는 데 드럼은 많은 도움이 됩니다. 제일 중요한 것은 드럼을 칠 때마다 제 자신이 슈퍼스타가 된 것처럼 느껴진다는 것입니다.

I'd like to know about your first performance on your instrument. How did it go? Describe that experience in detail.
당신의 악기로 처음 공연한 것에 대해 알고 싶습니다. 공연은 어땠나요? 그 경험에 대해 자세히 설명해 보세요.

My first performance on the drums was in high school. My friends and I formed a rock band called The Hawks. However, we sounded more like a bunch of chicks. There was a festival at our school, and we excitedly signed up for it. We imagined ourselves amazing the crowd and becoming famous. However, during the festival performance, we became very nervous. The lead singer was way out of tune. I dropped my drumsticks twice, and the bass guitar wasn't even connected to the amplifier. The whole auditorium was full of laughter. I don't remember how we finished the performance. It was a total disaster. We became the laughingstock of the whole school. However, we didn't stop practicing. The next time we performed, everyone was blown away by our sound.

 Key Expressions

become the laughingstock 웃음거리/조소의 대상이 되다
- We **became the laughingstock** of the company because of our mistake.
  우리는 우리가 저지른 실수 때문에 회사에서 웃음거리가 되었습니다.

be blown away by ~ ~에 넋을 잃다
- I **was blown away by** his new title song.
  저는 그의 신곡에 넋을 잃었습니다.

 **Idea Flow**

서론	본론	결론
첫 악기연주 소개 (고등학교 시절)	첫 악기연주 경험 설명 1. 밴드 소개 (이름, 연주 수준) 2. 공연에 관한 정보 : 기대에 차서 학교축제 기간에 공연 3. 공연상황 묘사 (실수 연발) 4. 청중 반응 (폭소 만발)	결과 : 다음 연주에는 멋진 공연을 보여줌

 **Translation**

제가 드럼으로 처음 공연한 것은 고등학교때입니다. 친구들과 함께 "The Hawks"라는 록 밴드를 구성했는데 그 때는 그저 병아리 때 소리를 내는 밴드였습니다. 학교 축제가 있을 예정이어서 저희는 신이 나서 참가신청을 했습니다. 다른 학생들을 놀라게 하고 유명인사가 되는 상상을 했습니다. 하지만 정작 축제에서 공연을 할 때 모두들 너무 긴장을 했습니다. 리드 보컬은 음정이 불안했고, 저는 드럼스틱을 두 번이나 떨어뜨렸습니다. 심지어 베이스 기타는 앰프에 연결되지도 않았습니다. 강당 전체가 떠나갈 듯 폭소로 가득했고 어떻게 연주를 끝냈는지 기억도 나질 않습니다. 완전히 엉망진창이었습니다. 그 이후로 저희는 학교에서 웃음거리가 되어 버렸습니다. 그러나 우리는 연습을 멈추지 않았습니다. 다음에 우리는 공연을 했고 모두가 우리의 음악에 넋을 잃었습니다.

I'd like you to act out a situation. You play the drums. You just saw an ad in the newspaper for a band that needs a drummer. Call the phone number in the ad and leave a voicemail. Ask three or four questions about the band and the job.

역할 연기를 해보세요. 당신은 드럼을 칩니다. 조금 전에 신문에서 어떤 밴드가 드럼연주자를 구한다는 구인 광고를 보았습니다. 광고의 전화번호로 전화해서 음성메시지를 남겨보세요. 밴드와 드럼연주와 관련해서 서너 가지 질문을 해보세요.

Hi, my name is Jin-ho Lee. I'm calling about the drummer position I saw in the local newspaper. I've played the drums for 15 years and I'm interested in joining your band. I have some questions for you. First of all, what kind of music does your band play? I like all styles of music, but most of my experience is playing for rock bands. Second, how often do you plan to practice? Finally, what kind of piece should I play for the audition? Will there be a drum set that I can use for the audition or should I bring my own set? Please call me back when you can! My number is 010-5555-0123. Thank you and have a nice day!

Key Expressions

most of one's experience 경력의 대부분
- **Most of my experience** is in editing documents. 제 경력의 대부분은 문서 편집 일입니다.

piece (음악) 곡
- I need to find the right kind of **piece** to play for the concert.
  저는 콘서트에 연주할 알맞은 곡을 찾아야 합니다.

 Idea Flow

서론	본론	결론
인사 → 밴드에 전화 (밴드가입문의 : 드럼 연주자)	밴드 가입을 위한 질문 메시지 남기기 1. 자신의 연주 경력 소개 (15년) 2. 질문하기 • 밴드가 연주하는 음악 종류 • 연습시간 • 오디션에서 연주하는 음악 • 오디션 시 드럼 제공 여부	마무리 : 기다린다는 메시지와 함께 자신의 전화번호 남김

Translation

여보세요, 저는 이진호라고 합니다. 드럼연주자를 구한다는 지역 신문광고를 보고 전화하는데요. 저는 15년간 드럼을 쳤고요 그쪽 밴드에서 연주하는 것에 관심이 있어요. 몇 가지 좀 질문이 있는데요. 우선, 어떤 종류의 음악을 연주하나요? 저는 모든 스타일의 음악을 좋아하지만 록 밴드에서 연주한 경험이 가장 많아요. 그리고 얼마나 자주 모여서 연습을 하는지요? 마지막으로 오디션에서는 어떤 곡을 연주하면 되나요? 그리고 오디션에서 제가 사용할 수 있는 드럼 세트가 준비가 되어 있나요 아니면 제 것을 가지고 가야 하나요? 시간 되실 때 전화주세요! 제 번호는 010-5555-0123입니다. 감사합니다. 즐거운 시간되세요!

 **You indicated you work. How do you spend your day at work? Describe your typical routine as much as possible.**

설문조사에서 직장에 다닌다고 했습니다. 직장에서 하루를 어떻게 보내나요? 일상적인 하루 일과를 자세하게 설명해 보세요.

This is a typical day at work for me. I usually arrive at the office around 8 a.m. I have a cup of coffee and do routine jobs like writing e-mails and making phone calls. Then I start working on some daily assignments. After lunch, I attend the departmental meeting. It usually lasts about one or two hours. Each department gives a report. I get sleepy, but I try to stay awake by drinking more coffee. After the meeting, I come back to my desk with new assignments. There's a short 15-minute break around 4 p.m. I eat a snack with my co-workers and talk about sports and the news. I spend the rest of the day writing proposals and working on projects. If I don't have a big deadline coming up, I go home at 5 p.m.

 Key Expressions

do a routine job 일상적인 업무를 하다
- I **do routine jobs** like cleaning the floor and stocking the shelves.
  저는 바닥을 청소하고 물품을 선반에 쌓는 것과 같은 일상적인 업무들을 합니다.

stay awake 깨어있다
- Whenever I get sleepy in the office, I try to **stay awake** by stretching.
  저는 졸릴 때마다 사무실에서 스트레칭을 해서 깨어 있으려고 노력합니다.

write a proposal 제안서를 쓰다
- I need to **write a proposal** by this weekend. 저는 이번 주말까지 제안서를 써내야 합니다.

 **Idea Flow**

서론	본론	결론
답변의 주제를 알림 (직장에서의 하루 일과를 소개)	직장에서의 하루 일과 묘사 (시간 순) 1. 출근 2. 오전 근무 (메일 확인 등 일상적 업무처리) 3. 오후 근무 (부서회의, 휴식, 제안서 작성)	마무리 : 퇴근

 **Translation**

이것이 저의 직장에서의 일상적인 하루입니다. 저는 보통 오전 8시에 사무실에 도착합니다. 커피를 한 잔 마시면서 이메일을 쓰고 전화를 거는 것 같은 일상적인 업무를 우선 처리합니다. 그리고 나서 매일의 업무를 시작합니다. 점심 식사 후에는 부서별 회의에 참석하는데 보통 한 두 시간 정도 회의를 합니다. 각 부서에서 보고를 하는데 무척 졸리기는 하지만 커피를 마시면서 정신을 차립니다. 회의가 끝나면 새로운 과제를 받아 자리로 돌아옵니다. 대략 4시경에 15분 정도 휴식을 취합니다. 이 때 동료들과 간식을 먹으면서 스포츠 경기나 뉴스에 대한 이야기를 나눕니다. 나머지 오후 시간에는 제안서를 작성하고 프로젝트 관련 업무를 수행합니다. 특별히 마감해야 할 중요한 업무가 없다면 오후 5시에 퇴근합니다.

Q 08 Let's talk about your bosses. Compare your current boss to a boss you have had in the past. How are they different? How are they similar?
직장 상사에 대해 이야기해 보겠습니다. 현재와 예전의 상사를 비교해 보세요. 어떤 차이가 있나요? 어떤 면에서 비슷한 가요?

My current boss is quite different from my previous boss. My previous boss was very focused on team performance. He gave us group projects and evaluated each team. At the same time, he was a perfectionist. He would make us redo our work over and over if we didn't do it right. He also wanted everything finished on time. My current boss is different because he gives everyone individual assignments. I like that better because I prefer working alone. Also, my current boss is very lenient. He accepts mistakes and encourages us to do better. Although the two bosses are very different, they're both hard workers. They don't mind working late, even on weekends. In the end, I think both of my bosses are good leaders.

Key Expressions

be different from ~ ~와는 다르다
- My new house **is** very **different from** my old house. 저의 새 집은 예전 집과는 많이 다릅니다.

be focused on ~ ~에 중점을 두다
- He**'s** really **focused on** getting good grades. 그는 좋은 성적을 얻는 것에 대단히 중점을 두었습니다.

don't mind ~ing ~하는 것을 개의치 않다, 신경 쓰지 않다
- I **don't mind studying** late because I don't sleep too much.
  저는 그다지 잠을 많이 자지 않기 때문에 밤 늦게까지 공부하는 것을 개의치 않습니다.

Idea Flow

서론	본론	결론
비교 대상 소개 (현재와 예전 상사)	재와 예전 상사 차이점 / 유사점 설명 1. 차이점 • 예전 상사 : 팀 업무 중시함, 완벽주의자 • 현재 상사 : 개인 업무 중시함, 관대함 2. 유사점 : 열심히 일함	의견 : 둘 다 훌륭한 리더

Translation

제 현재 상사는 예전 분과는 많이 다릅니다. 예전 상사는 팀 전체의 실적에 큰 중점을 두었습니다. 저희에게 그룹별로 프로젝트를 할당한 뒤에 각 팀을 평가했습니다. 동시에 그는 완벽주의자였습니다. 저희가 일을 제대로 하지 않으면 될 때까지 반복해서 다시 하도록 했습니다. 또한 모든 일은 정시에 끝내기를 원했습니다. 지금 현재의 상사는 예전 상사와는 달리 부원 각자에게 과제를 줍니다. 저는 혼자서 일하는 것을 좋아하기 때문에 이 방법이 더 좋습니다. 또 현재 상사는 아주 관대한 분입니다. 실수를 해도 받아주고 더 잘할 수 있도록 격려해줍니다. 이 두 분의 상사가 무척 다르지만 두 분 모두 회사를 위해 열심히 일하는 분들입니다. 야근이나 주말 근무도 마다하지 않는 분들입니다. 결론적으로, 저는 이 두 분 모두가 훌륭한 리더라고 생각합니다.

Q 09 I'm going to give a situation for you to act out. Your boss just asked you to work overtime tonight. However, you cannot. Tell your boss the situation and give reasons why you should leave on time.

상황을 드릴테니 역할 연기를 해보세요. 당신의 상사가 당신에게 오늘 밤에 야근하도록 요구했습니다. 하지만 당신은 그럴 수가 없는 상황입니다. 상사에게 상황을 설명하고 왜 정시에 퇴근해야 하는지 이유를 말해 보세요.

Excuse me, sir. I need to talk to you about working overtime tonight. I understand that we're really busy because of the upcoming deadline. However, I have a problem. Today is my father's 70th birthday. Our family and relatives are all coming to the party. Even my brother is here from America to attend this dinner. I'm the eldest son in my family, so the dinner simply cannot happen without me. I'm in charge of the food catering and all the party events. I must be there all evening. Can I work late tomorrow instead? If that's not enough, I'll come into the office this Sunday as well. I'm sure I can catch up on my work. What do you think? Do you have any other suggestions?

Key Expressions

work overtime 야근을 하다, 초과 근무하다
- I can't **work overtime** today because I have to go to a funeral.
  저는 오늘 장례식에 가야 하기 때문에 야근을 할 수 없습니다.

be in charge of ~ ~를 담당하다
- I'**m in charge of** the financial department of our company.
  저는 저희 회사의 재무부서를 담당하고 있습니다.

catch up on ~ ~을 따라잡다, 만회하다
- I need to meet with Chul-su to **catch up on** our school assignment.
  저는 우리의 학교 과제를 따라잡기 위해 철수를 만나야 합니다.

Idea Flow

서론	본론	결론
상사에게 논의할 안건 제기 (야근)	야근을 요구하는 상사 설득하기 1. 대화를 하는 목적 설명 (야근을 못하겠다고 말함) 2. 상황과 이유 설명 (아버지의 칠순잔치) 3. 대안 제시 (내일 야근, 일요일 근무)	질문 : 상사의 의견 묻기

Translation

실례합니다만, 오늘밤 야근하는 것에 대해 드릴 말씀이 있습니다. 곧 있을 마감일 때문에 우리가 정말 바쁘다는 것을 압니다. 그런데 좀 문제가 있습니다. 오늘 저의 아버지 칠순잔치가 있습니다. 가족과 친척분들 모두 모이기로 했고, 미국에 있는 동생도 오늘 모임을 위해 한국에 나와 있습니다. 집안의 장남인 제가 없으면 오늘 칠순잔치가 제대로 될 수가 없습니다. 출장 음식과 잔치관련 이벤트 준비를 모두 제가 담당했습니다. 그래서 오늘은 꼭 제가 그 자리에 있어야 합니다. 대신 내일 야근하면 안될까요? 그것도 안되면 이번 일요일에도 나와서 근무하겠습니다. 그러면 충분히 일을 마칠 수 있을 것 같습니다. 어떻게 생각하시는지요? 혹시 다른 방법이 있으신가요?

 **I'm going to give you another situation for you to act out. You have recently joined a gym and want to learn more about the exercise equipment there. Ask an employee three or four questions about the exercise machines and how to use them.**

다른 상황을 하나 더 드릴테니 역할 연기를 해보세요. 최근에 헬스클럽에 등록했는데 그 곳의 운동기구들에 대해 좀더 알기를 원합니다. 운동기구들과 어떻게 그 기구들을 사용하는지에 대해 직원에게 서너 가지 질문을 해보세요.

Hi, you're one of the trainers here, right? Good, I have some questions. I joined this gym two days ago and I missed the orientation session yesterday. I want to lose weight and build muscles at the same time. I especially want to work on my chest and arms. What kinds of exercise should I do? My friend said that I need to do aerobic exercises first. Which machines do I need to use? This is my first time attending a gym, so I need easy machines. Could you give me a demonstration of how they work? Also, is there a booklet that has guidelines for the machines? Then, if I have any questions, I can figure it out on my own. Thanks, man! If I have any other problems, I'll talk to you again.

 Key Expressions

build muscles 근육을 만들다
- It's difficult to **build muscles** without protein shakes. 단백질 보충제 없이 근육을 만들기 어렵습니다.

figure out ~ ~을 알아내다, 풀어내다
- It is difficult to **figure out** how to use this cell phone without a manual.
  설명서 없이 이 휴대폰을 사용하는 법을 알아내기란 어렵습니다.

 Idea Flow

서론	본론	결론
헬스클럽 직원임을 확인 → 직원을 찾은 용건 설명 (운동기구 사용 설명 요청)	헬스클럽 운동기구 사용에 관한 질문 1. 상황 설명 (오리엔테이션에 참가 못했음) 2. 운동 목적 설명 (살을 빼고 근육을 만들고 싶음) 3. 질문하기 • 어떤 운동 • 운동기구 사용방법 시범 여부 • 운동기구 안내 책자 유무	마무리 : 추후에 질문할 것을 알림

 **Translation**

안녕하세요. 여기 트레이너시죠? 몇 가지 궁금한 게 있는데 잘 됐네요. 제가 이틀 전에 여기 헬스클럽에 등록했는데요 어제 있었던 오리엔테이션에 참석하지 못했거든요. 저는 살을 좀 빼고 근육도 좀 만들고 싶은데요. 특히 가슴 근육과 팔 근육을 좀 키우고 싶어요. 어떤 운동을 해야 할까요? 제 친구가 먼저 유산소운동을 해야 한다고 하던데요. 어느 기구들을 사용해야 할까요? 이번이 처음 헬스클럽에 다니는 거여서 쉬운 기구를 사용해야 해요. 이 기구들을 어떻게 사용하는지 보여주실 수 있나요? 기구를 사용하는 법이 나와있는 안내책자가 있나요? 알고 싶은 게 있을 때 저 스스로 찾아 볼 수 있게요. 고마워요! 다른 궁금한 점이 있으면 또 여쭤볼게요.

I'm sorry, but you have a problem to address. You were working out on a machine when it unexpectedly stopped working. Call an employee, explain the situation, and find ways to resolve the problem.

유감스럽게도, 해결해야 할 문제가 생겼습니다. 당신이 기구에서 운동하고 있었는데 갑자기 작동을 멈춰버렸습니다. 직원에게 상황을 설명하고 문제를 해결할 방법을 찾아보세요.

Excuse me, do you work here? Can I get some help? I was working out on this treadmill, but it suddenly stopped working. I'm sure I was using it properly. I was running on it for about 10 or 15 minutes without any problems. I only changed the speed once. Suddenly, there was a beeping sound. The speed of the machine went up and down on its own. Then, it stopped. I immediately jumped off the treadmill and came straight to you. I think I also heard a clicking sound. Maybe there's something wrong with the wires. The machine looks a little old. I think someone could get hurt if this continues. Could you take a look at it? You also need to make a sign to warn people not to use this machine. Thank you!

Key Expressions

on one's own 자기 스스로, 남의 도움 없이
- I don't worry about my son because he can cook **on his own**.
  저는 제 아들이 자기 스스로 요리를 할 수 있기 때문에 그에 대해 걱정하지 않습니다.

warn A not to B A가 B하지 못하도록 (경고)하다
- I had to **warn** my son **not to** bite his nails fingernails.
  저는 제 아들이 손톱을 깨물지 못하도록 해야만 했습니다.

Idea Flow

서론	본론	결론
인사 → 도움을 요청 (러닝머신 고장)	문제점 설명과 해결 방법 찾기 1. 러닝머신 문제점 구체적 설명 (소리가 나고 속도 조절이 안 되다가 갑자기 정지) 2. 고장의 원인 추측 (전선 문제, 오래된 기구) 3. 대안 요청 (러닝머신 점검 요청)	요청 : 사용금지 알리기

Translation

실례합니다, 여기서 근무하시나요? 좀 도와주시겠어요? 제가 이 러닝머신에서 뛰고 있었는데 갑자기 기구가 멈춰버렸어요. 기구를 바르게 사용하고 있었어요. 제가 한 10~15분 정도 뛸 때는 아무 문제 없었는데요. 속도를 딱 한 번 바꿨거든요. 그 뒤에 갑자기 삐~소리가 나더니 저절로 속도가 올라갔다 내려갔다 하더라구요. 그리고 나서 멈춰 버렸어요. 바로 내려와서 이렇게 온 거에요. 그리고 기구에서 무슨 찰칵거리는 소리도 났어요. 전선에 문제가 있는지도 모르겠네요. 기구가 좀 오래된 것 같아 보이는데요. 계속 이러면 누가 다칠지도 모르니깐 점검해주시겠어요? 또 사람들이 이 기구를 사용하지 않도록 안내문도 붙여놔야 할 거에요. 감사합니다!

I'd like to know more about where you live. What kind of house or apartment is it? Give me a detailed description of it.
지금 살고 계시는 곳에 대해 알고 싶습니다. 어떤 종류의 집 또는 아파트인가요? 상세하게 묘사해 보세요.

I live five minutes from Gangnam Station. I moved here because it's close to my workplace. My apartment complex only has four buildings. On the outside, all the apartments are peach-colored with one blue stripe near the top. Each building has 12 stories. My place is on the top floor. My apartment has one big room and a small bathroom. The main room has my bed, a couch, and a kitchenette. My favorite thing is the big window by my bed. I can see the sunrise when I wake up. The view is amazing. I can see a park and the city skyline from my window. The apartment is small, but I don't mind it. My life is so busy that I'm almost never at home.

Key Expressions

be close to ~ ~에 가깝다, 밀접하다
- I like my new house because it**'s close to** the supermarket.
  저는 저의 새집이 슈퍼마켓과 가까워서 좋아합니다.

on the outside 외부에는, 바깥 쪽에
- There are beautiful paintings of flowers **on the outside** of the restaurant.
  그 음식점 외부에는 아름다운 꽃 그림들이 있습니다.

on the top floor 맨 위층에
- There is a balcony **on the top floor** of my apartment.
  저의 아파트 맨 위층에는 발코니가 있습니다.

 Idea Flow

서론	본론	결론
자신이 거주하는 아파트 위치 소개 (회사 근처 전철역)	자신이 거주하는 아파트 소개 1. 아파트 외부 묘사 (건물 수, 색, 층수) 2. 아파트 내부 묘사 (원룸형, 내부 구조, 가구) 3. 자신이 좋아하는 점 (침대 옆 큰 창문 – 전망이 좋음)	의견 : 작지만 집에 머무는 시간이 많지 않아 상관없음

Translation

저는 강남역에서 5분 정도 거리에 살고 있습니다. 직장과 가까운 거리라 여기로 이사왔습니다. 아파트가 4개 동밖에 없는 작은 단지입니다. 밖에서 보면 아파트 전체가 복숭아 색에 제일 윗부분에 파란 줄이 있습니다. 각 동은 12층까지 있고 저는 맨 위층에 살고 있습니다. 저의 아파트는 큰 방이 하나 있고 작은 욕실이 있습니다. 큰 방에는 제 침대와 소파, 그리고 간이 부엌이 있습니다. 제가 제일 좋아하는 것은 침대 옆으로 달린 큰 창문입니다. 아침에 일어나면 일출을 볼 수도 있어요. 전망은 정말 최고입니다. 창문에서 공원과 도시의 스카이라인도 볼 수 있거든요. 아파트는 작지만 괜찮습니다. 어차피 바쁘게 생활하고 있고 집에 있는 시간이 많지 않거든요.

Can you tell me about a good or bad memory you have of your neighborhood? Explain the memory in detail.

살고 있는 동네에 대한 좋거나 혹은 나쁜 기억에 대해 말해 보세요. 그 경험에 대해 상세하게 설명해 보세요.

A few years ago, I used to live in an old part of town. I have very bad memories of that place. The house was old and full of rats, but the worst part was the neighbors. Problems started the day I moved in. The alleys were very narrow, so I carried in all of my boxes by hand. As I moved in, my neighbors watched me suspiciously. They didn't even offer to help me. The next day, some of them came to my door. Before I could say, "hello," they started telling me all the rules of the neighborhood. After that, I felt like they were constantly spying on me. It felt like a prison. Soon after, I moved out of that place and went to a new apartment.

 Key Expressions

by hand 손으로
- I made that table completely **by hand**. 저는 그 테이블을 완전히 제 손으로 만들었습니다.

move in 이사 들어오다, 이사하다
- The new renters want to **move in** today, but I'm not packed yet.
  그 새로운 입주자들은 오늘 이사 들어오기를 원하지만 저는 아직 짐을 다 싸지 못했습니다.

suspiciously 의심스럽게
- He **suspiciously** examined the suitcase. 그는 의심스럽게 그 여행가방을 검사했습니다.

 **Idea Flow**

서론	본론	결론
예전에 살았던 동네 소개 → 좋지 않은 기억이 있음을 알림	거주지에 대한 좋지 않은 경험 묘사 1. 동네 설명 : 오래되고 낡았던 집 2. 이웃과 좋지 않았던 경험 • 좁은 골목길 때문에 이사에 어려움 • 무례한 이웃의 행동에 불쾌감 느낌	결과 : 다른 곳으로 이사가게 됨

 **Translation**

저는 몇 년 전에 한 오래된 동네에 살았던 적이 있습니다. 아주 안 좋은 기억이 있는 곳이죠. 집도 오래되었고 쥐도 많았습니다. 하지만 가장 안 좋았던 것은 이웃들입니다. 문제는 이사오는 날부터 시작되었습니다. 골목이 좁아서 짐을 전부 손으로 들어서 옮겨야 했습니다. 제가 짐을 옮기는 동안 이웃들은 저를 의심스러운 눈초리로 쳐다보았습니다. 아무도 도와주려고 하지 않았지요. 다음 날, 이웃 사람 몇 명이 저희 집에 찾아왔습니다. 문을 열고나서 제가 인사도 하기 전에 그 사람들은 그 동네 규칙에 대해서 늘어놓기 시작했습니다. 그 뒤로는 이 사람들이 저를 감시하는 느낌이 꾸준히 들었습니다. 마치 감옥에 갇혀 사는 것 같았습니다. 얼마 후에 그 곳에서 이사를 나왔고 이제는 새 아파트에 살고 있습니다.

Q14 I'm going to give you a situation for you to act out. Your office is planning to go out for dinner. Call a restaurant and ask three or four questions about making a reservation there.

상황을 드릴테니 역할 연기를 해보세요. 당신의 회사 부서에서 저녁 회식을 할 예정입니다. 음식점에 전화를 걸어 예약과 관련된 서너 가지 질문을 해보세요.

Hello, is this Country Steakhouse? Hi, my name is Tae-wook Park. I'm calling from Ace Electronics. I have some questions about making a reservation. First, do you have a private room? We have about 20 people. Is there a room big enough for all of us? Second, how early do you serve dinner? We'd like to come at five o'clock. Some of our buyers are traveling to Busan tonight, so we can't make it any later. Third, can we place our orders now? That way, we can save time. Great. I'll call you back once everyone decides what to eat. Also, we might run about 15 minutes late. In that case, I will give you a call. Is that okay? Thank you very much!

Key Expressions

make a reservation 예약하다
- I can **make** an online **reservation** for that restaurant.
  저는 온라인으로 그 음식점을 예약할 수 있습니다.

big enough for ~ ~에게 충분히 큰, 넉넉한
- I'm not sure if that dress is **big enough** for me.
  그 드레스가 내게 맞을 정도로 큰지 잘 모르겠습니다.

serve dinner 저녁식사를 제공하다
- I made food and **served dinner** to my wife.
  저는 아내에게 음식을 만들어 저녁식사를 차려줍니다.

Idea Flow

서론	본론	결론
음식점에 전화 → 자기 소개 (이름, 회사) → 전화 용건 알림 (예약 문의)	음식점 예약하기 1. 좌석관련 문의 (참석 인원 알림) 2. 시간 관련 문의 3. 음식 미리 주문 (시간절약을 위해)	추가 정보 : 늦으면 미리 알리겠다고 말함

Translation

여보세요, 컨트리 스테이크 하우스죠? 안녕하세요, 저는 에이스 전자회사의 박태욱인데요. 예약과 관련해서 몇 가지 알아보려고 하는데요. 우선, 개별적으로 방이 따로 있는지요? 저희 인원이 약 20명 정도 되는데 전부 들어갈 만한 방이 있나요? 둘째, 저녁 타임은 몇 시에 시작하나요? 5시쯤에 가고 싶은데요. 바이어 몇 분이 오늘 밤 부산으로 가야 해서 더 늦은 시간은 곤란할 거 같아요. 셋째, 음식을 미리 주문할 수 있나요? 그러면 기다리는 시간을 줄일 수 있을 것 같은데요. 좋아요. 모두가 메뉴를 정하면 다시 연락할게요. 그리고 저희가 15분 정도 늦을 수도 있거든요. 혹시나 늦게 되면 전화를 미리 드릴게요. 괜찮겠죠? 감사합니다!

Q15 Unfortunately, there is a problem. When you arrived at the restaurant, they couldn't find your reservation. Explain the situation and find ways to solve the problem.

유감스럽게도, 문제가 생겼습니다. 예약이 된 음식점에 도착하니 당신이 예약한 내용을 찾을 수 없다고 합니다. 상황을 설명하고 문제를 해결할 방법을 찾아보세요.

Hello, are you the manager here? My name is Tae-wook Park. We have a major problem with our reservation. We're having an office dinner here tonight. The reservation was under Ace Electronics. I called your restaurant this morning to make a five o'clock reservation for 20 people. We were supposed to get a private room. However, now your host says that he can't find the reservation. I don't know what happened. I even placed our orders when I made the reservation. This is a very important meeting. Even our buyers are coming to this dinner. Can you help us? I'm sure you can work this out before my boss gets here. We'll even take a public room if there's no other space available for us. Thanks for your help.

Key Expressions

be supposed to~ ~하기로 되어 있다
- We **are supposed to** eat lunch together.
  우리는 함께 점심을 먹기로 되어 있습니다.

place an order 주문하다
- I **placed an order** for a pizza 30 minutes ago and it still hasn't come out.
  저는 30분 전에 피자를 주문했는데 아직도 나오지 않았습니다.

Idea Flow

서론	본론	결론
음식점에 전화 → 자기소개 (이름, 회사) → 전화 용건 알림 (예약에 문제가 생김)	예약에 관련된 문제 해결하기 1. 예약이 안된 상황 설명 2. 중요한 회식임을 알림 3. 대안을 요청 (특실 아닌 홀에서 식사가능)	감사 : 감사히디고 마무리

Translation

안녕하세요, 여기 매니저 되시나요? 저는 박태욱이라고 하는데요. 저희 예약에 좀 문제가 생겼어요. 오늘 저녁 여기서 사무실 회식을 하기로 했거든요. 예약을 에이스 전자회사 이름으로 했는데요. 제가 오늘 아침에 저녁 5시에 20명 모임예약 때문에 전화했었는데요. 저희한테 특실도 준비해 주시기로 했어요. 그런데 지금 여기 주인 분이 예약한 내용을 찾을 수 없다고 하네요. 어떻게 된 건지 모르겠네요. 예약할 때 주문도 했는데요. 아주 중요한 모임이고, 회사 바이어들도 오기로 되어 있어요. 좀 도와주시겠어요? 저희 상사가 오시기 전에 해결이 되었으면 좋겠어요. 만약에 자리가 없으면 홀이라도 해주세요. 도와주셔서 감사합니다.

TEST 3

Oral Proficiency Interview-computer

1 | 자기소개
2 | 여가활동-박물관, 전시회(1)
3 | 여가활동-박물관, 전시회(2)
4 | 취미, 관심사-여행 관련 잡지나 블로그 읽기(1)
5 | 취미, 관심사-여행 관련 잡지나 블로그 읽기(2)
6 | 취미, 관심사-여행 관련 잡지나 블로그 읽기(3)
7 | 직업-프로젝트(1)
8 | 직업-프로젝트(2)
9 | 직업-프로젝트(3)
10 | 운동-야구(1)
11 | 운동-야구(2)
12 | 기타-신분증(1)
13 | 직업-출장(1)
14 | 직업-출장(2)
15 | 직업-출장(3)

Let's start the interview. Introduce yourself and tell me about your family and your job.
인터뷰를 시작하겠습니다. 자기소개를 하고 가족과 직장에 대해 말씀해 주세요.

Hello, my name is Jeong-su Park. I'm 44 years old. My wife and I have been married for nine years. We have two children : a seven-year-old girl and a four-year-old boy. We also have a pet dog named Happy. We've had him for about three years now. He's a big part of our family. We live in Mokdong. We moved to this area last year because of the good schools. It's also close to my office. I work in the marketing department at a cell phone company. I like my job, except that I have to travel a lot. I don't think that I'll have to travel as much this year. That's good because I want to spend more time with my family!

Key Expressions

be married for 결혼한지 ~되다
- My brother has **been married for** 10 years now. 제 남동생은 결혼한지 10년 되었습니다.

named ~라는 이름의
- I had a dog **named** Bobby when I was a kid. 저는 어렸을 적에 바비라는 이름의 강아지가 있었습니다.

spend more time 좀 더 많은 시간을 보내다
- This year, my goal is to **spend more** quality **time** with my parents.
올해 저의 목표는 부모님과 알찬 시간을 더 많이 보내는 것입니다.

Idea Flow

서론	본론	결론
기본 인적 사항 소개 (이름, 나이)	자기소개 1. 결혼 기간 2. 가족과 애완 동물 소개 3. 거주지 소개 (이사온 동기) 4. 직업 소개 • 휴대폰 회사 마케팅 부서에서 근무 • 잦은 출장을 제외하곤 일에 만족함	마무리 : 올해 자신의 근무 여건에 만족함

Translation

안녕하십니까. 저는 박정수입니다. 나이는 마흔 네 살이고 결혼한지 9년 되었습니다. 자녀는 일곱 살짜리 여자아이와 네 살 난 남자아이 이렇게 둘 입니다. 해피라는 이름의 강아지도 있는데 키운지 3년 정도되었습니다. 이제는 거의 가족이나 마찬가지입니다. 지금 목동에 살고 있는데 학군이 좋아서 작년에 이사 왔습니다. 제 직장과도 가깝고요. 저는 휴대폰 회사의 마케팅 부서에서 근무하고 있습니다. 출장을 많이 다녀야 하는 것 외에는 제 일을 아주 좋아합니다. 올해는 출장을 많이 다니지 않아도 될 것 같은데 가족과 좀 더 많은 시간을 보낼 수 있게 되어서 다행입니다.

Q 02 You have answered in the survey that you go to museums (exhibitions). Tell me about a museum that you've recently visited. Why did you go and how did you like it?

설문조사에 박물관 (전시회)에 간다고 했습니다. 최근에 다녀온 박물관에 대해 말해 보세요. 무슨 일로 갔고 박물관은 어땠나요?

On my last business trip, I spent a few days in Washington, D.C. Before I left, I visited the National History Museum. I went to this museum because my friends recommended it. The museum had so many exhibits! One of the exhibits was of World War II. They had all kinds of weapons from the war. It was quite interesting. However, my favorite exhibit was the one on Korea. I liked it because it reminded me of home. There was a memorial hall for the soldiers who died in the Korean War. It was touching to see how many people sacrificed their lives for my country. In the gift shop, I bought some soldier souvenirs for my son and a book for my daughter.

Key Expressions

be touching 감동적이다
- The documentary we watched tonight about the Korean War **was** deeply **touching**.
  우리가 오늘밤에 봤던 한국전쟁에 관한 그 다큐멘터리는 매우 감동적이었습니다.

sacrifice A for B B를 위해 A를 희생하다
- I respect my mother the most because she has **sacrificed** so much **for** our family.
  저는 저의 어머니가 가족을 위해 많은 것을 희생하셨기 때문에 어머니를 존경합니다.

Idea Flow

서론	본론	결론
최근에 다녀온 박물관 소개 (국립역사박물관)	국립역사박물관 방문 경험 서술 1. 박물관에 간 이유 (친구가 추천) 2. 다양한 전시관 • 제 2차 세계대전 전시관 • 한국 전시관	마무리 : 가족을 위한 기념품을 구입

Translation

지난 번 출장 때 미국 워싱턴 DC에서 며칠 머물렀던 적이 있습니다. 그곳을 떠나기 전에 국립역사박물관에 가 보았습니다. 친구들이 꼭 가보라고 추천해서 갔습니다. 박물관에는 너무나 다양한 전시관들이 있었습니다! 제2차 세계대전 관련 전시관도 있었는데, 전쟁에서 사용된 모든 종류의 무기들이 전시되어 있었습니다. 아주 흥미로운 전시였습니다. 하지만 제가 제일 좋아했던 것은 한국에 관한 전시관이었습니다. 전시를 보다 보니 집 생각이 나서 좋았습니다. 한국전쟁 당시 순국한 군인들을 기리는 기념관도 있었습니다. 우리나라를 위해서 자신을 희생한 많은 사람들을 보니 감동적이었습니다. 선물 가게에서는 아들을 위한 군인 관련 기념품과 딸을 위한 책을 샀습니다.

Q 03 I'm going to give you a situation. You want to take your family to a museum. Call the information desk and ask three or four questions about visiting the museum.
상황을 드리겠습니다. 당신은 가족을 데리고 박물관에 가기를 원합니다. 박물관 안내 데스크에 전화해서 박물관 관람과 관련한 서너 가지 질문을 해보세요.

Hello, is this the National Art Museum? I'd like to visit there with my family, but I have a few questions. What are the museum hours? Are you open every day? I heard that the museum is usually crowded, especially on weekends. When is the best time to go? We want to avoid the crowds. How much does admission cost? My children are four and seven years old. Can I get a discount for them? I'd also like to know about your exhibits. Do you have any good exhibits or special programs for children? Wow, you have a whole hall just for kids! My children will love it. I'm sure our family will have a great time when we visit. Thank you for the information!

Key Expressions

be crowded 혼잡하다
- Myeongdong **is crowded** even during the weekdays.
  명동은 주중에도 혼잡합니다.

get a discount 할인 받다
- If you buy those tickets online, you can **get a discount**.
  당신이 그 티켓들을 온라인에서 구매하면 할인을 받을 수 있습니다.

Idea Flow

서론	본론	결론
박물관에 전화하기 → 용건 설명 (가족과 방문 계획)	박물관 관람을 위한 질문 1. 박물관 관람시간 묻기 • 평일 오픈 시간, 휴무일 • 관람하기에 좋은 시간 2. 입장료와 할인에 대한 문의 3. 어린이에게 좋은 전시관 문의	감사 : 친절한 안내에 대한 감사 표시

Translation

여보세요, 국립박물관인가요? 가족을 데리고 박물관에 가보고 싶은데 몇 가지 궁금한 점이 있어요. 박물관 관람시간은 언제부터 언제까지인가요? 매일 여나요? 주말에 특히 혼잡하다고 알고 있는데 박물관에 방문하기 제일 좋은 시간이 언제인가요? 그때는 피하고 싶거든요. 입장료는 얼마죠? 아이들이 네 살, 일곱 살인데 입장료 할인이 되나요? 전시관에 대해 알고 싶은데요. 아이들을 위한 좋은 전시관이나 특별 프로그램이 있나요? 아이들만을 위한 전시관도 있다고요! 저희 아이들이 좋아하겠네요. 좋은 시간을 보낼 수 있을 것 같아요. 안내해 주셔서 감사합니다!

Q 04 You indicated in the survey that you read blogs or magazines about travel. Which blogs or magazines do you read? Why do you read them? What fun things do you find in them? Tell me in detail.

설문조사에서 여행 관련 잡지나 블로그를 읽는다고 했습니다. 어떤 블로그와 잡지 입니까? 왜 읽습니까? 어떤 재미난 것들이 있습니까? 자세히 말해주세요.

I like traveling, so I like reading articles about distant places. I also like looking at beautiful pictures of various countries. In reality, travel magazines and books are usually heavy and can be a bit costly, so I rarely read them. I usually visit a blog site named Tomorrowtravel.com. It is a very famous travel blog. There are articles about many countries, and pictures to go with the stories. I get a lot of information about places to travel. Many of the pictures are posted by backpackers who have traveled the countries themselves. I find them more useful to make travel plans. They tell of their experiences as well as give me an idea about costs. In addition, I don't have to be a member of the blog to read the articles, so it's very convenient. Whenever I have free time, I always visit Tomorrowtour.com.

Key Expressions

be posted by ~ ~에 의해 게시되다, 공고되다
- The results will **be posted** by her. 결과는 그녀에 의해 공고 될 것입니다.

as well as ~ ~뿐 아니라, 게다가
- I could learn a lot from him **as well as** from books. 책에서뿐 아니라 그한테서도 많이 배웠습니다.

Idea Flow

서론	본론	결론
여행을 좋아함 언급하고 여행을 위한 활동을 알림 (글 읽기, 사진 감상)	블로그 묘사 1. 방문하는 블로그 이름 2. 방문하는 이유 세가지 (많은 사진과 글들, 정보) 3. 블로그의 장점 강조 (비회원 가능)	빈도 : 얼마나 자주 방문 하는지 언급

Translation

저는 여행이 좋습니다. 그래서 멀찍이 떨어진 곳에 대한 기사를 읽는 것을 좋아합니다. 또한 아름다운 나라들의 사진을 보는 것도 좋아합니다. 사실, 여행잡지나 책은 대부분 무겁고 또 가격이 좀 나가기 때문에 거의 읽지 않습니다. 그래서 저는 Tomorrowtour.com 이라는 블로그에 주로 갑니다. 아주 유명한 여행 블로그입니다. 많은 나라들에 대한 이야기가 있고, 그것을 설명해주는 사진들이 있습니다. 그래서 제가 여행가고 싶을 때 마다 관심 있는 여행지에 대한 많은 정보를 얻을 수 있습니다. 많은 사진들이 보통 여행객에 의해 포스트 됩니다. 이것이 여행계획을 세우는데 아주 유용합니다. 게다가 그 여행객들은 자신들의 경험뿐 아니라 가격에 대한 정보도 줍니다. 또한, 이 글들을 읽기 위해 굳이 블로그 회원이 될 필요가 없기 때문에 아주 편리합니다. 그래서 시간이 날 때 마다 항상 Tomorrowtour.com 사이트를 방문합니다.

Q 05 Let's talk about your favorite travel blogs. When do you read them? Where do you read them? Tell me all the details.

당신이 가장 좋아하는 여행 블로그에 대해 이야기해 보겠습니다. 언제 블로그를 읽나요? 어디서읽죠? 자세하게 설명해 보세요.

I like traveling, but it costs a lot, so I don't travel too often. However, I enjoy reading about places where I want to visit in the future. I do most of my reading on my smartphone. It's very convenient because I always have it with me. Using my smartphone, I can read my favorite travel blogs on the bus or subway whenever I have the chance. This is also quite convenient for me because I am studying English to get an OPIc certificate to increase my chances of getting a good job. The blog also has an English version, so it's very helpful in my English studies. Not only that but, it's also a good distraction from the noise on the subway.

Key Expressions

whenever I have the chance 시간 날 때마다
- I drink water **whenever I have the chance**.
  저는 시간 날 때마다 물을 마십니다.

a distraction from ~ ~에서의 기분전환
- It's simply **a distraction from** the real issues.
  그건 간단히 현실에서의 기분전환이 되는 것입니다.

Idea Flow

서론	본론	결론
블로그를 볼 수밖에 없는 이유 제시 (직접 여행은 가격이 비쌈)	블로그의 장점 설명 1. 수단 언급 (핸드폰) 2. 그 수단의 장점 (휴대편함) 3. 장소 언급 (전철, 버스) 4. 부가 장점 (영어 버전)	의견 : 편리한 이유를 설명

Translation

저는 여행을 좋아합니다. 하지만 가격이 많이 비싸기 때문에, 자주 여행을 하지는 않습니다. 하지만 미래에 여행을 가고싶은 곳에 대해서 읽는 것을 좋아합니다. 대부분 여행글을 읽을 때 제 스마트폰을 사용합니다. 항상 스마트폰을 들고 다니기 때문에 참 편리합니다. 버스에서 전철에서 항상 시간이 날 때마다 읽을 수 있습니다. 제가 학생이기 때문에 그것이 굉장히 편리하고, 또한 제가 직장을 구하기 위해 필요한 오픽 점수를 받기위해 영어 공부를 하는 중이기 때문에 편리합니다. 블로그는 영어버전도 제공하기 때문에 영어 공부하는데 굉장히 도움이 됩니다. 게다가 지하철에서 주변의 소음들을 신경쓰지 않아도 되기 때문에 더 좋습니다.

I'd like to know about some of the special features in your favorite travel blog. How is it different from other blogs and magazines? Tell me in detail.

당신이 가장 좋아하는 블로그의 특징에 대해 알고 싶습니다. 다른 블로그, 잡지와 다른점이 무엇인가요? 자세히 설명해 보세요.

To be honest, it's not that different from the other blogs I have read. Nevertheless, I think the articles and pictures by people who have actually been to the interesting places are a plus. Some people even post articles and pictures while they are still on their trips. On many other blogs there are mostly pictures of expensive hotels and restaurants posted. Sometimes, the information they give is not that helpful for low budget travelers like me. My favorite blog contains a wide range of useful information for people with different budgets and tastes. One more thing: the blog offers low-cost airline tickets. I don't have to be a member of the bloggers club to book tickets. I can just take advantage of deals posted on the blog. It is an outstanding method to save on extra costs, so I really like this blog.

Key Expressions

It's not that different from ~ ~와 그리 크게 다르지 않다.
- For me **it's not that different from** painting. 나에게는 그림과 그리 다르지 않습니다.

take advantage of ~ ~을 이용하다
- His friends **take advantage of** his generosity. 그의 친구들은 그의 관대함을 이용합니다.

Idea Flow

서론	본론	결론
블로그의 총체적 특징을 언급	블로그의 특징 설명 1. 다른 점 언급 (글 올리는 사람들, 내용) 2. 내용의 특징 (저가의 호텔 및 식당 정보) 3. 부가 설명 (비회원 이용 가능)	강조 : 좋은 블로그임을 다시 언급

Translation

이 블로그는 제가 읽은 다른 블로그들과 그리 다르지 않습니다. 그렇긴 하지만 직접 흥미로운 장소들을 다녀온 사람들에 의해 쓰여진 글들과 사진들이 좋은 점이라 생각합니다. 어떤 사람들은 여전히 각 여행지에 있을 때 찍은 사진들과 글들을 올립니다. 다른 많은 블로그들은 대부분 비싼 호텔과 레스토랑이 포스트 입니다. 가끔 그 정보들은 저같이 적은 돈으로 여행하려는 사람들한테는 그렇게 도움이 되지 않습니다. 제가 가장 좋아하는 블로그는 다양한 여행 예산과 취향을 가진 사람들에게 광범위한 정보를 제공해 줍니다. 한가지 더, 그 블로그는 저가의 항공권을 제공합니다. 예약하기 위해 블로그의 멤버가 되지 않아도 됩니다. 단지 그냥 그들이 제공하는 낮은 가격의 이점만 가져갈 수 있습니다. 비용을 아낄수 있는 훌륭한 방법이기 때문에 저는 그 블로그를 정말 좋아합니다.

Q 07 You have said in the survey that you work at a company. Tell me about a project you're working on. What kind of project is it? Give me a detailed description of it.

설문조사에 직장에서 근무한다고 했습니다. 현재 진행중인 프로젝트에 대해 말해 보세요. 어떤 종류의 프로젝트인가요? 자세하게 설명해 보세요.

My team is working on the European launch of our latest smartphone. This is a great opportunity for my company to branch out into new markets. If this project goes well, we may decide to expand to North America too. Our deadline is at the end of the year. Currently, we're studying how to modify our phones to fit European needs. We are looking at different applications and designs. Also, Europe uses many different languages, so we need to add more language options to our phones. Next, we will go to Europe to work in the branch office for two weeks. We'll be doing market research and meeting distributors. I am very excited about my upcoming business trip.

Key Expressions

branch out (새 분야에) 진출하다, (~을) 시작하다
- This year, I want to **branch out** to different clubs and meet new people at school.
  올해 저는 학교에서 여러 동아리에도 가보고 새로운 사람들을 만나보고 싶습니다.

do research 연구하다, 조사하다
- Our group is in charge of **doing** market **research** this year. 저희 그룹은 올해 시장조사를 담당합니다.

upcoming business trip 다가올 출장
- I'm going to Canada on my **upcoming business trip**. 저는 다가올 출장에 캐나다를 갈 예정입니다.

Idea Flow

서론	본론	결론
현재 진행중인 프로젝트 소개 (스마트폰 유럽출시)	진행중인 프로젝트 묘사 1. 프로젝트를 통해 얻는 이득 (북미진출 가능성) 2. 진행단계 (유럽시장 조사) : 어플리케이션, 디자인, 언어 3. 남은 일정 (유럽 출장)	마무리 : 출장에 대한 기대

Translation

현재 저희 팀에서는 최신 스마트폰을 유럽에 출시하기 위해 준비하고 있습니다. 회사입장에서는 새로운 시장으로 진출하기 위한 아주 좋은 기회입니다. 이번 프로젝트가 성공할 경우 북미진출도 결정할 수 있습니다. 금년 말까지 모든 준비를 마쳐야 합니다. 현재 우리회사의 휴대폰 제품을 어떻게 유럽시장의 필요에 맞춰 개조할지를 연구중입니다. 다양한 어플리케이션과 디자인을 조사하고 있습니다. 또한 유럽은 다양한 언어를 사용하기 때문에 우리 제품에 더 많은 언어관련 옵션을 추가해야 할 필요가 있습니다. 그리고 유럽에 있는 지사에 가서 2주 동안 근무할 예정입니다. 거기서 시장조사를 실시하고 유통업자들을 만나볼 계획입니다. 다가올 출장을 생각하면 마음이 설레입니다.

Q 08 I'm afraid that you have a problem to resolve. The deadline for your project is coming up and you won't be able to make it. Talk to your boss and offer several solutions to the problem.
유감스럽게도, 해결해야 할 문제가 생겼습니다. 프로젝트의 마감시간이 다가오는데 시간 내에 끝내지 못할 것 같습니다. 상사에게 말씀 드리고 문제해결을 위한 몇 가지 해결책을 제시해 보세요.

Mr. Kim, I have some bad news about our project. A member of my team, Eun-jung Choi, is in the hospital. She was on a business trip and got the H1N1 flu. She will be out of the office for at least a week. We can't finish the project by the deadline without her. The rest of us are working hard to stay on schedule. However, if you want us to complete the research, we need two more weeks. Is that possible? If you can assign us another person who can take over Eun-jung's part, we might be able to finish on time. She was working on the phone design. Please let me know what you want us to do.

Key Expressions

out of the office 사무실을 비운
- The doctor is **out of the office** for his lunch break.
  의사 선생님은 지금 점심 시간이라 잠시 사무실을 비우셨습니다.

stay on schedule 일정에 맞추다
- We need to **stay on schedule** or we won't finish our school assignment by next week.
  우리가 일정에 맞추지 않으면 다음 주까지 학교 과제를 끝낼 수 없을 것입니다.

Idea Flow

서론	본론	결론
상사에게 프로젝트의 문제점 말하기	마감일을 맞추기 어려운 상황 설명과 대안 제시 1. 상황 설명 (팀원의 결원 이유) • H1N1 독감에 걸려 병가 • 지금 인원으로는 마감일 맞추기 힘듦 2. 대안 제시 • 마감일 연장과 팀원 충원	마무리 : 대안에 대한 상사의 의견 묻기

Translation

김부장님, 프로젝트에 약간의 문제가 발생했습니다. 저희 팀 최은정 씨가 지금 병원에 입원했습니다. 출장중에 신종 플루에 감염되었고 앞으로 최소 한 주 동안은 사무실을 비울 것입니다. 문제는 최은정씨 없이 프로젝트를 기한 내에 끝낼 수가 없다는 것입니다. 나머지 팀 멤버들이 일정에 맞추기 위해 열심히 노력하고 있습니다. 하지만 이번 연구조사를 끝내기 위해서는 2주의 시간이 더 필요합니다. 그래도 괜찮을까요? 최은정 씨 대신 추가 인원을 배정받을 수 있다면 기한 내에 끝낼 수 있을 것 같습니다. 최은정 씨는 휴대폰 디자인 관련 업무를 수행하고 있었습니다. 어떻게 하기를 원하시는지 알려주세요.

What is the most important thing for a successful group project? Give examples from your personal experience to support your opinion.

성공적인 그룹 프로젝트를 위해서 가장 중요한 것은 무엇인가요? 당신의 의견을 지지할 만한 개인 경험에 바탕을 둔 예를 들어주세요.

I believe communication is the most important part of a successful group project. Everyone has different thoughts and ideas. If we don't communicate, we can't function as a team. When there is misunderstanding, efficiency is lost. For example, one time I worked on a project with six co-workers. We worked on our parts separately and came together at the end. We hardly ever talked to each other about what we were working on. Because of that, no one made a PowerPoint presentation for our project. We realized that it was missing on the day before our deadline. Our team had to work all night to finish the slide show on time. After that experience, we made an effort to communicate better.

Key Expressions

function (기능 등을) 제대로 하다
- We can't **function** well without our office manager.
  우리 부장님이 계시지 않으면 우리는 제대로 일을 해낼 수 없습니다.

make an effort 노력하다
- I have a great relationship with my wife because we **make an effort** to communicate well.
  아내와 저는 서로 대화하기 위해 노력을 하기 때문에 좋은 관계를 유지하고 있습니다.

Idea Flow

서론	본론	결론
성공적인 그룹 프로젝트의 중요 요소 (의사소통)	성공적인 그룹 프로젝트를 위한 중요한 요소 말하기 1. 의사소통이 중요한 이유 • 착오와 저효율성 야기 2. 타당한 근거로 경험을 제시 • 의사소통의 부재로 아무도 프레젠테이션을 만들지 않음	결과 : 의사소통에 더 많은 노력을 기울임

Translation

성공적인 그룹 프로젝트를 위해서는 의사소통이 가장 중요하다고 봅니다. 사람들은 각각 다른 생각과 아이디어를 가지고 있습니다. 의사소통을 제대로 하지 않는다면, 팀이 제대로 일을 해낼 수 없습니다. 오해가 있으면 효율성도 잃습니다. 예를 들어 제가 예전에 여섯 명의 동료들과 함께 한 프로젝트를 수행한 적이 있었습니다. 모두 개별적으로 작업해서 마지막에 작업내용을 모았습니다. 서로의 업무에 대해서 상호간의 소통이 거의 없었습니다. 그 때문에 아무도 프로젝트를 발표하기 위한 프레젠테이션 슬라이드 자료를 준비하지 않았습니다. 마감 바로 전날 프레젠테이션 준비가 안되었다는 사실을 알게 되었습니다. 결국 밤샘작업을 통해 겨우 파워포인트를 완성했습니다. 그 이후로 상호간의 의사소통이 더 잘 이루어지도록 많은 노력을 했습니다.

You have responded in the survey that you like baseball. Tell me about your favorite baseball team. Why do you like them?

설문조사에 야구를 좋아한다고 응답했습니다. 가장 좋아하는 야구팀에 대해 말해 보세요. 왜 그 팀을 좋아하나요?

My favorite baseball team is the Busan Seagulls. My family is from Busan, so naturally they're my favorite team. My dad was a big fan of the Seagulls, so he often took me to their games when I was a kid. When I became a teenager, I went to the games with my friends. The stadium was always full of people. People had different cheers for each player. My friends and I wore the team uniform to support the team and we all cheered together. Back then, the Seagulls were the best team in Korea. They won the Korean Series three times in a row! Lately, they haven't been doing so well, but they're slowly getting better. Someday, I hope they'll win the Korean Series again.

Key Expressions

take A to B A를 B로 데리고 가다
- My boyfriend often **took** me **to** soccer games.
  제 남자친구는 저를 축구경기에 자주 데려갔습니다.

have different cheers 다양한 응원을 하다
- The cheerleaders **have different cheers** for every single player on the team.
  치어리더들은 팀의 각각의 선수들을 위해 다양한 응원을 합니다.

get better 더 나아지다
- Lifting weights was difficult in the beginning, but I'm **getting better** at it.
  역기를 드는 것은 처음에는 어려웠지만 저는 갈수록 더 나아지고 있습니다.

 Idea Flow

서론	본론	결론
가장 좋아하는 야구팀 소개 (부산 시걸즈)	가장 좋아하는 야구팀 묘사 1. 좋아하는 이유 : 홈팀, 아버지의 영향 2. 경기 관람 경험 (십대 시절) • 꽉 찬 경기장, 다양한 응원, 팀 유니폼 입음, 우수한 성적	마무리 : 현재 팀의 성적이 좋지 않지만 좋은 성적을 희망함

Translation

제가 제일 좋아하는 야구팀은 부산 시걸즈입니다. 제 가족은 부산에서 왔고 그래서 당연히 부산 시걸즈를 제일 좋아합니다. 저희 아버지가 원래 시걸즈의 열성팬이셔서 제가 어렸을 때 경기가 있는 날이면 종종 저를 데리고 가주셨습니다. 제가 십대 때에는 친구들과 함께 야구 경기를 관람하러 가기도 했습니다. 경기장은 사람들도 가득했고, 사람들은 각각의 선수를 위해 다양한 응원을 했습니다. 친구들과 저는 우리의 팀을 지지하기 위해 팀 유니폼을 입고 함께 응원했습니다. 그 때 시걸즈가 한국 최고의 팀이었습니다. 한국 시리즈에서 연속 세 번이나 우승했거든요. 최근에는 경기 기록이 그다지 좋지는 않았지만 점점 나아지고 있습니다. 언젠가 다시 한국 시리즈에서 우승했으면 좋겠습니다.

Q 11 When people go to baseball games, they all have different ways of expressing their excitement. In your opinion, what are some right and wrong ways to cheer at a sporting event?

사람들은 야구경기를 관람할 때 다양한 방법으로 즐거움을 표현합니다. 당신의 의견으로는 스포츠 경기를 할 때 옳은 혹은 옳지 않은 응원 방법은 무엇인가요?

When you go to a baseball game, you can see people cheering in many different ways. Some people go all out! They love to chant, sing, and dance to cheer for their favorite teams. I think almost every kind of cheering is Okay. However, there are also some wrong ways to cheer. I don't like it when people trash-talk the other team and the umpire. People shouldn't be mean to the other team. Also, when the home team plays badly, some people start throwing trash onto the field. Even though I'm not happy about the team either, it's still bad manners. However, the worst thing is when people get drunk. They start swearing at the players. When people do these things, it ruins the game for everyone.

Key Expressions

go all out 필사의 노력을 하다, 전력을 다하다
- I don't really like dancing, but when I go to the clubs, I **go all out**.
  저는 춤추는 것을 그다지 좋아하지 않습니다. 하지만 그래도 클럽에 가게 되면 전력을 다해서 놉니다.

trash-talk 험담/욕을 하다, 독설을 하다
- I like to **trash-talk** whenever I play tennis. 저는 테니스를 칠 때마다 독설을 하게 됩니다.

be mean 함부로 하다
- The restaurant owner shouldn't **be** so **mean** to his employees.
  음식점 주인은 종업원들을 함부로 대해서는 안 됩니다.

Idea Flow

서론	본론	결론
야구경기에 다양한 응원방법이 있음을 알림	바람직한/바람직하지 않은 응원방법 묘사 1. 바람직한 응원방법 소개 : 구호 외치기, 노래하기, 춤추기 2. 바람직하지 않은 응원방법 소개 • 욕설, 쓰레기 투척, 술주정	의견 : 무례한 응원 방법은 경기를 방해함

Translation

야구장에 가면 사람들이 아주 다양한 방법으로 응원하는 것을 볼 수 있습니다. 어떤 사람들은 정말 필사적으로 응원하지요! 응원하면서 구호도 외치고, 노래도 부르고, 춤도 추면서 자신들의 팀에 대한 열정을 보여줍니다. 제 생각에는 대부분의 응원은 괜찮은 것 같습니다. 하지만 옳지 않은 방법도 있습니다. 저는 사람들이 상대팀이나 심판에게 험담하는 것을 정말 싫어합니다. 상대팀이라고 해서 함부로 하면 안 됩니다. 또 자기 팀의 성적이 안 좋을 때 경기장에 쓰레기를 던지는 사람들도 있습니다. 비록 팀의 경기가 맘에 들지 않더라도 그런 것은 잘못된 행동입니다. 경기장에서 최악의 추태는 술에 취한 사람들인데 이들은 선수들에게 상스러운 욕을 해대기 시작합니다. 그들이 이런 행동들을 하면, 모든 사람들을 위한 경기를 망치게 됩니다.

Let's talk about your company ID card. What does it look like? What kinds of things can you do with it? Please tell me in detail.
당신의 회사 신분증에 대해 이야기해 보겠습니다. 어떻게 생겼나요? 그것으로 무엇을 할 수 있나요? 자세하게 말해 보세요.

Let me tell you about my company ID card. It looks like a credit card and it clips onto my shirt. It's a white card with a picture of me on the left. My name and job title are next to the picture. I always make sure to wear it when I'm going to work. When I arrive at work in the morning, I swipe my card to get into the office. It also records when I come in on my time card. It lets me into the company gym, stockroom, and cafeteria. In the cafeteria, I can even buy food with it. Before the new ID cards, I had to carry my wallet everywhere. That was quite inconvenient. However, with this new ID system, office life is much simpler.

Key Expressions

make sure to ~ ~을 잊지 않다, 반드시 ~하다
- **Make sure to** bring your ID card when you vote.
  투표하러 갈 때 신분증을 꼭 가져가세요.

swipe a card 카드를 판독기에 읽히다
- The best thing about credit cards is that you just **swipe the card** and the payment is finished.
  신용카드의 최고 장점은 그저 카드만 읽혀 주면 금액이 지불된다는 것입니다.

Idea Flow

서론	본론	결론
회사 신분증을 소개할 것임을 알림	회사 신분증 묘사 1. 외형 묘사 • 신용카드처럼 생김 • 사진, 이름, 직책이 적혀 있음 2. 용도 • 출근시간 확인 • 사내 시설 출입증 • 사내 식당에서 신용카드 대신 사용	의견 : 새로운 신분증으로 간편해진 사무실 생활

Translation

회사 신분증에 대해 말씀 드리겠습니다. 저희 회사 신분증은 신용카드처럼 생겼고 윗옷 셔츠에 클립으로 고정시킬 수 있습니다. 흰색 바탕 왼쪽에 제 사진이 있고 그 옆에 이름과 직책이 찍혀 있습니다. 출근할때 신분증을 챙겨가는 것을 잊지 않습니다. 왜냐하면 아침에 회사에 출근해서 신분증을 판독기에 읽혀줘야 사무실로 들어올 수 있습니다. 그때 제 출근시간이 근무시간 기록표에 기록됩니다. 제 신분증으로 사내 헬스장과 물품 저장실, 그리고 카페테리아도 출입이 가능합니다. 카페테리아에서는 신분증으로 음식을 살 수도 있습니다. 새로운 신분증이 도입되기 전에는 지갑을 항상 들고 다녀야 했었는데 아주 불편했지요. 이제는 새 신분증으로 사무실 생활이 훨씬 간편해졌습니다.

Q13 You indicated that you go on overseas business trips. Could you tell me about your most embarrassing overseas business trip? Please give me a detailed description of it.
설문조사에 외국 출장을 간다고 표시했습니다. 외국 출장에서 겪은 가장 당황했던 일을 설명해 보겠어요? 상세하게 말해 보세요.

Once, I took a business trip to New York City. It was my first trip to America, so I didn't know what to expect. After a long meeting, my hosts took me to dinner at an American restaurant. I was excited because it was my first experience eating out in America! When the appetizers came out, my mouth watered. Everything looked so delicious. Without thinking, I took a bite of my bread and then dipped it into the sauce. Suddenly, I realized what I'd done. I'd just double-dipped! Then, I remembered that although we can double-dip in Korea, it's a taboo in America. Everyone looked uncomfortable and I turned bright red! I quickly apologized and offered to buy another appetizer. Now, I never double-dip!

Key Expressions

one's mouth waters 입에 군침이 돌다
- When the cheesecake came out, **my mouth** started **watering**.
  치즈 케익이 나왔을 때 제 입에 군침이 돌기 시작했습니다.

double-dip (먹던 음식을 함께 먹는 소스 등에) 두 번 찍다
- My mom told me not to **double-dip** when I go to America.
  저의 어머니는 제게 미국에 가서는, 먹던 음식을 함께 먹는 소스에 두 번 찍으면 안 된다고 말씀하셨습니다.

Idea Flow

서론	본론	결론
외국 출장 소개 (뉴욕) → 익숙하지 않은 출장임을 알림	외국 출장에서 겪었던 문화차이 1. 배경 : 미국 음식점에서 회식 2. 문제상황 발생 : 먹던 빵을 함께 먹는 소스에 다시 찍음 3. 문제 해결 : 사과하고 추가로 음식 주문	마무리 : 먹던 음식을 함께 먹는 소스에 다시 찍어 먹지 않음

Translation

한번은 뉴욕으로 출장을 간 적이 있었습니다. 미국으로의 첫 출장이라서 어떤 일이 생길지 전혀 예상할 수 없었습니다. 장시간 회의가 끝난 뒤에 현지 직원들이 미국 음식점에서 저를 저녁식사에 초대했습니다. 미국에서 처음으로 하는 외식이라 저는 아주 들뜬 마음으로 갔습니다! 전채요리가 나왔는데 입에서 군침이 돌았습니다. 음식들이 모두 맛있어 보였습니다. 별 생각 없이 빵을 한입 먹고 소스에 다시 찍었습니다. 그 때 제가 무슨 행동을 했는지 갑자기 깨닫게 되었습니다. 먹던 음식을 함께 먹는 소스에 다시 찍은 것이었습니다! 그제서야 이런 행동이 한국에서는 괜찮지만 미국에서는 금기시되는 행동이라는 것을 기억하게 되었습니다. 자리에 함께 한 사람들 모두 아주 불편한 듯 보였고 저는 얼굴이 벌개졌습니다! 재빨리 사람들에게 사과를 하고 전채요리를 새로 시켰습니다. 지금은 절대 그렇게 하지 않습니다.

I'm going to give you a situation and ask you to act it out. You are on a business trip. However, the sample you brought is broken. Call your boss, explain the situation, and ask for a new sample. Be sure to tell your boss where to send it as well.

상황을 드릴테니 역할 연기를 해보세요. 당신은 출장중입니다. 그런데 가져온 제품의 샘플이 망가졌습니다. 직장 상사에게 연락하여 상황을 설명하고 새로운 샘플을 보내달라고 요청하세요. 상사에게 샘플을 어디로 보내줄지도 꼭 설명하세요.

Hello, Mr. Kim. This is Jeong-su Park. I have a problem here. The sample phone that I brought to show our client is broken. The screen freezes up and the phone keeps turning off. I rebooted the device but it still won't respond. I don't know what's wrong with it. It was working fine when I tested it out in Korea. I think it might have overheated when it was on the airplane. Could you send me a new one? It's the Cosmos-TX model. Please include an extra battery pack, just in case. I have meetings with the clients, so I need it ASAP. You can send it to the ABC Hotel on 555 Maple Street in Washington, DC. Thank you!

 Key Expressions

freeze up (작동 등이) 멈추다
- I need to buy a new computer because my old one always **freezes up**.
  제 낡은 컴퓨터가 항상 멈춰버리기 때문에 컴퓨터를 새로 사야 합니다.

just in case 만일의 경우를 대비해서
- **Just in case** I can't find you, can you give me your phone number?
  제가 당신을 못 찾게 될 경우를 대비해서 당신의 전화번호를 알려주시겠어요?

ASAP (as soon as possible) 가능한 한 빨리
- I need the flowers for my dad's 60th birthday party **ASAP**!
  저희 아버지 환갑 잔치에 이 꽃들을 가능한 한 빨리 보내주세요!

 **Idea Flow**

서론	본론	결론
회사에 전화 → 문제 상황 소개 (불량 전화기 샘플)	출장 중 불량 샘플 문제 해결 1. 불량 전화기 샘플 상태 묘사 (화면정지, 계속 꺼짐) 2. 이유 추측 (과열) 3. 문제 해결 (새 샘플 요청)	마무리 : 샘플을 받을 주소 알려주기

 **Translation**

여보세요, 김부장님. 박정수인데요. 여기서 문제가 생겼는데요. 제가 이번에 고객에게 보여주려고 샘플로 가져온 휴대폰이 고장 났습니다. 휴대폰 화면이 멈추고 자꾸 꺼져버리네요. 껐다 켜봐도 아무 반응이 없고 뭐가 잘못된 건지 모르겠어요. 한국에서 테스트해 볼때는 아무 문제가 없었거든요. 아마도 비행기에서 과열된 것 같아요. 새 제품을 보내주시겠어요? Cosmos-TX 모델인데요. 보내실때 만일을 대비해서 배터리도 추가로 하나 더 보내주세요. 거래처와 회의가 있으니 최대한 빨리 보내주세요. 제가 묵고 있는 워싱턴 DC, 555 메이플 스트리트, ABC 호텔로 보내주세요. 감사합니다!

Q15 I'm sorry, but there is an issue you need to resolve. Your boss just told you that the new sample will arrive tomorrow morning. However, you are supposed to meet with a client this morning. Call up the client and ask to postpone the meeting.
유감스럽지만, 해결해야 할 문제가 있습니다. 당신의 상사가 당신에게 새 샘플이 내일 아침에 도착할 것이라고 말합니다. 그러나 당신은 오늘 아침에 거래처와 만나기로 되어 있습니다. 거래처에 전화해서 미팅을 연기해 달라고 말해 보세요.

Hello, Ms. Johnson? This is Jeong-su Park from KoreaCel. We were supposed to meet this morning. Could we put off the meeting? I wanted to show you our newest cell phone model, the Cosmos-TX. Unfortunately, I won't be able to show you the phone today. The sample I brought to show you isn't working properly. I think it must have been damaged while it was in my luggage. However, another one is on its way. It should arrive tomorrow. Can we reschedule the meeting for tomorrow afternoon? When are you available? I can meet you anytime after 1 p.m. Actually, if you want, we can talk about the cell phone over lunch. You can pick the place. Perfect! I'll meet you there at one. I'm so sorry about the inconvenience. Thanks for being flexible. I'll see you tomorrow!

Key Expressions

put off 미루다, 연기하다
- My mom gets mad at me when I **put off** my house chores.
  저희 어머니는 제가 집안일을 미루면 제게 화를 내십니다.

work properly 제대로 작동하다
- I can't drink water because my water filter isn't **working properly**.
  저는 제 워터 필터가 제대로 작동하지 않아서 물을 마실 수가 없습니다.

Idea Flow

서론
거래처에 전화하기 → 전화 용건 (미팅 일정 연기요청)

본론
미팅 연기 요청하기
1. 미팅 연기 상황 설명
   - 가져온 샘플의 불량으로 새 샘플 요청
   - 새 샘플이 내일 도착
2. 대안 제시
   - 미팅 일정 연기 요청

결론
사과 : 불편을 끼친 것에 대해 사과

Translation

여보세요, 존슨 양이죠? 코리아셀의 박정수입니다. 오늘 오전에 만나기로 했었지요. 미팅을 미룰 수 있을까요? 제가 저희 회사 최신 휴대폰 모델 Cosmos-TX를 선보이려고 준비했었는데요. 죄송하지만 오늘은 보여드릴 수가 없을 것 같네요. 가져온 샘플이 제대로 작동하지 않네요. 가방 속에서 약간의 파손이 발생한 것 같습니다. 새 샘플이 곧 도착할 예정입니다. 내일 도착할 것 같은데 미팅 일정을 내일 오후로 조정할 수 있을까요? 언제 시간이 괜찮으신가요? 저는 내일 오후 1시 이후에는 언제라도 가능합니다. 당신만 괜찮으시다면, 점심을 같이하면서 휴대폰엔 대해서 얘기를 할 수 있을까요. 장소를 정하세요. 좋아요! 그럼 1시에 거기서 뵐게요. 폐를 끼쳐 드려서 정말 죄송하고 유연한 대처에 감사합니다. 내일 뵙도록 하죠.

TEST 4

Oral Proficiency Interview-computer

1 | 자기소개
2 | 여가활동-스포츠관람(1)
3 | 여가활동-스포츠관람(2)
4 | 여가활동-스포츠관람(3)
5 | 취미, 관심사-댄스(1)
6 | 취미, 관심사-댄스(2)
7 | 직업-회사업무(1)
8 | 직업-회사업무(2)
9 | 직업-회사업무(3)
10 | 운동-수영(1)
11 | 운동-수영(2)
12 | 기타-병원(1)
13 | 기타-병원(2)
14 | 기타-병원(3)
15 | 기타-시골

Q01 Let's start the interview now. Briefly introduce yourself. Talk about your life in the military.
인터뷰를 시작하겠습니다. 자기소개를 간단히 하고 당신의 군생활에 대해서 얘기해 보세요.

My name is Hyun-Joong Kim. I'm 22 years old. I am now serving in the army. It has been one year since I was called up for military service. I used to be a university student majoring in electronic engineering. It was very hard and time consuming to study, so my grades were bad when I was a freshman. My parents were very angry with me, and they recommended I go to the army first. Since all men have to serve in the military for at least two years, I decided to go to the army before I became a sophomore. Now, I'm a corporal, and I'll be discharged after eight months. Come to think of it, I'm very excited, but at the same time, I wish it were sooner. I'm home now with my family on a seven-day leave. I have to go back to the army tomorrow, but during this break, I am taking the OPIc test. For the last few months, I have been studying English whenever I can. I'm taking this test is to check my English ability. After leaving the army, I'll go back to my school and study very hard.

Key Expressions

be called up for ~ ~에 소집되다
- He **was called up for** military service two weeks ago. 그는 2주 전에 군에 소집되었습니다.

serve in the military ~병역에 복무하다
- Did you **serve in the military**? 군복무는 마치셨나요?

be discharged from military service ~ 제대하다
- He will **be discharged from military service** next week. 그는 다음주에 군에서 제대할 예정입니다.

Idea Flow

서론	본론	결론
기본 인적 사항을 소개 (이름, 나이)	군생활 설명 1. 과거 학생신분 언급 (전공, 점수) 2. 현재 군인신분 설명 (계급) 3. 한국의 군대 언급 (징병제)	다짐 : 제대하면 열심히 공부할 것임

Translation

제 이름은 김현중 입니다. 저는 22살이고 현재 군복무 중에 있습니다. 소집 된지 이제 1년이 되었습니다. 그 전에는 전기공학과 대학생이었습니다. 공부가 매우 어려웠고 시간이 걸렸기 때문에 1학년 때 점수가 나빴습니다. 부모님께서 저에게 화가 많이 나셨고 그래서 저에게 군대를 먼저 가라고 권해 주셨습니다. 한국은 징병제이기 때문에 모든 남자는 적어도 2년은 군복무를 해야해서 저는 2학년이 되기 전에 군대를 가기로 결심했습니다. 저는 지금 상병이고 8개월 후에 제대할 예정입니다. 생각해보면 정말 흥분되지만 더 빨리 제대하면 좋겠다고 생각하기도 합니다. 저는 지금 7일간의 휴가를 받아 가족들과 함께 집에서 있습니다. 내일 자대로 복귀해야 합니다. 하지만 이 휴가기간 동안 저는 오픽 시험을 치려고 합니다. 지난 몇 개월간 군에서 시간이 있을 때마다 영어 공부를 했습니다. 시험을 치는 것은 제 영어 실력을 확인하기 위합니다. 군제대 후에 저는 학교로 돌아가서 공부를 열심히 할 것입니다.

You answered in the survey that you go to sports games. Tell me about the best game you've ever seen. What made it so great?
설문조사에서 스포츠 경기를 관람한다고 응답했습니다. 관람한 경기중 가장 좋았던 경기에 대해 말해 보세요. 무엇 때문에 그렇게 좋았나요?

Last summer, I went to a baseball game with my friends. Two of them were American, and it was their first Korean baseball game. My American friends, Janet and Chris, were fascinated by the cheerleaders. People in Korea are very engaged during the game. However, it's not the same in America. Janet said Americans like to just sit quietly and watch the game. There are no cheerleaders in American baseball games. My friends followed the cheers throughout the whole game. They had a great time. After the game, Chris took several pictures with the pretty cheerleaders. He seemed really excited about that. That was the most fun I have had in years.

 Key Expressions

be fascinated by ~ ~에 매료되다/반하다
- I **was fascinated by** the street fashion show in Gangnam. 저는 강남의 거리 패션쇼에 매료되었습니다.

be engaged 열심이다, ~로 바쁘다
- During the playoffs, all the fans **were engaged** throughout the game.
  플레이오프 기간 동안 모든 팬들은 경기 내내 열심이었습니다.

take a picture 사진을 찍다
- My dream is to **take a picture** with a celebrity. 제 꿈은 연예인과 사진을 찍는 것입니다.

 **Idea Flow**

서론	본론	결론
가장 좋았던 경기 소개 (야구 경기)	가장 좋았던 경기 관람 서술 1. 함께 간 친구 소개 • 한국에서 처음 경기 관람한 미국인 친구 2. 재미있었던 상황 소개 • 미국인 친구들이 치어리더에게 매료됨 • 미국인 친구들이 응원을 따라 함	의견 : 즐거운 시간을 보냄

 **Translation**

지난 여름에 친구들과 야구경기를 관람하러 간 적이 있습니다. 두 명은 미국인이었는데 한국에서의 야구경기 관람은 처음인 친구들이었습니다. 이 미국 친구들의 이름은 자넷과 크리스인데 한국 치어리더들한테 완전히 매료되어 버렸습니다. 한국 사람들은 경기 내내 아주 열심입니다. 하지만 미국은 다르답니다. 자넷이 말하기를 미국 사람들은 조용히 앉아서 경기를 관람하기를 좋아한답니다. 미국 야구경기에서는 치어리더들이 없다고 했습니다. 그 친구들은 경기 내내 치어리더들의 응원을 열심히 따라 하더라고요. 그들은 즐거운 시간을 보냈습니다. 크리스는 경기가 끝나고 예쁜 치어리더들과 사진도 여러 장 찍었습니다. 아주 신이 난 것 같았습니다. 지난 몇 년 동안 가장 재미있는 시간이었습니다.

Let's talk about the process of attending a game. Describe it in detail from getting the tickets to when the game finishes.

경기를 관람하는 순서에 대해 이야기해 보겠습니다. 입장권을 사는 것부터 경기가 끝나기까지 자세하게 설명해 보세요.

The first step in watching a game is to buy tickets. I usually buy them online because then I can pick front row seats. Then, I print out the e-tickets from my computer. On game day, I arrive about 30 minutes before the game. Once I arrive, I take the e-ticket to the counter and exchange it for the actual ticket. After that, I buy some food and drinks. At baseball games, I especially like to eat pizza or chicken. I like to arrive early because I can watch the players warming up on the field. Last time, I even got an autograph from my favorite player! When the game starts, I cheer for my favorite players while I eat. Finally, at the end of the game, I fight the crowd to go back home.

Key Expressions

exchange A for B A를 B와 교환하다/바꾸다
- I need to **exchange** my new jeans **for** bigger ones.
  저는 새 청바지를 더 큰 사이즈로 교환해야 합니다.

get an autograph 사인을 받다
- My husband was very excited when he **got an autograph** from his favorite basketball player.
  제 남편은 자신이 제일 좋아하는 농구선수에게 사인을 받고 정말 흥분했습니다.

Idea Flow

서론	본론	결론
경기 관람을 위한 첫 과정 소개 (티켓 구매)	경기 관람 과정 기술 1. 티켓 구매 방법과 이유 • 온라인으로 구매 • 앞자리 선택 가능 2. 경기 시작 전 • 전자 입장권을 실제 입장권으로 교환 • 스낵 구입 3. 경기 관람 중 • 응원함	경기 관람 후 : 군중을 뚫고 귀가

Translation

경기를 관람하기 위해서는 우선 입장권을 구매해야 합니다. 저는 보통 앞 좌석을 선택할 수 있기 때문에 온라인으로 구매합니다. 그리고는 프린터에서 전자입장권을 출력합니다. 마지막으로 경기 당일에는 경기장에 약 30분 정도 일찍 도착합니다. 도착해서는 전자입장권을 카운터에 가져가서 실제 입장권으로 교환하고, 그 뒤에 먹을 것과 음료를 삽니다. 야구경기에선 특히 피자나 치킨을 먹는 것을 좋아합니다. 저는 경기가 시작하기 전에 도착하는 것을 좋아합니다. 왜냐하면 선수들이 경기장에서 몸을 푸는 모습을 볼 수 있기 때문입니다. 지난번에는 제가 제일 좋아하는 선수의 사인을 받기도 했습니다! 경기가 시작하면 저는 음식을 먹으면서 제가 좋아하는 선수들을 응원합니다. 마지막으로 경기가 끝나고 나면 집에 가려는 사람들 사이를 비집고 집으로 향합니다.

Q 04 I'm going to give you a situation and ask you to act it out. You and your friends are going to a soccer game tonight, but it suddenly begins to rain very hard. Call the ticket office and ask three or four questions concerning whether there will be any changes to the game.

상황을 드릴테니 역할 연기를 해보세요. 오늘밤 당신은 친구들과 축구경기에 가려고 하는데 갑자기 비가 쏟아집니다. 매표소에 전화해서 경기와 관련하여 어떤 변경사항이 있는 지 서너 가지 질문을 해보세요.

Hello? I'm calling because I have a question about the game tonight. My friends and I were about to head over to the stadium and it started to rain like crazy. We checked the Internet and it indicated that it's supposed to rain all night. Will the game go on or will it be canceled? I see. That's disappointing, but I understand. Do you know the new date of the rescheduled match? Do we need to get a rain check or can we just use our old tickets? Some of my friends can't make it on the new date. Is it possible to get a refund? Where do they go to get the refund? Thank you very much for the information.

Key Expressions

head over to ~ ~로 향하다
- I'm going to **head over to** the health spa after I finish my lunch.
  저는 점심을 먹은 뒤에 헬스 스파로 갈 계획입니다.

rain check 우천 교환권
- We got a **rain check** for this musical due to technical problems.
  우리는 기술적인 문제로 연기된 뮤지컬 우천 교환권을 받았습니다.

get a refund 환불 받다
- I want to **get a refund** for this concert. 저는 이 공연을 환불 받고 싶습니다.

Idea Flow

서론	본론	결론
인사와 전화 용건 (오늘 저녁 경기에 대한 문의)	우천시 경기 일정 변경 사항 묻기 1. 상황 설명 • 경기장으로 출발 전 비 오기 시작 • 계속 비가 온다는 예보 2. 경기 취소 여부 문의 3. 새 경기 일정과 환불 문의	감사 : 안내에 대한 감사 표시

Translation

여보세요? 오늘밤 축구경기 때문에 전화 드리는데요. 저랑 친구들이 경기장으로 막 가려던 참인데 지금 보니 비가 굉장히 많이 오고 있네요. 인터넷으로 확인하니까 오늘 밤새 비가 온다고 예보되어 있어요. 경기가 진행될까요 아니면 취소될까요? 아, 그래요. 실망스럽지만 이해는 되네요. 변경되는 경기날짜를 알 수 있을까요? 우천 교환권을 받아야 하나요 아니면 지금 가지고 있는 입장권을 그대로 사용할 수 있나요? 친구들 몇 명은 변경된 날짜에 갈 수 없거든요. 환불도 가능한가요? 환불은 어디에서 받으면 될까요? 알려 주셔서 대단히 감사합니다.

You indicated in the survey that you like dancing. Tell me about the best time you had while dancing. What made it so special? Explain in detail.

설문조사에서 춤을 추는 것을 좋아한다고 표시했네요. 춤추는 동안 가장 좋았던 기억에 대해 말해 보세요. 무엇 때문에 그렇게 좋았나요? 자세히 설명해 주세요.

The best time I had while dancing was several months ago. I was between jobs then and had a really stressful time. My best friend suggested that we go salsa dancing. I didn't want to go because I'm not a good dancer. I was afraid of making a fool out of myself. However, my friend told me that there were dance lessons if we went early. It was embarrassing at times, but the lessons were really fun. There were many people who were worse than me! Even after the lessons, I wasn't very good, but my partners were very patient. I stepped on many people's feet, but I also laughed a lot that night. My stress was gone! It was an unforgettable night!

 Key Expressions

be between jobs 실직 상태다
- I'm **between jobs** right now so I'm going traveling. 저는 지금 실직 상태라서 여행이나 갈까 합니다.

make a fool out of ~ 웃음거리가 되다, ~을 놀리다
- He **made a fool out of** himself by accidently going into the girl's bathroom.
  그는 실수로 여자화장실에 들어가는 바람에 웃음거리가 되었습니다.

 **Idea Flow**

서론	본론	결론
가장 좋았던 춤추기 경험 소개	가장 기억에 남는 춤추기 경험 서술 1. 기억에 남는 춤추었던 시기 • 실직 상태였을 때 2. 춤추러 가게 된 계기 • 친구의 권유 3. 춤추었던 상황 • 레슨을 받은 후에도 잘 추지 못함 • 즐거운 시간 보냄	결과 : 스트레스가 해소된 잊지 못할 시간 보냄

 **Translation**

제가 가장 춤추는 동안 가장 즐거웠던 때는 몇 달 전이었습니다. 그 때 저는 실직 상태였고 여러가지로 스트레스를 받고 있었습니다. 친한 친구가 저에게 살사댄스를 추러 가자고 권했는데 제가 춤을 잘 못 춰서 안 가려고 했습니다. 괜히 가서 웃음거리가 될까 봐 싫었습니다. 근데 친구가 말하기를 일찍 가면 춤 레슨도 받을 수 있다고 하는 것이었습니다. 이따금씩 부끄럽기도 했지만 레슨은 정말 재미있었습니다. 저보다 훨씬 못 추는 사람들도 꽤 많았거든요! 레슨을 받고도 저는 그다지 잘 추지 못했지만 다행히 인내심이 많은 파트너들을 만났습니다. 파트너들의 발을 밟기도 했지만 정말 그날 밤은 신나게 웃으며 시간을 보냈습니다. 스트레스가 다 날라가 버렸고 정말 잊을 수 없는 밤이었습니다!

Q06 I'm sorry, but you have an issue to resolve. Your parents have told you that they don't want you to go out dancing anymore. Give them three or four reasons why they should let you go dancing.
유감스럽게도, 해결해야 할 문제가 있습니다. 당신의 부모님이 당신에게 더 이상 춤추러 가지 않기를 바란다고 말합니다. 가족들에게 당신이 왜 춤추러 가야 하는지에 대한 이유를 서너 가지 말해 보세요.

I heard that you don't want me to go dancing anymore. Well, I disagree and I'll tell you why. There are a few reasons why I should continue dancing. First, I can relieve stress. Remember that time when I was jobless and went salsa dancing? I was in a much better mood when I came back. You even told me that I looked much happier. Second, dancing is great exercise. These days, I sit at my desk all day and don't move around much. Last but not least, it's fun. I'm young and I need to have fun once in a while, don't you think? I think you should try it sometime. If you try it, I think you'll like it!

Key Expressions

continue ~ing 계속 ~하다
- I want to **continue learning** English at this academy. 저는 이 학원에서 계속 영어를 배우고 싶습니다.

relieve stress 스트레스를 해소하다
- I like to **relieve stress** by running on the treadmill.
  저는 러닝머신에서 뛰며 스트레스를 해소하는 것을 좋아합니다.

once in a while 가끔, 때때로
- I'm on a diet, but every **once in a while** I like to eat cheesecake.
  저는 다이어트를 하지만 때때로 치즈 케익을 먹는 것을 좋아합니다.

Idea Flow

서론	본론	결론
가족이 춤추는 것에 반대하는 상황 → 자신에게는 좋은 취미	춤추는 것을 반대하는 가족 설득 1. 스트레스 해소에 좋음 2. 좋은 운동이 됨 3. 재미있음	제안 : 부모님께 춤추기를 권함

Translation

제가 춤추러 가는걸 원하지 않으신다는 얘기를 들었어요. 전 생각이 다른데 그 이유를 말씀드릴께요. 제가 춤을 추러 가야 하는 이유는 여러가지가 있어요. 첫째로는 춤추면서 스트레스를 풀 수 있어요. 예전에 제가 실직해 있을 당시 살사댄스를 추러 갔던 것 기억하세요? 춤추고 집에 오니까 기분이 훨씬 좋아졌잖아요. 그 때 저한테 아주 행복해 보인다고 말씀하셨어요. 둘째로 춤추는 것은 정말 좋은 운동이에요. 요즘 저는 하루 종일 책상 앞에만 앉아있고 그다지 몸을 움직일 기회가 없어요. 마지막이지만 중요한 것은 춤은 정말 재미있어요. 저는 아직 젊고 가끔 즐겁게 놀아야 하거든요, 그렇게 생각하지 않으세요? 부모님도 한번 해보셔야 할 것 같아요. 해보시면 정말 좋아하실 걸요!

Q 07

You answered in the survey that you work. I'd like to know about your company. Where is it located? What kinds of products or services does it offer? Please describe it in detail.
설문조사에서 직장에 다닌다고 응답했습니다. 당신의 회사에 대해 알고 싶습니다. 어디에 위치해 있나요? 또 어떤 종류의 제품 혹은 서비스를 제공하는 회사인가요? 자세히 설명해 보세요.

I work for a steel-manufacturing company. My office is at the headquarters in Seoul. It's one of the biggest steel companies, not only in Korea, but in the world. The company has two major steel mills in the countryside. One is located in Incheon and the other one is in Ulsan. Our company makes steel to use in large structures like buildings and bridges. We recently sent a big shipment to Japan. They are constructing a new building in Tokyo. We also make steel for smaller equipment like tools and pipes. We even produce steel for the wires that are used in pianos. Our company makes quite a difference in the world around us. I enjoy working for this company.

Key Expressions

send a shipment 선적을 보내다
- I **sent a big shipment** to Singapore a week ago.
  저는 일주일 전에 싱가포르에 대량 선적을 보냈습니다.

make a difference 변화를 주다, 중요하다
- When I grow up, I want to **make a difference** in people's lives.
  저는 어른이 되면 사람들의 삶이 달라지게 하고 싶습니다.

Idea Flow

서론	본론	결론
근무하는 회사 소개 (철강제조회사)	회사 묘사 1. 위치 • 본사 (서울) • 공장 (지방) 2. 회사의 주요 생산품 • 큰 철골 구조물 (건물, 다리) • 작은 철재 제품 (공구, 파이프, 피아노줄)	의견 : 회사에 대한 자부심과 만족도 표시

Translation

저는 철강제조회사에서 일합니다. 제 사무실은 서울 본사에 있습니다. 저희 회사는 한국뿐 아니라 전세계에서도 가장 큰 철강 회사 중 하나입니다. 저희 회사는 지방에 두 개의 대규모 철강 공장을 보유하고 있습니다. 하나는 인천에 있고 다른 하나는 울산에 위치해 있습니다. 저희 회사에서 생산된 철강제품은 빌딩이나 다리 같은 대규모 건물에 사용됩니다. 최근에는 일본에 저희 회사 제품을 대량 선적했습니다. 도쿄에 새로운 빌딩을 건설하는데 필요한 자재입니다. 저희 회사 제품은 또한 공구나 파이프 같은 작은 장비를 만드는 데도 사용됩니다. 심지어 피아노줄에 사용되는 철을 생산하기도 합니다. 우리 회사에서 생산하는 제품은 전세계적으로 일상생활에 큰 변화를 줍니다. 저는 이 회사에서 근무하는 것이 즐겁습니다.

Let's talk about your job. Which department do you work in? Give me a detailed description of your job.
당신의 직업에 대해 이야기해 보겠습니다. 무슨 부서에서 근무하나요? 당신의 직업에 대해 상세히 말해 보세요.

I work in the human resources department. My job is to maintain and update files and documents for the employees. I contact employees and discuss their contracts, health insurance, and health records. If an employee has a child or gets married, I add that information to their file. I also have to check on applicants' résumés. The most stressful part is looking for missing information in a person's file. We have around 2,000 employees in our company. There are many different documents in each person's file. If you lose something, it's very difficult to find it again. Once it took me three hours just to find one piece of paper. Even though it's not easy to manage all the employee files, I enjoy working with so many people.

Key Expressions

maintain 유지 보수하다, 관리하다
- The secretary's job is to write reports and **maintain** the database.
  그 비서의 업무는 보고서를 작성하고 데이터베이스를 관리하는 것입니다.

update a file 파일을 업데이트 하다
- I spent the whole day **updating files** on my new computer.
  저는 새 컴퓨터에 있는 파일들을 업데이트 하는데 하루 종일 보냈습니다.

look for ~ ~를 찾다
- My brother is busy trying to **look for** a wife. 제 남동생은 배우자를 찾기에 바쁩니다.

Idea Flow

서론	본론	결론
근무하는 부서 소개 (인사부)	업무 묘사 1. 업무 상세묘사 (계약, 보험, 건강기록 관리) 2. 업무의 고충 (많은 직원으로 인해 정보 관리 어려움)	의견 : 자신의 업무 만족도 표시

Translation

저는 인사부서에서 근무합니다. 제 임무는 직원들 관련 파일과 문서를 관리하고 업데이트하는 것입니다. 또한 직원들에게 연락하여 업무계약서, 건강보험, 건강기록부와 관련하여 상의하기도 합니다. 출산을 하거나 결혼하는 직원이 있으면 이러한 정보를 그들의 파일에 업데이트 합니다. 또 우리 회사에 지원하는 사람들의 이력서를 확인하는 작업도 합니다. 제 업무에서 가장 스트레스를 받는 부분은 직원자료에서 빠진 정보를 찾는 것입니다. 우리회사는 총 2,000여 명의 직원들이 근무하는데 각 직원에 대한 기록부에는 여러 가지 서류가 있습니다. 이 중에 빠진 자료를 찾아내는 것은 정말 어려운 작업입니다. 한번은 서류 하나를 찾는데 세 시간이 걸린 적도 있습니다. 직원들에 대한 자료를 관리하는 일은 쉽지 않지만 이렇게 많은 사람들과 함께 일하는 것에 큰 즐거움을 느낍니다.

I'm going to give a situation for you to act out. Imagine that you're in charge of job interviews. Explain to all the applicants the interview schedule and the procedure that they will go through.

상황을 드릴테니 역할 연기를 해보세요. 자신이 면접시험을 담당한다고 해보겠습니다. 구직자들에게 면접 일정과 그들이 거쳐야 할 순서에 대해 설명해 보세요.

May I have your attention? Can everyone take a seat? This is the procedure for the interview. First, when your name is called, come to conference room number 403. It's on the left as you exit through those doors. Please take all your belongings with you. You will not be coming back here. Next, you will have your interview. You will be asked several questions. After the interview, go to conference room number 406. There, you will have a small written exam. It should take about 15 minutes to complete. After that, you may leave. The results of the interview will be posted online in two days. Please do not call the office. If you pass, you will need to schedule a final interview with the board of directors. Good luck!

Key Expressions

be posted online 온라인으로 공지되다
- The grades will **be posted online** next week. 성적은 다음 주에 온라인으로 공지될 것입니다.

take one's belongings 소지품을 가져 가다
- After the airplane lands, please make sure to **take all your belongings** with you.
  비행기가 착륙하면, 반드시 소지품을 함께 가져 가시기 바랍니다.

Idea Flow

서론	본론	결론
착석을 부탁 → 면접일정을 소개할 것을 알림	면접일정 설명하기 1. 대기하기 2. 면접하기 　• 호명되면 면접실로 이동　• 소지품 챙기기 3. 면접 이후 일정 　• 간단한 필기시험　• 이틀 후 온라인으로 공지	향후 일정 : 합격자는 최종 면접이 있음

Translation

주목해주시겠어요? 모두 자리에 앉으셨나요? 면접 과정을 설명해 드리겠습니다. 우선, 자신의 이름이 호명되면 403호 회의실로 들어와 주세요. 회의실은 저쪽 문으로 나가시면 왼편에 있습니다. 소지품을 함께 가지고 가시기 바랍니다. 면접이 끝나면 이 곳으로 다시 들어오실 수 없습니다. 그 다음에 면접이 이루어질 것이고, 여러 가지 질문을 받게 될 것입니다. 면접이 끝나고 나면 406호 회의실로 가주세요. 약 15분 정도 소요될 간단한 필기시험이 있습니다. 그 뒤에는 돌아가셔도 됩니다. 면접 결과는 이틀 후에 온라인으로 공지될 것이니 사무실로 전화하지 말아주세요. 통과하신 분들은 경영진과 최종 면접을 위한 일정을 잡게 될 것입니다. 좋은 결과가 있기를 바랍니다.

 **That's the end of the situation. Let's talk about swimming. What's the main reason you go swimming? How often do you go swimming? Tell me all the details.**

상황 문제가 끝났습니다. 이제 수영에 대해 이야기해 보겠습니다. 수영을 하는 가장 큰 이유는 무엇인가요? 얼마나 자주 수영을 하나요? 자세하게 설명해 보세요.

Last year, a friend's daughter fell into a swimming pool. She didn't know how to swim. I wanted to save her, but I couldn't swim either. I was terrified because I didn't know what to do. Luckily, a lifeguard pulled her out of the water in time. That's when I decided to take swimming lessons. I didn't want to be in that situation again. I started one year ago, and I still go to the pool twice a week. It was pretty difficult to learn in the beginning. I swallowed a lot of water. But I kept practicing and now I've learned all of the major strokes. I'll definitely be ready to help the next time someone is drowning.

 Key Expressions

fall into ~ ~에 빠지다
- The whole family was terrified when my sister **fell into** the pond.
  제 여동생이 연못에 빠졌을 때 우리 가족 모두가 놀랐습니다.

pull A out of B A를 B에서 건지다
- I had to **pull** my sister **out of** the pond after she fell in.
  제 여동생이 연못에 빠진 뒤에 저는 동생을 그 곳에서 건져야 했습니다.

in the beginning 처음에는
- Boxing was very difficult to learn **in the beginning**. 복싱은 처음에는 배우기가 무척 어려웠습니다.

 **Idea Flow**

서론	본론	결론
수영을 하게 된 계기 (물에 빠진 사람을 돕기 위해)	수영하기 묘사 1. 수영을 시작한 시기 / 수영하는 빈도수 • 1년 전 시작 / 일주일에 두 번 2. 수영 강습 받던 시절 • 어려움이 많았으나 계속 연습 • 수영 실력 향상	결과 : 인명구조 준비 완료

Translation

작년에 친구의 딸아이가 수영장에 빠진 적이 있었습니다. 아이는 수영을 할 줄 몰랐습니다. 아이를 구해주고 싶었지만 저도 수영을 할 줄 몰랐습니다. 저는 무엇을 해야 할지 몰라 매우 겁이 났습니다. 다행히 구조대원이 제때 구해 주었습니다. 그리고 나서 수영을 배우기로 작정했습니다. 다시는 이런 일이 생겨서는 안되겠다고 생각했지요. 1년 전부터 배우기 시작했고 매주 두 번씩 수영장에 갑니다. 처음에는 수영 배우기가 어려웠고 물도 많이 마셨습니다. 하지만 꾸준한 연습을 통해 이제는 주요 영법은 다 배웠습니다. 이제는 누군가 물에 빠지면 바로 구해줄 준비가 되어 있습니다.

Q11 **Many people enjoy swimming and jogging. Compare and contrast swimming and jogging.**
많은 사람들이 수영과 조깅을 즐깁니다. 수영과 조깅을 비교 및 대조해 보세요

Overall, swimming has more specific requirements, while jogging is simpler. First of all, when you swim, you can't multitask at all. Second, you need a swimming pool and a swimsuit to go swimming. Finally, you must take swimming classes before swimming alone. This is because you can drown if you aren't careful. On the other hand, when you jog, you can listen to music or talk to a friend. You can jog anywhere at any time. You can wear whatever you want. Also, there are no special skills needed for jogging. Everyone knows how to run. A similarity between the two sports is that they are both aerobic exercises. Both of them exercise the whole body. They are both great ways to lose weight and become healthy.

Key Expressions

not at all 전혀/조금도 ~하지 않다
- My brother does**n't** look like my parents **at all**. 저의 형은 제 부모님과는 전혀 닮지 않았습니다.

at any time 언제라도
- I can go over to your house **at any time**. 저는 당신의 집에 언제라도 갈 수 있습니다.

a similarity between ~ ~의 유사점
- **A similarity between** bananas and apples is that both are packed with vitamins.
바나나와 사과의 유사점은 둘 다 비타민이 가득하다는 것입니다.

Idea Flow

서론	본론	결론
비교 대상 제시 (수영과 조깅)	수영과 조깅 비교 1. 차이점 제시 • 수영 : 동시에 다른 일을 할 수 없음 • 수영할 시설 및 수영복 필요 • 레슨 필요 • 조깅 : 장소제한 없고 기술이 필요 없음 2. 유사점 제시 • 유산소, 전신운동	의견 : 수영과 조깅은 체중감량과 건강에 유익

Translation

전반적으로 볼 때 수영은 좀 더 세부적인 사항들이 요구되는 반면 조깅은 더 간단합니다. 첫째로는 수영을 할 때는 다른 일을 동시에 할 수 없습니다. 둘째로는 수영을 하기 위해서는 수영장과 수영복이 필요합니다. 마지막으로 혼자 수영할 수 있기 전까지 수영 강습을 받아야 합니다. 조심하지 않으면 물에 빠질 수도 있습니다. 그에 비해 조깅할 때는 음악을 듣거나 친구와 대화를 할 수 있습니다. 조깅은 어디서나, 그리고 언제든지 할 수 있습니다. 어떤 옷을 입어도 상관없습니다. 또한 조깅하는데 특별한 기술이 요구되지도 않습니다. 모두들 달리는 법을 알고 있으니까요. 수영과 조깅의 유사한 점은 두 스포츠 모두 유산소 운동이면서 전신 운동이라는 것입니다. 이 두 스포츠를 통해 체중도 줄이고 건강한 삶을 살 수 있습니다.

I'd like to know about the dental clinic that you go to. What is the clinic like? Tell me about the staff. Describe it in detail.
당신이 다니는 치과에 대해 알고 싶습니다. 치과는 어떤가요? 직원들에 대해 말해 보세요. 자세하게 묘사해 보세요.

The dental clinic I go to is about an hour from my home. I usually take the bus to get there. It's quite far, but I like to go to that clinic because one of my friends works there. The clinic has four dental hygienists and one dentist. The hygienists are all in their twenties or thirties, and the dentist is in her late forties. They're always kind and friendly. The walls of the clinic are baby blue. It gives the place a peaceful atmosphere. There is always classical music playing and it relaxes me. I used to hate visiting the dentist, but I like this dental clinic because of my friend. She makes sure to stay next to me and comfort me during my procedures.

Key Expressions

an hour from ~ ~에서 한 시간
- My office is about **an hour from** my house by bus.
  우리 회사는 저의 집에서 버스로 약 한 시간 정도 걸립니다.

during the ~ procedure ~과정 동안/내내
- I was scared **during the** dental **procedure**.
  저는 치과 치료받는 동안 무서웠습니다.

Idea Flow

서론	본론	결론
자신이 다니는 치과 소개 (거리, 교통편)	자신이 다니는 치과 묘사 1. 그 치과에 가는 이유 : 친구가 일하고 있어서 2. 인물묘사 : 치과 의사, 치위생사 (나이, 성격) 3. 내부 묘사 : 인테리어 (편안한 분위기)	의견 : 친구 덕분에 편안하게 진료를 받을 수 있음

Translation

저는 집에서 한 시간 정도 떨어진 곳에 위치한 치과에 다닙니다. 보통 버스를 타고 가는데 좀 멀기는 하지만 제 친구가 근무하는 곳이라 그 곳으로 갑니다. 그 치과에는 네 명의 치위생사와 한 명의 치과의사가 있습니다. 치위생사들은 대부분 20대나 30대이고, 치과 의사는 40대 후반의 여성분입니다. 모두들 아주 친절하고 상냥합니다. 치과의 내부는 하늘색이라 아주 편안한 분위기를 줍니다. 클래식 음악이 항상 흘러 나와서 마음도 편안해집니다. 예전에는 치과에 가는 것을 정말 싫어했는데 이곳은 친구가 있어서 좋습니다. 치료받는 동안 항상 제 옆에 있어주고 마음을 편안하게 해 줍니다.

Describe a recent trip to the dental clinic. Why did you go? What was the result of the visit? Tell me about the experience in detail.
최근에 치과에 다녀온 경험을 설명해 보세요. 왜 치과에 갔나요? 치료 결과는 어땠나요? 자세하게 설명해 주세요.

I went to the dental clinic four months ago for my regular checkup. I arrived 10 minutes early, signed in, and sat down in the waiting room. While I was waiting, my friend came out of the office and we had a nice chat. The dental hygienist came out and took me into the X-ray room. They took X-rays of my teeth and told me to lie down in the chair. She asked me questions about my teeth and then cleaned them. After checking my teeth, the dentist congratulated me on my good brushing. She always says I have good brushing habits. Next, I paid for the cleaning and made an appointment for my next checkup. They even gave me some new toothbrushes and toothpaste.

Key Expressions

sign in ~ (도착/출발 시) ~의 이름을 기록하다
- Whenever I go to the doctor, I **sign in** before I see her.
  저는 병원에 갈 때마다 의사 선생님을 만나기 전에 이름을 적습니다.

congratulate on ~ ~을 축하하다
- My whole family came to **congratulate** me **on** graduating. 온 가족이 와서 제 졸업식을 축하해 주었습니다.

make an appointment (시간, 장소 등을) 예약(약속)하다
- I need to **make an appointment** with my hairstylist. 저는 제 담당 미용사와 예약을 해야 합니다.

Idea Flow

서론	본론	결론
최근에 받은 치과 검진 소개	치과 검진 절차 설명 1. 진료 전 : 도착 → 접수 → 대기 2. 진료 받기 : 엑스레이 검사 → 스켈링 받기 → 검사 결과 듣기 3. 진료 후 : 다음 검진 예약	마무리 : 서비스로 칫솔과 치약을 받고 돌아옴

Translation

저는 치과에 4개월 전에 방문해서 정기 검진을 받았습니다. 10분 전에 도착해서 명부에 이름을 적고 대기실에서 기다렸습니다. 기다리는 동안 친구가 나와서 함께 수다를 떨었습니다. 치위생사분이 오셔서 저를 엑스레이실로 안내했습니다. 치아 엑스레이를 찍고 나서 저에게 의자에 누워 있으라고 했습니다. 제 치아에 대해 몇 가지 질문하고 나서 스케일링을 해주셨습니다. 그 뒤에 치과 의사분이 오셔서 치아를 점검하셨고 양치질을 잘했다고 칭찬해 주셨습니다. 항상 저에게 양치질을 잘한다고 말씀해 주십니다. 그리고 나서는 스케일링 비용을 지불하고 다음 번 검진을 위해 예약을 했습니다. 그리고 칫솔과 치약도 새로 받았습니다.

Q14 I'm sorry, but you have a problem to solve. You made an appointment at the dental clinic, but now your plans have changed. Call the clinic, explain why you can't make it to the appointment, and try to reschedule.

유감스럽게도, 해결해야 할 문제가 생겼습니다. 치과에 예약을 해 놓았는데 당신의 일정이 변경되었습니다. 치과에 전화를 걸어 예약에 맞춰 갈 수 없다고 설명하고 예약 날짜를 변경해 보세요.

Hello? My name is Eun-jeong Koh. I need to reschedule my appointment to get my teeth cleaned. The appointment is for tomorrow at 2 p.m. I totally forgot about the appointment and I accidently made other plans for tomorrow. Sorry for the inconvenience. Could I make another appointment for this week? Anytime after 12 p.m. works for me. Do you have an opening on Friday? Oh, you close at noon on Fridays. I see. Well, then Thursday is okay too. Can I come in at 1 p.m. on Thursday then? Oh, that's your lunch break? Sorry. When is your earliest opening on Thursday afternoon? Okay. I think I can make it at 2 p.m. So the new appointment is at 2 p.m. on Thursday, correct? Thank you so much. See you then!

Key Expressions

get one's teeth cleaned 스케일링 받다
- I went to the dentist today to **get my teeth cleaned**. 저는 오늘 스케일링 받으러 치과에 갔습니다.

have an opening 빈 자리(공석)가 생기다
- Do you **have an opening** on the soccer team? 축구 팀에 자리가 있나요?

can make it ~을 할 수 있다
- If you have time this afternoon, I **can make it** by 6 p.m.
  오늘 오후에 시간이 되시면 저는 오후 6시까지 갈 수 있습니다.

Idea Flow

서론	본론	결론
치과에 전화하기 → 전화 용건 (치과 예약 변경)	치과 검진 예약 변경하기 1. 변경을 원하는 이유 　• 치과 예약을 잊고 다른 약속을 함 2. 예약일 조정하기	감사 : 감사로 마무리

Translation

여보세요? 저는 고은정인데요. 제 스케일링 예약을 좀 바꾸고 싶은데요. 예약은 내일 오후 2시였거든요. 제가 예약이 있는 걸 완전히 까먹고 내일 다른 계획을 세워버렸어요. 불편하게 해드려서 죄송한데요 이번 주 다른 날에 다시 예약을 할 수 있을까요? 아무 때나 12시 이후면 괜찮은데요 혹시 금요일은 어떤가요? 아, 금요일은 정오에 진료가 끝나신다고요. 알겠습니다. 안되면 목요일도 괜찮아요. 목요일 1시는 어떤가요? 아, 점심시간인가요? 죄송해요. 그럼 제일 빠른 목요일 오후 진료는 몇 시인가요? 예, 목요일 2시로 할게요. 그럼 예약이 목요일 오후 2시로 변경된 거 맞죠? 정말 고맙습니다. 그럼 목요일에 가겠습니다. 그때 뵐게요!

Let's talk about city life and country life. Which one do you prefer and why? Give reasons to support your opinion in detail.
도시와 시골의 생활에 대해 이야기해 보겠습니다. 어떤 것을 더 선호하고 왜 그렇습니까? 당신의 선택에 대해 이유를 들어 자세히 설명해 보세요.

I like city life better. I grew up in the country and moved to Seoul when I was in elementary school. First, I like the city simply because I'm familiar with it. Plus, I have many friends here. Second, city life is more fun and exciting. There are many places to go in the city. I can visit restaurants, shops, cafe's, and cultural centers. There's also a variety of things to do, such as clubbing, watching movies, shopping, and watching sports games. Third, city life is more convenient than country life. Shops are open late, so I can buy almost anything at anytime. Last but not least, the city has the best public transportation system. Now, I can't imagine living in the country. Life is so much more interesting in the city!

Key Expressions

be familiar with ~ ~에 익숙하다, 잘 알다
- I**'m familiar with** the subway system so I don't get lost.
  저는 지하철 체계를 잘 알기 때문에 길을 잃지 않습니다.

a variety of ~ 다양한
- The hotel offers its guests **a** wide **variety of** amusements.
  그 호텔은 손님들에게 아주 다양한 오락거리를 제공합니다.

Idea Flow

서론	본론	결론
선호하는 장소 제시 (도시 생활)	도시 생활을 선호하는 이유 설명 1. 익숙함 　• 초등학교때부터 거주　• 친구들이 있음 2. 재미와 흥미 : 다양한 장소와 활동 3. 편리함 : 늦게까지 상점 이용 　• 편리한 교통	의견 : 도시를 떠나 살 수 없을 것 같음

Translation

저는 도시 생활을 더 좋아합니다. 어려서 시골에서 자라다가 초등학교 때 서울로 왔습니다. 제가 도시 생활을 더 선호하는 이유는 우선 익숙해서 좋다는 것이죠. 친구들도 도시에 많이 있고요. 둘째 이유는 도시 생활이 좀 더 재미있고 흥미롭거든요. 가볼 곳도 도시에 더 많아요. 음식점이나 상점, 카페나 문화센터 같은 곳도 갈 수 있습니다. 클럽에 가거나 영화를 보거나 쇼핑을 하고 스포츠를 관람하는 등의 할 것도 다양하게 있죠. 셋째, 도시 생활이 시골보다 더 편리합니다. 상점들이 늦은 시간까지 영업을 해서 언제라도 사고 싶은 물건들을 살 수 있어요. 마지막으로 중요한 것은 대중 교통시스템도 도시가 훨씬 더 잘 되어 있다는 것이지요. 이제는 도시를 떠나 살 수 없을 것 같아요. 도시 생활이 훨씬 더 재미있거든요!

TEST 5

Oral Proficiency Interview-computer

1 | 자기소개
2 | 여가활동–공원가기(1)
3 | 여가활동–공원가기(2)
4 | 취미, 관심사–요리(1)
5 | 취미, 관심사–요리(2)
6 | 취미, 관심사–요리(3)
7 | 여가활동–자원봉사하기(1)
8 | 여가활동–자원봉사하기(2)
9 | 여가활동–자원봉사하기(3)
10 | 운동–조깅(1)
11 | 운동–조깅(2)
12 | 기타–명절(1)
13 | 기타–명절(2)
14 | 기타–명절(3)
15 | 기타–약속

Let us start the interview process. Tell me about yourself and where you live.
인터뷰를 시작하겠습니다. 자기소개를 하고 어디에 살고 있는지에 대해 말해 보세요.

My name is Mi-na Lee. I'm a university student, and I'm studying Communications. I'm a junior this year, so I'm very busy with my studies. After I graduate, I want to become a TV reporter. I enjoy meeting new people and going to new places. I heard that since TV reporters need to know a lot about the world around them, it'll be helpful to live overseas for awhile. My plan is to go abroad to study more. Currently, I live in an all-girls dorm. I enjoy living there because all my friends live close by. I can go visit them whenever I get stressed from studying. We often gossip about guys that we have crushes on. It's an enjoyable distraction from my studies.

Key Expressions

for awhile 한동안, 잠시 동안
- I'm going to stay at my friend's house **for awhile**.
  저는 제 친구 집에 잠시 동안 머무를 계획입니다.

all-girls dorm 여자 기숙사
- The best thing about living in an **all-girls dorm** is that I can wear whatever I want in the halls.
  여자 기숙사에서 사는 가장 좋은 점은 복도에서 아무거나 입을 수 있다는 것입니다.

Idea Flow

서론
기본 인적 사항 소개
(이름, 신분, 전공)

본론
자기소개
1. 졸업 후 진로와 선택이유
   • TV 리포터 희망 • 새로운 사람/장소 좋아함
2. 졸업 후 계획 : 유학
3. 거주지와 그 곳의 장점
   • 여자기숙사 • 친구들과 어울릴 수 있어 좋음

결론
마무리 : 친구들과 수다 떨 수 있어서 좋음

Translation

저는 이미나라고 합니다. 대학에서 신문방송학과 재학 중입니다. 현재 3학년이고 공부하느라 무척 바쁩니다. 졸업 후에 저는 TV 리포터가 되고 싶습니다. 새로운 사람들을 만나고 새로운 곳에 가보는 걸 좋아합니다. TV 리포터는 세계가 어떻게 돌아가는지 잘 알고 있어야 한다고 들었는데 한동안 외국에 살아보는 것이 도움이 되겠지요. 그래서 외국에 나가 공부를 더 할 계획입니다. 저는 지금 여자 기숙사에 살고 있는데 친구들이 모두 가까이 있어서 아주 좋습니다. 공부하다가 힘들면 언제든지 찾아갈 수 있으니까요. 가끔 좋아하는 남학생들에 대해 수다를 떨기도 합니다. 공부하다가 머리를 식히는데 참 좋은 방법이죠.

Q 02 You indicated in the survey that you like to visit parks. Describe your favorite park to visit. Where is it? What is it like? Give me all the details.
설문조사에 공원에 가는 것을 좋아한다고 표시했습니다. 가장 가기 좋아하는 공원에 대해 설명해 보세요. 어디에 있나요? 어떻게 생겼나요? 자세하게 설명해 보세요.

There's a park about 15 minutes from my dorm. It's my favorite park because it has a long walking trail along the river. Beside the walking trail, there's a bike path. In the evening, many people come to jog or ride bikes. There are also some basketball courts and an area for inline skating. Many people come with their families to skate. As you walk along the river, you can see people fishing and families having picnics. As you continue walking, the path will split into two directions. One path leads to a lake. There's a little boat rental shop near the lake. You can rent paddle boats or water bicycles there. The park is a nice place for people to come together.

Key Expressions

beside the walking trail 산책로 옆에
- There were three baby squirrels **beside the walking trail**. 산책로 옆에 아기 다람쥐 세 마리가 있었습니다.

split into two directions 두 방향으로 나눠지다
- When the road **splits into two directions**, keep to the right. 도로가 두 갈래로 나눠지면 오른쪽으로 가세요.

lead to ~ ~로 이어지다
- Just go straight and this road will **lead** you **to** the hospital.
그냥 이 길로 직진해서 계속 가시면 병원으로 이어져 있을 것입니다.

Idea Flow

서론	본론	결론
가장 좋아하는 공원 소개 (위치)	가장 좋아하는 공원 묘사 1. 좋아하는 이유 • 다양한 시설 (산책로, 자전거 전용도로, 농구장, 인라인 스케이트장) 2. 볼 수 있는 광경 : 낚시, 가족 나들이	의견 : 사람들이 어울리기에 적합한 공원

Translation

저희 기숙사에서 약 15분 정도 거리에 공원이 하나 있습니다. 제가 제일 좋아하는 공원이고 그 이유는 강을 따라 긴 산책로가 있기 때문이에요. 산책로 옆에는 자전거 전용도로도 있습니다. 저녁이 되면 조깅을 하거나 자전거를 타러 나오는 사람들이 아주 많아요. 공원에는 농구장도 있고 인라인 스케이트장도 있습니다. 가족들끼리 인라인 스케이트를 타려고 많이 옵니다. 강을 따라 걷다 보면 낚시를 하는 사람들도 있고 가족끼리 소풍을 즐기는 사람들도 보입니다. 계속 걷다 보면 길이 두 갈래로 나누어지는데, 한쪽은 호수로 이어져 있습니다. 호수 근처에 보트를 빌려주는 곳이 있습니다. 거기서 작은 노 젓는 배도 탈 수 있고 수상 자전거를 빌려 탈수도 있습니다. 사람들이 어울리기에 적합한 좋은 공원이에요.

You may have had many memorable experiences at the park. Pick one and tell all the details about that experience.

공원에서 여러 가지 기억에 남는 경험이 있을 것입니다. 그 중 하나를 자세하게 설명해 보세요.

One day, I went to the park to take a walk on the trails. It was a nice, sunny day. However, when I arrived at the park, the sky turned dark. Suddenly, there was a heavy downpour of rain. I quickly ran to a shelter to wait until the rain passed. By then, I was wet from head to toe. Shortly after I got there, a young man also arrived. It seemed like he wasn't ready for the rain either. He looked like a wet dog. We started laughing at each other's appearance and then started chatting. We had a good conversation about current events and many other things. That's how I met my boyfriend. Now whenever we walk by that park, we talk about how we met there.

Key Expressions

from head to toe 머리부터 발끝까지
- After that waterslide, I was wet **from head to toe**.
  워터 슬라이드를 타고 난 뒤 저는 머리부터 발끝까지 다 젖었습니다.

laugh at ~ ~을 보고 웃다
- My friends all **laughed at** me when I changed my hair style.
  제 친구들은 제가 머리모양을 바꿨을 때 저를 보고 모두 웃었습니다.

walk by ~ ~의 옆을 지나가다
- I **walked by** that store you told me about yesterday. 저는 당신이 어제 말해준 그 가게 옆을 지나갔습니다.

Idea Flow

서론	본론	결론
공원에 간 목적 소개 (산책)	공원에서 가장 기억에 남는 경험 서술 1. 문제 발생 : 갑자기 비가 내림 2. 문제 해결 : 비 피하기 위해 대피소에 감 3. 기억에 남는 이유 : 대피소에서 만난 사람과의 인연	마무리 : 처음 만났을 때를 회상

Translation

어느 날, 산책을 하려고 공원에 갔습니다. 날씨도 좋고 아주 화창한 날이었어요. 그런데 제가 공원에 도착하자마자 하늘이 어둡게 변해버렸어요. 그리고 갑자기 비가 무섭게 퍼붓기 시작했어요. 저는 비가 그칠 때까지 피할만한 곳으로 뛰어갔어요. 그때 저는 머리부터 발끝까지 흠뻑 젖었어요. 그런데 제가 비를 피하고 있는데 곧 어떤 젊은 남자도 비를 피해서 들어왔어요. 그 사람도 비가 올 줄 몰랐던 것 같아요. 꼭 비에 젖은 강아지 같은 모습이더라고요. 서로의 우스꽝스러운 모습을 보고 웃다가 이야기를 하게 되었어요. 시사적인 이야기나 그 외 여러 가지에 대해 많은 이야기를 나누었어요. 그렇게 해서 지금의 남자친구를 만나게 되었죠. 지금도 그 공원 옆을 지나갈 때마다 우리가 그곳에서 어떻게 만났는지에 대해 이야기합니다.

Let's talk about traditional food from your country. Choose one of the popular dishes and describe it in detail.
당신 나라의 전통 음식에 대해 이야기해 보겠습니다. 가장 인기있는 음식 하나를 골라 자세하게 설명해 보세요.

Bibimbap is one of the most popular traditional foods in my country. Almost everyone likes it, even foreigners. The main ingredients are rice, various roots, meat, vegetables, and red pepper paste. The pepper paste is thick, red, and spicy. All of the ingredients are mixed together in a bowl. The ingredients are different colors, such as green, orange, yellow, and brown, so the dish is colorful. Bibimbap is a well-balanced, nutritious meal. You can find this food in almost all Korean restaurants. You can also get bibimbap in a stone hot pot. It will keep your food hot while you eat. That's my favorite way to eat bibimbap. Bibimbap is healthy and delicious. You should try it!

Key Expressions

be mixed together 함께 섞이다
- Stir until all the ingredients **are mixed together**. 모든 재료가 섞일 때까지 저으세요.

well-balanced meal 균형 잡힌 식사
- For a **well-balanced meal**, you must eat plenty of vegetables with your meat.
균형 잡힌 식사를 위해서 당신은 고기와 함께 많은 채소를 먹어야 합니다.

keep ~ hot ~을 뜨겁게 해주다
- In order to **keep** your rice **hot**, you can put it in a stone hot pot.
당신의 밥을 따뜻하게 유지하려면 돌솥에 넣어야 합니다.

Idea Flow

서론
전통 음식 소개 (비빔밥)

본론
대표적인 전통 음식 묘사
1. 비빔밥 소개
   - 재료 : 쌀, 나물, 고기, 채소, 고추장
   - 먹는 방법 : 모두 비벼 먹음
2. 비빔밥의 장점 (균형 잡힌 영양식)
3. 다양한 먹는 방법 (돌솥에 먹음)

결론
의견 : 비빔밥을 먹어볼 것을 권유

Translation

비빔밥은 한국의 가장 인기있는 전통적인 음식 중 하나입니다. 대부분의 사람들이 좋아하는 음식이고 외국인들도 좋아합니다. 주요 재료는 쌀과 여러 가지 나물, 고기와 채소, 그리고 고추장입니다. 고추장은 빨간색의 매운맛을 지닌 진한 양념입니다. 이 모든 재료를 그릇에 넣고 섞으면 됩니다. 이 각각의 재료마다 초록색, 오렌지색, 노란색, 갈색 등의 색깔이 있어서 비빔밥은 무척 다채로운 색상을 내는 음식입니다. 비빔밥은 균형 잡힌 영양만점의 음식이고 거의 모든 한국음식점에서 찾아볼 수 있습니다. 또한 비빔밥을 돌솥에다가 먹을 수도 있습니다. 돌솥은 식사를 하는 내내 비빔밥을 뜨겁게 해줍니다. 저는 비빔밥을 그렇게 먹는 것을 가장 좋아합니다. 비빔밥은 건강하고 맛이 있습니다. 꼭 먹어보세요.

Q 05 You indicated in the survey that you enjoy cooking. Tell me about a time that you cooked recently. What and why did you cook? Give me the details.

설문조사에 요리를 좋아한다고 했습니다. 최근에 요리한 경험에 대해 말해 보세요. 무엇을 요리했고 왜 했나요? 자세하게 설명해 주세요.

One dish I've made recently is samgyetang. It's a great food to eat during the summertime when it's hot. The chicken is stuffed with healthy ingredients like rice and ginseng. It's a healthy food. It strengthens your body and gives you energy. It's a dish that my mother makes well, so I've always wanted to make it too. One time, it was a really hot day and I felt really tired, so I wanted to make samgyetang. I thought it would be difficult to make. However, I found a simple recipe online and bought all of the ingredients. I followed the recipe, and to my surprise, it didn't taste that bad. It was almost as good as my mom's samgyetang. I plan to make it again and invite my friends to try it.

Key Expressions

be stuffed with ~ ~으로 속이 채워지다
- The gimbap **was stuffed with** all sorts of ingredients. 김밥은 여러 종류의 재료들로 채워져 있습니다.

to one's surprise 놀랍게도
- I thought fishing would be difficult to learn, but **to my surprise**, it was quite simple.
  저는 낚시가 배우기 어려울 줄 알았는데 놀랍게도 아주 간단했습니다.

as good as ~ ~만큼 좋은
- My mom's food is just **as good as** the food in restaurants.
  저희 어머니의 음식은 음식점에서 나오는 음식만큼이나 맛있습니다.

Idea Flow

서론	본론	결론
최근에 만든 음식 소개 (삼계탕)	최근의 요리 경험 서술 1. 삼계탕 소개 • 재료 : 건강에 좋은 재료 (쌀, 인삼) • 장점 : 원기회복에 좋은 음식 2. 삼계탕 요리한 경험과 결과 • 처음 만들었지만 맛이 좋았음	계획 : 다시 요리해 친구들 초대

Translation

저는 최근에 삼계탕을 만들었습니다. 삼계탕은 여름철 더위에 먹는 아주 훌륭한 음식입니다. 닭에 쌀과 인삼같은 몸에 좋은 재료로 속이 채워진 요리인데 그야말로 건강보양식이죠. 몸을 튼튼하게 해주고 원기를 북돋아주는 음식입니다. 저희 엄마가 잘 만드는 음식이라 저도 한번 만들어 보고 싶었어요. 한번은 날씨가 무척 덥고 너무 피곤해서 삼계탕을 만들어 먹기로 생각했어요. 요리하기가 어려울 줄 알았습니다. 그런데 인터넷에서 아주 쉽게 만들 수 있는 요리법을 찾았고, 필요한 재료를 모두 준비했어요. 요리법에 따라 차근차근 만들어 보았는데 놀랍게도 맛이 괜찮았어요. 엄마가 해준 삼계탕만큼이나 맛이 좋았어요. 그래서 다시 한번 만들어서 친구들을 초대해 보려고 해요.

Q 06 I'd like to give you a situation and ask you to act it out. One of your friends is planning a housewarming party. Recommend a food and explain how to make it.
상황을 드릴테니 역할 연기를 해보세요. 친구들 중 한 명이 집들이를 계획하고 있습니다. 음식 메뉴를 하나 추천하고 어떻게 만드는지 설명해 보세요.

If you're having a housewarming party, I have the perfect dish for you to make. It's tuna salad sandwiches. It's a real crowd-pleaser. The greatest thing about this food is that it's simple and quick to make. You'll need bread, canned tuna, mayonnaise, onions, pickles, salt, and pepper. First, you need to make the tuna salad. Chop the onions and pickles into tiny pieces. Next, mix the tuna, mayonnaise, onions, pickles, salt, and pepper in a bowl. You'll need a lot of mayonnaise, but only a little salt and pepper. Next, spread the tuna salad on lightly toasted bread. For extra flavor, you can add lettuce and cheese. Finally, cut the sandwiches into triangles and arrange them on a serving plate. I hope your guests like it!

Key Expressions

crowd-pleaser 인기인, 명물
- The magician at my birthday party was a real **crowd-pleaser**.
  제 생일 파티에 온 그 마술사는 정말 인기 최고였습니다.

chop ~ into pieces ~을 잘게 자르다
- In order to make the potatoes cook faster, **chop** them **into** tiny **pieces**.
  감자를 더 빨리 익히려면 잘게 잘라주세요.

Idea Flow

서론
추천한 음식을 소개
(참치 샐러드 샌드위치)

본론
친구에게 집들이 음식으로 추천하고 만드는 방법 설명
1. 추천한 이유와 장점
   • 모든 사람이 좋아함 • 쉽고 빠름
2. 재료 설명
3. 만드는 방법

결론
의견 : 손님들이 좋아해 주길 바람

Translation

집들이를 할 계획이라면 거기에 딱 안성맞춤인 요리를 알려줄게. 참치 샌드위치인데 사람들에게 인기 만점일 거야. 참치 샌드위치가 좋은 건 이게 아주 간단하고 만들기도 쉽다는 거야. 우선 빵, 참치캔, 마요네즈, 양파, 피클, 소금, 후추가 필요해. 첫째로 참치 샐러드를 만들어야 해. 양파와 피클을 잘게 썰어. 다음에는 참치, 마요네즈, 양파, 피클을 그릇에 넣고 소금과 후추를 뿌려서 잘 섞어줘야 해. 마요네즈는 많이 넣고, 소금이랑 후추는 조금만 있으면 돼. 그 다음에 참치 샐러드를 살짝 구운 빵에 잘 발라주면 돼. 좀 더 맛을 내고 싶으면 상추랑 치즈를 넣어봐. 마지막으로, 샌드위치를 삼각형 모양으로 잘라서 접시에 잘 담아봐. 손님들이 정말 좋아하길 바래!

Q 07 Tell me about any volunteer work you do. Where do you usually go to volunteer? Who do you usually work with? What do you usually do for them? Tell me in detail.

당신이 하는 자원봉사에 대해 말해보세요. 어디에서 주로 하나요? 누구와 주로 하나요? 무엇을 주로 하나요? 자세히 말해 주세요.

I think I like helping people. I feel very good whenever I help others, so every summer, I go to a farm with some of my classmates to help the farmers. We are usually on vacation so it's a good way to spend the summer. Otherwise, summers can be pretty boring, or costly, if I try to get rid of the boredom in other ways. The farmers we assist usually need help, so they always welcome us. As soon as we get there, we just unpack and change. Then we go directly into the field to begin work. Even though we have learned a lot about farming since the beginning, we still rely on the farmers' instructions. They are usually very kind to tell us what to do. Sometimes we do some weeding. It was back-breaking at first, but we have since gotten used to it. Afterwards, we eat lunch under a shaded tree. The food is usually made from the produce that grows on the farm. When the sun is hot, we usually take a break and resume later in the afternoon when it's not so hot. By the end of the day, we are usually very exhausted, but I feel very proud of myself.

Key Expressions

get rid of ~ ~을 없애다
- It would cost much to **get rid of** waste. 쓰레기를 처리하는 데 많은 비용이 듭니다.

Even though ~ 비록 ~이지만
- **Even though** they are so poor, they seem happy together. 그들은 비록 가난 하지만 행복해 보입니다.

rely on ~ ~에 의지하다
- Many people **rely on** air conditioning in summer to keep cool.
  많은 사람들이 여름에 시원하게 지내기 위해 에어컨을 의지합니다.

Idea Flow

서론	본론	결론
다른 사람 돕는 것을 좋아함과 그 이유 (기분 좋음)를 알림	봉사활동 묘사 1. 다른 이들을 돕기 위한 방법 (자원봉사) 2. 장점 (여름 보내기 좋음, 농부들의 필요충족) 3. 가서 하는 활동 (잡초, 점심)	기분 : 자랑스러움

Translation

저는 사람 돕는 것을 좋아합니다. 다른 사람들을 도와줄 때마다 기분이 좋습니다. 그래서 매년 여름 저는 제 학급 친구들과 농촌으로 가서 농부들을 도와줍니다. 여름방학이기 때문에 여름을 보내기에 좋습니다. 그렇지 않으면 여름은 조금 지겨울 수 있고, 지겨움을 없애기 위해 노력하는데 돈이 들 수 있습니다. 그리고 도와드리는 농부들은 보통 일손을 필요로 하기 때문에 항상 우리를 반겨줍니다. 도착하자마자 우리는 짐을 풀고 옷을 갈아입습니다. 그리고 바로 논으로 가서 일을 시작합니다. 처음보다 농사에 대해 많이 배웠지만 아직 무엇을 해야 하는지 농부들의 지시에 의지합니다. 그들은 보통 우리가 무엇을 해야 하는지 친절하게 가르쳐 주십니다. 가끔 우리는 잡초를 뽑습니다. 처음에는 허리가 많이 아팠지만 익숙해졌습니다. 그 다음에 우리는 그늘진 나무 아래서 점심을 먹습니다. 음식은 주로 밭에서 길러진 작물로 요리된 것입니다. 태양이 뜨거울 때, 저희는 주로 휴식을 취하고, 늦은 오후, 그다지 덥지 않을 때 다시 시작합니다. 일과후 녹초가 되지만 기분은 정말 좋고 제가 자랑스럽습니다.

When was the most recent time you did volunteer work? Who did you do it with? Where did you go to do it? What did you do? Was it hard or fun? Tell me all the details.
최근 언제 자원봉사를 했습니까? 누구와 했습니까? 어디로 갔습니까? 무엇을 했습니까? 어려웠나요 아니면 재미있었나요? 자세하게 말해 주세요.

Last summer, I went to my friend's hometown, Yecheon. It was our summer vacation and we wanted to take a trip somewhere in Korea. One day, my friend asked me and our other friends to visit her hometown. She offered accommodation and food for free, so we decided to visit her. We also wanted to do some sightseeing while we were there. Yecheon was so beautiful and calm. We were so excited to see the serene beauty of the countryside. However, as soon as we arrived at my friend's house, we realized that we were invited to help her parents to farm. It was not pleasant because all we wanted to do was rest and enjoy the countryside. On the first day, we got up early and we went to the field and pulled weeds. My friend, along with her mother, prepared lunch for us. After having lunch, we went back to the field to harvest watermelons. The watermelons were so heavy and the work was very hard. We were too busy and too tired to see much of my friend's hometown. We were becoming very angry, but on the last day, we were able to visit many beautiful places in Yecheon. The place was still very traditional, so it was a very fun and interesting experience. Even though we unexpectedly had to do lots of hard work, the experience was great because we had so much fun in the end.

Key Expressions

take a trip somewhere 어디론가 여행하다
- Every summer vacation, my friends and I usually **take a trip somewhere**.
  매 여름 방학 때, 제 친구와 저는 어디론가 여행을 떠납니다.

take a rest 휴식하다
- You'd better **take a rest**. 쉬는 것이 좋겠습니다.

Too~ to~ 너무 ~해서 ~하다
- I'm **too** busy **to** travel. 너무 바빠서 여행 할 수가 없습니다.

Idea Flow

서론	본론	결론
언제, 어디를 누구와 왜 갔는지 언급함	경험담 설명 / 1. 장소묘사, 느낌 / 2. 활동 설명 (잡초, 수확) / 3. 그 외 활동 언급	감상 : 좋은 시간을 보냈음

Translation

작년 여름, 저는 제 친구의 고향인 예천에 갔습니다. 여름 방학이었고 저희는 국내여행을 하고 싶었습니다. 그때 제 친구가 저와 다른 친구들에게 그녀의 고향에 오라고 초대했습니다. 그녀는 숙식을 무료로 제안하였습니다. 그래서 저희는 그녀를 방문하기로 결정했습니다. 그곳에 있는 동안 관광 또한 하고 싶었습니다. 예천은 정말 아름답고 고요했습니다. 우리는 시골풍경의 고요한 아름다움을 볼 생각에 정말 신났습니다. 하지만 친구의 집에 도착하자 마자, 그녀의 부모님을 도와드리기 위해 초대 받았다는 사실을 깨달았습니다. 우리들은 시골에서 쉬고 즐기려고 했기 때문에 그것은 유쾌한 일이 아니었습니다. 첫날에 우리는 일찍 일어나서 밭으로 나가 잡초를 뽑았습니다. 친구는 어머니와 함께 우리를 위해서 점심을 준비했습니다. 점심 후에 우리는 수박을 수확하기 위해 밭으로 돌아갔습니다. 수박은 정말 무거웠기 때문에 매우 고된 일이었습니다. 우리는 너무 바빠서 제 친구의 고향을 구경할 수 조차 없었습니다. 화가 나기 시작했지만, 마지막 날에는 예천의 많은 아름다운 장소들을 방문할 수 있었습니다. 그곳은 전통적인 모습을 여전히 많이 간직하고 있어서 정말 재미있고 흥미로운 경험이었습니다. 비록 예상외로 힘든 일을 하긴 했지만 끝에는 정말 즐거웠기 때문에 좋은 경험이었습니다.

You may have had a memorable experience while doing volunteer work. What was it? What happened? What made it so special? Tell me in as much detail as you can.

자원봉사를 하는 동안 기억에 남는 경험이 있을 것입니다. 언제였습니까? 무슨 일이었습니까? 그 일은 왜 특별했습니까? 가능한 한 자세히 말씀해 주세요.

When I was a junior, my classmates and I went to the countryside to do some volunteer work as usual. We were very excited because we knew that the farmers and their families were anxiously awaiting our arrival. When we arrived, they welcomed us warmly, as I expected. We immediately changed and began work in the field. It was summer and it was after the rainy season, so there were a lot of weeds to be removed. It was hard work, but we did it nevertheless. After breaking for an hour, we were going back to the field to resume work when the head of the village brought us makkoli, a Korean alcoholic drink made from rice. We usually drank it at night after work, but it was afternoon when he brought it. Most of us continued working after just one drink, but others continued drinking. One of our team members got really drunk and began misbehaving by shouting and hollering. We felt so ashamed. We stopped working and took him to the house. We apologized to the hosts. They said it was okay, but that didn't make us feel any better. The following year, when we volunteered, we didn't include him.

Key Expressions

begin work 일을 시작하다
- Thanks to the plan, I can **begin work** sooner than expected.
  그 계획 덕분에 일을 생각보다 일찍 시작 할 수 있습니다.

nevertheless 그럼에도 불구하고
- The result was expected but it is disappointing **nevertheless**. 결과를 예상했음에도 불구하고 실망스럽긴 합니다.

was(were) going to~ ~하려고 하다
- I **was going to** go there. 거기 가려고 했습니다.

Idea Flow

서론	본론	결론
언제 어디를 갔는지 언급하고 이유를 알림	봉사활동 에피소드 설명 1. 도착 후 활동 설명 (옷 갈아입기, 잡초 뽑기) 2. 에피소드 언급 (술) 3. 에피소드 결과 (창피함)	결과 : 다음해에 그 친구를 제외함

Translation

제가 3학년 때, 저랑 제 과 친구들과 함께 항상 그러하듯 시골로 자원봉사를 갔습니다. 우린 정말 신났습니다. 농부들과 그 가족 분들이 우리를 기다리고 있는걸 알았기 때문입니다. 도착했을 때, 그들은 기대했던 대로 저희를 따뜻이 맞아주셨습니다. 옷을 바로 갈아입고 우리는 일을 시작했습니다. 여름이었고, 비 온 뒤였기 때문에, 뽑아야 할 잡초들이 많았습니다. 힘들었지만 잡초를 뽑았습니다. 한 시간동안 쉰 후에 우리는 다시 논으로 돌아가서 일을 하려고 했습니다. 그 때, 이장님이 오셔서 저희에게 한국 술인 막걸리를 가져다 주셨습니다. 우리는 보통 일 끝난 후 저녁에 마시는데, 그날은 오후에 주셨습니다. 그 후에 대부분 논으로 돌아갔지만, 어떤 사람들은 조금 더 머물렀습니다. 그 중 한 명이 계속해서 술을 마셨습니다. 결국에 그는 취했고 울며 소리를 질렀습니다. 우리는 정말 그가 창피했습니다. 일하는 것을 멈추고 그를 데리고 숙소로 가서 재웠습니다. 우리는 농부들에게 사과했고 그들은 괜찮다고 했지만 정말 죄송했습니다. 이듬해 자원봉사를 갈 때, 우리는 그를 제외하고 갔습니다.

That's the end of the situation. Now, let's talk about jogging. What are the benefits of jogging? Try to include as many different kinds of benefits as you can.

상황 문제가 끝났습니다. 이제 조깅에 대해 이야기해 보겠습니다. 조깅에는 어떤 좋은 점들이 있나요? 다양한 좋은 점을 가능한 많이 말해 보세요.

Jogging is an exercise that almost everyone can do. You can jog almost anywhere. All you need are good jogging shoes. Jogging has many benefits for the body and mind. First, it's a perfect exercise for staying healthy and losing weight. A few years ago, I started jogging because I felt lazy and tired all the time. After one week, I started to have much more energy. I even lost two kilograms! Jogging is also good for your mind. Studies show that regular jogging makes people much happier. I like to listen to my MP3 player while I jog. It takes my mind off the stress and worries. It also helps me to relax. Since I started jogging, I've become happier and healthier. Jogging has changed my life.

Key Expressions

benefit 이익, 혜택
- One of the **benefits** of having a wife is that I never feel lonely.
  아내가 있는 장점 중 하나는 절대 외롭지 않다는 것이다.

take one's mind off stress 스트레스에서 벗어나다/떨쳐버리다
- Hiking in the mountains **takes my mind off stress** and worries.
  등산은 스트레스와 걱정을 떨쳐버리게 해줍니다.

 Idea Flow

서론	본론	결론
간편한 운동인 조깅 소개 (누구나, 어디서든지)	조깅이 좋은 이유 기술 1. 신체적 유익 • 건강과 체중감량에 유리 • 자신의 체험담 2. 정신적 유익 • 행복한 삶을 유지	의견 : 조깅을 계속할 것임

Translation

조깅은 모든 사람들이 할 수 있는 운동입니다. 어디서든 할 수 있죠. 필요한 것은 좋은 조깅화만 있으면 됩니다. 조깅은 몸과 마음에 여러 가지 유익한 점들이 있습니다. 우선, 조깅은 건강을 유지하고 살을 빼는데 가장 적합한 운동입니다. 저는 몇 년 전에 점점 더 게을러지고 항상 피곤함을 느껴서 그때부터 달리기를 시작했습니다. 조깅을 시작하고 한 주가 지나면서 저는 더 활기를 얻었습니다. 그러면서 몸무게도 2kg이나 줄었습니다. 조깅은 정신건강에도 아주 유익합니다. 연구에 의하면 규칙적인 조깅을 통해 사람들은 더 행복함을 느낀다고 합니다. 저는 달리면서 MP3에서 흘러 나오는 음악 듣기를 좋아하는데 이것은 스트레스와 걱정을 모두 떨쳐버리게 해줍니다. 또한 조깅을 하면 몸과 마음이 편안해집니다. 달리기를 시작한 이후에 저는 훨씬 더 행복하고 건강해졌습니다. 조깅은 저의 삶을 바꿔놓았습니다.

I like to jog too. Ask me three or four questions about jogging.
저도 조깅을 좋아합니다. 조깅에 대해 저에게 서너 가지 질문을 해주세요.

I heard you like jogging. Me too! How long have you been jogging? How did you start jogging? I've been jogging since high school. Back then, my parents went jogging every morning. One day, they invited me to join them. I loved it. I felt like I had so much more energy during the day. Can you recommend some good places to jog? I'm looking for new places to go jogging. I started jogging again because I wanted to lose weight and have more energy. How about you? What time of the day do you jog? Me too! I jog in the morning because I'm too busy at night. Do you jog by yourself? If so, maybe we can go jogging together sometime!

Key Expressions

how long have you ~? 당신은 얼마나 오랫동안 ~를 하셨나요?
- **How long have you** known Su-jin Lee?
  당신은 이수진씨를 얼마나 오랫동안 알았나요?

invite A to B A에게 B하자고 하다
- I **invited** Soo-young **to** go rock climbing with us.
  저는 수영에게 암벽등반을 하자고 했습니다.

by oneself 혼자서
- Do you like watching movies **by yourself**?
  당신은 혼자서 영화 보는 거 좋아하세요?

Idea Flow

서론	본론	결론
Eva도 조깅을 좋아한다고 알림	Eva에게 조깅에 대해 질문 1. 조깅을 한 기간 2. 조깅을 시작한 계기 3. 조깅하는 시간대 4. 조깅 코스 추천 요청	제안 : 조깅을 함께 하자고 제의

Translation

조깅을 좋아하신다고 들었습니다. 저도 그렇거든요! 언제부터 조깅을 해 오셨나요? 어떻게 조깅을 시작하게 되었나요? 저는 고등학교 때부터 했습니다. 그땐 부모님께서 아침마다 조깅을 하셨었거든요. 어느 날 같이 뛰자고 하셨는데 활력이 넘치는 것이 정말 좋더라고요. 조깅하기 좋은 곳을 아시면 알려주세요. 요즘 조깅할 만한 새로운 장소를 물색 중이거든요. 저는 살도 빼고 활력도 얻기 위해 조깅을 다시 시작했어요. 당신은 어떠세요? 하루 중 언제 조깅하세요? 저도요! 저녁에는 바쁘기 때문에 저는 아침에 조깅을 해요. 그리고 조깅을 혼자 하시나요? 그러시면 다음에 저랑 같이 조깅 한번 하시겠어요?

 **Now, let's talk about a popular holiday in your country. What is the history of the holiday? What traditional activities do people do during the holiday?**

이제 당신 나라에서 잘 알려진 명절에 대해 이야기해 보겠습니다. 그 명절과 관련된 역사적 배경은 무엇인가요? 명절 기간 동안 사람들은 어떤 전통적인 활동을 하나요?

A popular holiday in my country is Chuseok. It's a thanksgiving holiday. It began as a harvest celebration in the fall. It's always on August 15th of the lunar calendar. One Chuseok tradition is for the whole family to meet in their hometown. I love this time because I can see all my relatives. Another tradition is to pay respect to our ancestors. We go to the ancestors' graveyards and offer a food sacrifice. Afterward, we gather together to eat the food. The most famous food of this holiday is songpyeon. This is a rice cake that is traditionally steamed on pine needles. My grandmother makes the best songpyeon in the whole world. I like this holiday because I can eat many different kinds of food.

 Key Expressions

lunar calendar 음력
- My birthday is on January 28th of the **lunar calendar**. 제 생일은 음력 1월 28일입니다.

pay respect (절 등으로) 경의를 표하다
- I went to my grandfather's grave to **pay respect** to him. 저는 성묘하러 할아버지 산소에 갔습니다.

offer a food sacrifice 차례지내다
- Our whole family went to the graveyard to **offer a food sacrifice**.
  저희 온 가족은 차례를 지내러 산소에 갔습니다.

 Idea Flow

서론	본론	결론
우리나라 대표명절 소개 (추석)	추석 소개하기 1. 날짜와 기원 (음력 8월 15일, 추수감사) 2. 추석에 하는 활동 (가족과 친지 모임, 성묘, 송편) 3. 송편 묘사	의견 : 다양한 음식을 먹을 수 있어 추석을 좋아함

 **Translation**

우리나라에서 가장 큰 명절은 추석입니다. 한국의 추수감사절이죠. 가을의 수확을 기념하면서 시작되었습니다. 항상 음력 8월 15일이며, 이때 온 가족이 고향을 방문하여 함께 만나는 전통이 있습니다. 저는 친척들을 만날 수 있기 때문에 추석을 좋아합니다. 또 다른 전통은 조상들에게 절을 하는 것입니다. 조상들의 산소에 가서 차례를 지냅니다. 그 뒤에는 온 가족이 모여 음식을 먹습니다. 추석 때 가장 많이 먹는 음식은 송편입니다. 쌀로 만든 떡인데 소나무 잎에 올려서 찌는 게 전통적인 방식입니다. 송편은 저희 할머니께서 만들어 주시는 송편이 최고입니다. 저는 추석에 다양한 음식을 먹을 수 있어서 좋아합니다.

Q13 **Choose a holiday and discuss how the celebrations have changed over the years. Compare the past and present. What things are the same? What things are different?**
명절을 하나 선택하여 그 명절을 기념하는 방법이 어떻게 오랜 시간을 거쳐 바뀌었는지 설명해 보세요. 과거와 현재의 방법을 비교해 보세요. 똑같은 것들은 무엇인가요? 바뀐 것은 무엇인가요?

Chuseok has changed a lot over the years. When I was young, my family always visited our grandfather's house. All of my relatives gathered together. It was a great time because I could play with all my cousins. However, these days, some of my relatives don't come. Sometimes they travel with their family or friends, or they stay home and rest. Many people in the city have busy lives, so they want to spend their holidays relaxing. One thing that hasn't changed is that we still eat songpyeon. Even though it is difficult to make, my grandmother always makes a lot. I always try to grab as many songpyeon as I can! Also, the table is still crowded with all kinds of food. I'm happy about that.

Key Expressions

even though (비록) ~이지만
- **Even though** the working hours are long, I really enjoy working at this company.
  근무 시간은 길지만 그래도 저는 이 회사에서 일하는 것을 정말 좋아합니다.

try to grab 잡으려고 하다
- At the concert, all the fans were **trying to grab** the singer's hand.
  공연장에서 모든 팬들이 그 가수의 손을 잡으려고 했습니다.

Idea Flow

서론
추석이 시대를 거쳐 변해왔음을 알림

본론
과거와 현재의 추석 비교
1. 변한 점
   • 과거 (어렸을 때) : 할아버지 댁에 모두 모임
   • 현재 : 친척들이 오지 않음 (가족여행)
2. 변하지 않은 점 : 송편을 먹는 일

결론
의견 : 음식이 가득한 추석상을 보면 흐뭇함

Translation

추석은 시대가 지나면서 많이 바뀌었습니다. 제가 어릴 적에는 항상 온 가족이 할아버지 댁에 갔습니다. 모든 친척들이 함께 모였습니다. 저는 사촌들과 함께 놀 수 있어서 참 좋았습니다. 그렇지만 요즘에는 모든 친척 분들이 다 오지는 않아요. 추석 때 가족이나 친구들끼리 여행가는 사람들도 있고 그냥 집에서 쉬는 사람들도 있습니다. 모두들 도시에서 바쁜 생활을 살기 때문에 명절에는 쉬면서 보내고 싶어합니다. 바뀌지 않은 것이 있다면 아직 송편을 먹는다는 것이지요. 만들기가 쉬운 음식은 아니지만 저희 할머니는 언제나 많이 만들어 주십니다. 저도 늘 먹을 수 있는 만큼 최대한 많이 먹습니다! 식탁은 여전히 항상 많은 음식들로 풍성해집니다. 정말 즐거운 일입니다.

I'd like to give you a situation that you need to role play. Imagine your foreign friend has invited you to celebrate a traditional holiday of his/her country. Ask him/her three or four questions about the holiday.

상황을 드릴테니 역할 연기를 해보세요. 당신의 외국인 친구가 그 나라의 전통 명절을 맞아 당신을 초대한다고 해보겠습니다. 그 외국인 친구의 명절에 대해 서너 가지 질문을 해보세요.

Thank you for the invitation. I'd like to learn more about this holiday. First, I'm wondering what kind of holiday this is, and what it celebrates. Please tell me the history behind this holiday. Is it celebrated on the same day every year? Also, what kinds of activities will we be doing on the holiday? I'm wondering if I should dress up or wear more casual clothes. Will we stay at your house, or will we go somewhere else? It's okay if we just relax, but I don't mind visiting a new place, either. Finally, during Korean holidays, we usually give and receive gifts. Do I need to prepare any gifts? Oh, and could you tell me how to get to your place? Thanks! I'll see you then!

wonder if ~ ~한 지 궁금해하다/생각하다
- I'm **wondering if** I should wear a bowtie to the wedding. 저는 결혼식에 나비 넥타이를 매야 할지 생각 중입니다.

dress up 정장을 입다
- Our whole family got **dressed up** for the wedding today. 온 가족이 오늘 결혼식에 가려고 옷을 차려 입었습니다.

get to ~ ~에 가다
- How do I **get to** your house from the school? 학교에서 당신의 집까지 어떻게 가야 하나요?

Idea Flow

서론	본론	결론
초대에 감사 → 전화 용건 (명절에 대해 질문)	외국인 친구에게 초대받은 명절에 대해 묻기 1. 명절에 대한 질문 • 명절의 종류와 목적, 기원, 명절에 하는 활동 2. 초대받은 모임에 대한 질문 • 옷차림, 활동, 선물 준비 여부	요청 : 집에 가는 방법 알려주길 요청

초대해줘서 고마워. 이 명절에 대해 좀 알고 싶은데. 우선, 이것이 어떤 명절이고 무엇을 기념하는 것인지 궁금해. 이 명절에 관한 역사적 배경을 좀 설명해줘. 매년 같은 날에 돌아오니? 명절기간에는 어떤 일들을 해? 옷은 정장을 입어야 할지 아니면 편하게 입어야 할지 궁금해. 그냥 집에서 즐겨 아니면 특별한 곳에 가? 나는 그냥 쉬는 것도 괜찮고 어디를 가는 것도 괜찮아. 마지막으로 한국의 명절에는 선물을 주거나 받는데, 나도 선물을 준비해야 해? 아, 그리고 집에 어떻게 가야 하는지 알려줘. 고마워. 그때 보자!

That's the end of the situation. Tell me about a time when you made a promise, but couldn't keep it. What happened? How did you handle the problem? Explain it in detail.

상황 문제가 끝났습니다. 이번에는 약속을 해놓고 지키지 못했던 경험에 대해 이야기해 보세요. 어떤 일이 있었나요? 그 문제를 어떻게 해결했나요? 자세하게 설명해 보세요.

One time my best friend was having her birthday party at a club. I told my boyfriend about this event, but he refused to let me go. He didn't want me to dance with other guys. So I promised him that I wouldn't dance with anyone. I lied that I would only stay inside the room and take care of my friends. However, the music was really good that night. All my friends were dancing so I joined them. I got really into the music and I started dancing wildly. I accidently bumped into a person. When I turned around, lo and behold, it was my boyfriend! We were both shocked. He had told me he was going to study at home that night. After that, we promised never to lie to each other again. We haven't lied to each other ever since.

Key Expressions

refuse to ~ ~하려고 하지 않다, 거부하다
- The bouncer **refused to** let us into the club without our IDs.
  그 클럽 경비원은 우리가 신분증 없이 클럽에 들어가는 것을 막았습니다.

bump into ~ ~와/에 부딪히다
- I got a big bruise after I **bumped into** that tree. 저는 저 나무에 부딪히고 나서 큰 멍이 들었습니다.

lo and behold 어찌된 영문인지, 저런
- I looked up, and **lo and behold**, it was my mom! 고개를 들어 보니, 이런 어찌된 영문인지, 저희 엄마였습니다!

Idea Flow

서론	본론	결론
친한 친구 생일 파티가 클럽에서 있음을 알림	약속을 지키지 못했던 상황 말하기 1. 배경 • 댄스 생일파티에 가는 것을 반대하는 남자친구 • 춤추지 않겠다고 약속 2. 문제상황 발생 • 공부하겠다던 남자친구를 클럽에서 만남 • 서로에게 거짓말한 것이 밝혀짐 3. 문제 해결 : 서로에게 거짓말 하지 않기로 약속	결과 : 서로에게 거짓말 하지 않고 아직도 사귀고 있음

Translation

한번은 저의 가장 친한 친구가 클럽에서 생일파티를 계획하고 있었습니다. 제 남자친구에게 말했더니 보내주려고 하지 않았어요. 제가 다른 남자들과 춤추는 것을 원하지 않았던 거죠. 그래서 다른 남자들하고는 춤을 추지 않겠다고 약속을 했어요. 무대에 나가지 않고 클럽의 방에서만 있으면서 친구들을 돌보겠다고 거짓말을 했죠. 그런데 그날 너무 좋은 음악이 많이 나왔어요. 제 친구들 모두 춤추러 나갔기 때문에 저도 함께 나가서 춤을 췄어요. 음악에 빠져 거의 미친듯이 춤을 추었어요. 그러다가 실수로 누군가와 부딪혔어요. 돌아서 보니까, 어찌된 영문이지, 제 남자친구였어요! 우리 둘 모두 놀랐죠. 남자친구도 그날 밤 집에서 공부하겠다고 저한테 말했었거든요. 그 뒤로 우리는 서로에게 절대로 거짓말하지 않겠다고 약속했고 지금까지 잘 지켜오고 있어요.

TEST 6

Oral Proficiency Interview-computer

1 | 자기소개
2 | 여가활동–운동(1)
3 | 여가활동–운동(2)
4 | 여가활동–운동(3)
5 | 취미, 관심사–그림그리기(1)
6 | 취미, 관심사–그림그리기(2)
7 | 방학–국외여행(1)
8 | 방학–국외여행(2)
9 | 방학–국외여행(3)
10 | 운동–자전거(1)
11 | 운동–자전거(2)
12 | 주거형태–집
13 | 기타–계절(1)
14 | 기타–계절(2)
15 | 기타–계절(3)

Give me a brief introduction of yourself and where you live.
간략하게 자기소개를 하고 어디에 사는지 말해 보세요.

Hi, my name is Yun-ah Choi. I'm 21 years old. I'm a third-year business major. I like drawing and oil painting. People say that I'm very good at painting. I'm also good at photography. I love to photograph people, especially small children. I always carry my camera with me. My friends call me a shutterbug. I'm from Busan, but now I live in a studio apartment in Shinchon, Seoul. My apartment is loft-style. There's a small kitchen, bathroom, and living room downstairs. The living room is full of my art projects. My bedroom is upstairs and has a low ceiling. It's really small, but it's perfect for me. It has everything I need and it's close to my school.

Key Expressions

be good at ~ ~을 잘 하다
- I'm a cheerful person, so I**'m good at** making people feel happy.
  저는 쾌활한 사람이어서 다른 사람들을 즐겁게 하는 것을 잘합니다.

studio apartment 원룸 아파트, 스튜디오 아파트
- The **studio apartment** was small but in a good location. 그 원룸 아파트는 작지만 좋은 위치에 있었습니다.

loft-style 천장이 높은 로프트 스타일
- I think that **loft-style** apartments are very space-efficient.
  저는 로프트 스타일 아파트 공간이 매우 효율적이라고 생각합니다.

Idea Flow

서론	본론	결론
기본 인적 사항 소개 (이름, 나이)	자기소개 1. 전공과 특기 　• 전공 : 경영학　• 취미 : 소묘와 유화 그리기, 사진 찍기 2. 거주지 묘사 　• 원룸　• 실내 묘사 (천장이 높은 로프트 스타일)	마무리 : 모든 것이 갖춰져 있고 학교 근처여서 좋음

Translation

안녕하세요, 저는 최윤아입니다. 스물 한 살이고 경영학 전공 3학년입니다. 저는 소묘와 유화를 좋아하는데 잘한다는 이야기를 많이 듣습니다. 저는 또 사진도 잘 찍습니다. 인물 사진, 특히 아이들 사진을 찍는 것을 좋아합니다. 카메라를 항상 가지고 다니는데 그래서 친구들이 저를 사진광이라고 부릅니다. 고향은 부산인데 지금은 서울 신촌에 있는 원룸 아파트에 살고 있습니다. 아파트는 천장이 높은 로프트 스타일입니다. 아래층엔 작은 부엌과 욕실, 그리고 거실이 있습니다. 거실은 제 미술 프로젝트로 가득하고 위층은 침실인데 천장이 낮아요. 아파트는 아주 작지만 저에게는 아주 적합한 곳입니다. 필요한 것은 다 있고 학교와도 가깝거든요.

Q 02 You indicated in the survey that you like to play sports. What sports do you enjoy during summer and winter vacations? Why do you like them?

설문조사에 운동하는 것을 좋아한다고 표시했습니다. 당신은 여름과 겨울에 어떤 스포츠를 즐겨하나요? 왜 그 스포츠를 좋아하죠?

I'd like to tell you about my favorite summer and winter sports. Many people like water sports in the summer, but not me! I like to play soccer during summer vacation. It makes me tired and sweaty, but after the game, I feel great! In high school, I used to play on a girls' soccer team. We didn't win very often, but it was still a lot of fun. Now I just play soccer with my friends. It's a great way to deal with stress and have fun. In the winter, my favorite sport is snowboarding. I started when I was 15. I love it because it's exciting to go down the mountain at top speed. It's so refreshing to feel the crisp mountain air. I also like all the trendy boarding clothes and snowboarding gear. With soccer and snowboarding, I can play sports any time of the year.

Key Expressions

deal with ~ ~을 다루다, 감당하다
- I can't **deal with** this situation anymore!

at top speed 전속력으로
- The cars crashed into each other **at top speed**.

crisp air 상쾌한 공기
- I love the colorful leaves and **crisp air** in the fall.

Idea Flow

서론	본론	결론
좋아하는 여름/겨울 스포츠 소개	좋아하는 여름/겨울 스포츠 서술 1. 여름 스포츠 (축구) • 이유 : 재미, 스트레스 해소 2. 겨울 스포츠 (스노보딩) • 이유 : 속도감, 최신 보드복/장비	장점 : 축구와 스노보드로 연중 스포츠 즐길 수 있음

Translation

제가 좋아하는 여름과 겨울 스포츠에 대해 말씀 드리겠습니다. 많은 사람들이 여름에는 수상스포츠를 좋아하지만 저는 아니에요! 오히려 저는 여름방학 동안 축구를 즐깁니다. 좀 힘들고 땀도 많이 나지만 축구를 하고 난 뒤에는 정말 기분이 상쾌해요! 고등학교 때는 여자 축구팀에서 뛰었는데 경기에서 많이 이긴 적은 없었지만 그래도 참 재미있었어요. 지금은 그냥 친구들과 축구를 합니다. 스트레스를 해소하기에 딱 좋고 아주 재미도 있어요. 겨울에는 스노보딩을 즐깁니다. 스노보딩은 15살 때부터 시작했는데 보드를 타고 전속력으로 산에서 내려가는 기분은 최고랍니다. 산 위의 신선한 공기는 정말 상쾌합니다. 거기에다 스노보더들이 입는 멋진 옷들이랑 장비 때문에도 좋아합니다. 축구와 스노보드 덕분에 저는 연중 스포츠를 할 수 있습니다.

Have you ever had any memorable experiences while playing sports? What happened? Why was it significant? Tell me all the details.

스포츠를 하는 동안에 겪었던 기억에 남는 경험이 있나요? 어떤 일이 있었나요? 왜 의미가 있나요? 자세하게 설명해 보세요.

When I was on the soccer team, I had a game every Sunday. At first, my mom wasn't happy about it because she wanted me to study instead. My dad is a huge soccer fan, though. He watches soccer on TV all the time. One day, I teased him because he never came to my games. He didn't say anything, so I thought he wasn't paying attention. However, the next Sunday, there he was at my soccer game, cheering for me! It meant a lot to me. We won that day. After the game, he took me out for ice cream. He said it was the most exciting game he'd ever watched and that he was proud of me. I'll never forget that day.

Key Expressions

tease 괴롭히다, 놀리다
- My older brothers **tease** me a lot, but I know they love me.
  저희 오빠들이 저를 무척 놀리기는 하지만 그들이 저를 사랑한다는 것을 알고 있습니다.

pay attention 관심을 갖다, 집중하다
- You must **pay attention** in class. 당신은 수업 시간에 집중해야만 합니다.

mean a lot 큰 의미가 있다, 중요하다
- The surprise birthday party **meant a lot** to me. 그 깜짝 생일파티는 저에게 큰 의미가 있는 것이었습니다.

Idea Flow

서론	본론	결론
일요일마다 축구 경기한 경험 알림	기억에 남는 축구경기 서술 1. 배경 • 엄마의 태도 (공부하길 원하심) • 아빠의 태도 (축구광이나 자신의 경기는 오지 않으심) 2. 기대하지 않은 상황 발생 • 아빠의 경기 관람과 응원 • 경기 후 자랑스러워하심	결과 : 그 날의 경기를 잊지 못함

Translation

제가 여자 축구팀에서 활동했을 때 매주 일요일마다 경기를 했어요. 엄마는 제가 공부하기를 바라서서 축구하는 것을 처음엔 좋아하지 않으셨어요. 그래도 아빠는 축구를 무척 좋아하는 팬이셨고, TV로 항상 축구경기를 관람하셨어요. 어느 날, 제가 아빠한테 제 축구경기에 한 번도 안 오신다고 괴롭혔어요. 아무 말씀도 안 하시길래 제 이야기에 별로 관심 없으신 줄 알았어요. 그런데 그 다음 주 일요일에 보니 제 경기에 오셔서 응원하시고 계셨어요! 아빠가 오신 것은 저한테 정말 큰 의미가 있었어요. 그날 경기도 이겼고, 경기 후에 아빠는 저를 데리고 가서 아이스크림을 사주셨어요. 아빠는 제게 자신이 본 축구경기 중에 제일 재미있었고 제가 자랑스럽다고 해주셨어요. 그 날은 절대 잊을 수 없을 것 같아요.

Q 04 Imagine you are practicing on the soccer field. You notice another player lying on the ground. He/she looks like he/she is in a lot of pain. Ask him/her three or four questions to find out what happened. Also suggest several ways you can help.

당신이 축구를 연습하고 있다고 해보겠습니다. 당신은 동료 선수가 경기장에 누워 있는 것을 발견합니다. 그 동료가 무척 고통스러워 합니다. 동료에게 가서 무슨 일이 있는지 서너 가지 질문을 해보세요. 또 당신이 도와줄 수 있는 일을 알려주세요.

Hey, are you okay? I saw you fall down. What happened? You stepped in a hole? Someone should put up a marker so no one else falls in. Where does it hurt? Your leg looks pretty swollen. I think you sprained your ankle. Try not to move. Hey, you over there! Would you bring us some bandages and some ice? Thanks. I'm going to take your shoe off and wrap your ankle really tightly with this bandage. Here's an ice pack for your ankle. The ice and the bandage should help with the swelling. Do you want me to call your parents to come and pick you up? I think you should get acupuncture right away. Don't worry. Try to relax.

Key Expressions

sprain (관절을) 삐다, 접질리다
- I can't go bowling this weekend because I **sprained** my wrist.
  저는 손목을 삐었기 때문에 이번 주말에 볼링을 칠 수 없습니다.

get acupuncture 침을 맞다
- You should **get acupuncture** to help with the pain. 당신은 통증을 줄이기 위해 침을 맞는 것이 좋겠습니다.

Idea Flow

서론	본론	결론
넘어진 동료선수 상태 묻기	다친 동료선수 돕기 위한 질문 1. 부상 상태 확인 질문 　• 무슨 일이 있었는지 묻기　• 통증이 있는지 묻기 2. 응급처치하기 　• 응급처치도구 가져달라고 부탁 　• 얼음과 붕대로 처치해 주기 　• 부모님께 연락할지 묻기	제안 : 안심시킴

Translation

야! 괜찮아? 넘어지는 걸 봤는데. 무슨 일이야? 구멍에 발을 헛디뎠어? 누가 좀 주의표시를 해 둬야겠어요. 그래야 또 빠지는 사람이 없죠. 아픈 데가 어디야? 다리가 꽤나 부은 것 같은데. 내 생각엔 네가 발목을 삔 것 같아. 움직이지 마. 저 여기요! 얼음이랑 붕대 좀 가져다 주시겠어요? 감사합니다. 신발을 벗기고 이 붕대로 발목을 꽉 감아 줄게. 여기 발목에 쓸 얼음팩이야. 얼음이랑 붕대가 붓기를 가라 앉혀 줄 거야. 내가 부모님께 전화해서 너를 데려가시게 할까? 내 생각에 당장 침을 맞아야 할 것 같은데. 걱정하지마. 긴장 풀어.

That's the end of the situation. Now, let's talk about drawing. Describe in detail the materials you need to paint or draw pictures.

상황 문제가 끝났습니다. 이제는 그림 그리기에 대해 이야기해 보겠습니다. 당신이 그림을 그리거나 스케치를 할 때 사용하는 재료에 대해 자세하게 설명해 보세요.

I'm very particular about my art supplies. I only buy the highest quality materials. I think it's very important for me to have good tools because I'm an artist. Therefore, I spend a lot of time shopping for art supplies. My studio has everything I need. My easel is where I work on my paintings. I have plenty of good paper and canvas for all my projects. I have several different kinds of paints and a palette to mix them on. I also have a few brushes. They are all different shapes and sizes. I use them to make different effects in my paintings. They were expensive, but I think they were worth it. I also have a colored pencil set. My dad gave it to me for my birthday. The colors are bright and rich. It's my favorite art supply.

 Key Expressions

be particular about ~ ~에 대해 까다롭다
- He's very **particular about** how the food is cooked. 그는 음식이 어떻게 요리되는지에 대해 매우 까다롭습니다.

plenty of ~ 많은
- Don't forget to drink **plenty of** water today! 오늘 물 많이 마시는 것 잊지 마세요!

be worth it ~할 만한 가치가 있다
- It was a long, tiring hike, but the view **was** totally **worth it**.
  아주 오랜 시간에 걸친 힘든 하이킹이었지만, 전망은 그럴만한 충분한 가치가 있었습니다.

 Idea Flow

서론	본론	결론
미술도구 선택 기준 (최고품질)	미술 도구 묘사 1. 사용 중인 미술 도구 (종이, 캔버스, 물감, 팔레트 등) 2. 다양한 도구를 사용하는 목적 • 그림에 다양한 효과를 주기 위해	의견 : 도구들 중 색연필 세트를 가장 좋아함

 **Translation**

저는 미술 도구에 관해서는 아주 까다롭습니다. 최고품질의 재료만 고르거든요. 화가로서 좋은 도구들을 갖는 것은 제게 아주 중요합니다. 그래서 미술 도구를 구입하는데 많은 시간을 보냅니다. 제 작업실에는 제게 필요한 것들이 다 구비되어 있습니다. 그림을 그릴 때는 이젤에서 작업을 하구요. 프로젝트에 필요한 좋은 재질의 종이들과 캔버스가 많이 구비되어 있습니다. 다양한 종류의 물감도 있고 물감을 섞어서 사용할 팔레트도 있습니다. 붓도 꽤 여러 개 있는데 모두 크기와 모양이 다릅니다. 그림에서 다양한 효과를 주는 데 사용합니다. 아주 고가이기는 했지만 그럴만한 가치가 있다고 생각합니다. 저는 또 색연필 세트도 있는데 아빠가 생일선물로 주신 것입니다. 색상이 아주 밝고 선명합니다. 제가 제일 좋아하는 미술 도구입니다.

I want to know how your drawing style has changed over the years. Start by explaining how you first started drawing and describe the changes up to the present.

당신이 그림을 그리는 스타일이 오랜 시간 동안 어떻게 변화되었는지 알고 싶습니다. 어떻게 그림을 그리기 시작했는지부터 현재까지 변화된 내용에 대해 설명해 보세요.

I've been drawing for as long as I can remember. When I was little, I used to carry around a little notepad. I drew pictures in it wherever I went. My dad is also an artist, so I guess I got it from him. My earliest drawings look like scribbles to me. However, my mom won't throw them away. She still keeps them in a scrapbook. When I was in elementary school, I used to draw plants and animals. In high school, I studied Impressionists such as Monet and Renoir. That inspired me to paint more. Back then, I painted a lot of landscapes. I really liked drawing and painting, so I decided to major in Fine Arts. These days, my paintings are more abstract, but I think I've finally found my personal style.

Key Expressions

as long as ~ ~하는 한
- He has loved toy airplanes for **as long as** I can remember.
  제가 기억하는 한, 그는 장난감 비행기를 좋아했습니다.

be inspired to ~ ~하도록 영감을 받다, ~하려는 생각이 들다
- After watching that documentary, I **was inspired to** recycle more.
  그 다큐멘터리를 본 후 저는 재활용을 더 잘 해야겠다는 생각이 들었습니다.

Idea Flow

서론	본론	결론

어렸을 때부터 꾸준히 그림을 그려 왔다고 소개	그림 스타일의 변화를 연대기적으로 서술
	1. 유아기 때
	  • 항상 메모장에 그림을 그림
	  • 엄마가 그림을 스크랩해 놓으심
	2. 초등학교 때 : 식물/동물을 소재로 그림
	3. 고등학교 때
	  • 인상파에 대해서 공부 • 풍경화를 그림
		마무리 : 현재 그림 스타일 (추상화)

Translation

저는 제가 기억하는 한 꾸준히 그림을 그려왔어요. 어릴 적에는 아주 조그마한 노트를 가지고 다녔어요. 어디를 가든지 거기에 그림을 그렸지요. 저희 아빠도 화가신데 아빠한테 물려받은 것 같아요. 처음에 그렸던 그림들은 지금 보면 낙서처럼 보이는데도 엄마는 그 그림들을 버리지 않으시고 스크랩북에 보관해 두세요. 초등학교 때는 식물이나 동물그림을 그리길 좋아했어요. 고등학교에서는 모네나 르느와르 같은 인상주의 화가들을 공부했습니다. 이들의 작품을 보고 영감을 받아 더 열심히 그림을 그렸어요. 그때는 제가 풍경화를 많이 그렸어요. 저는 소묘와 회화를 좋아해서 미술을 전공하기로 했지요. 요즘 제 작품은 좀더 추상적인 분위기인데 이제 드디어 저만의 스타일을 찾았다고 생각해요.

Q07

You answered in the survey that you travel overseas. Tell me about the worst overseas trip you have ever been on. Describe in detail why it was so terrible.

설문조사에 외국 여행을 다닌다고 했습니다. 최악의 외국 여행 경험에 대해 말해 보세요. 왜 최악이었는지 자세하게 설명해 보세요.

My worst overseas trip was my three-day vacation in Bangkok. I went last year with two of my friends. The weather was terrible. It rained very hard on the first night and our guesthouse was flooded. Everything got wet, including my camera and all my clothes. The next day, we moved to another guesthouse. It was a lot more expensive, but at least it was dry. However, that wasn't the end of my problems. That night, I ate Pad Thai noodles from a street vendor. It tasted good, but it gave me food poisoning. I was stuck in bed for two days. I was miserable. My friends explored Bangkok without me. They had a great time. I felt so left out.

Key Expressions

street vendor 노점 상인
- You can buy all kinds of cheap souvenirs from **street vendors**.
  당신은 노점 상인으로부터 갖가지 저렴한 기념품을 살 수 있습니다.

food poisoning 식중독
- The salad I ate last night gave me **food poisoning**. 제가 어젯밤에 먹은 샐러드 때문에 식중독에 걸렸습니다.

be stuck in ~ ~에 갇히다, 막히다
- I **was stuck in** the house all day because it was raining.
  비가 오고 있었기 때문에 저는 하루 종일 집안에 갇혀 있었습니다.

Idea Flow

서론	본론	결론
최악의 외국 여행 소개 (방콕)	최악의 외국 여행 경험 서술 1. 배경 : 방콕 여행 중 폭우를 만남 2. 문제 발생과 결과 　• 물에 잠긴 숙소 → 비싼 숙소로 옮김 　• 식중독 → 침대에 누워 있어야 했음	결과 : 친구들과는 달리 외로웠음

Translation

저의 최악의 여행은 3일간 방콕으로 다녀온 여행입니다. 작년에 두 명의 친구들과 함께 다녀왔는데 날씨도 안 좋았고 특히 첫날 밤에 비가 억수로 내렸어요. 우리가 묵은 게스트하우스는 물에 잠겨서 제 카메라와 옷을 포함해서 모든 게 다 젖어버렸어요. 그래서 다음 날 다른 게스트하우스로 옮겼어요. 값은 훨씬 비쌌지만 최소한 물에 젖지 않고 지낼 수 있었어요. 그렇다고 모든 문제가 다 해결된 건 아니었어요. 그날 밤 노점에서 팟 타이 국수를 사먹었어요. 맛은 좋았는데 식중독에 걸렸 습니다. 그것 때문에 저는 이틀 내내 누워있어야 했는데 너무 비참했어요. 친구들이 저를 놔두고 방콕 시내를 구경하고 다녔고 아주 즐거운 시간을 보냈어요. 저만 빼놓고요.

Q08

I'd like to give you a situation for you to act out. You want to plan an overseas trip with some friends. Call up a travel agency and ask three or four questions about the trip.

상황을 드릴테니 역할 연기를 해보세요. 몇몇 친구들과 외국 여행을 계획하고 있습니다. 여행사에 전화를 걸어 여행과 관련한 서너 가지 질문을 해보세요.

Hello, Acme Travel Agency? I'm planning a two-week trip to Europe with some friends. We want to visit Rome, Venice, Paris, and London. What is the best way to travel around Europe? Is it better to get a rail pass or fly on discount airlines? One of my friends recommended the Eurail pass. Could you give me more information about the prices? Where can I look up train schedules? I'd also like to know about where to stay. How can I find out more about hostels? Finally, all of us are students and we're on a tight budget. What kinds of discounts are available for students? Could you e-mail me this information? My address is yunah90@opic.com. Thank you for your help!

Key Expressions

discount airlines 저가 항공사
- The last time I traveled on a **discount airline**, they lost my suitcase.
  저는 지난 번에 저가 항공사를 통해 여행을 했는데 그 항공사에서 제 가방을 잃어버렸습니다.

look up ~ ~을 찾아보다
- I'll **look up** the directions on the Internet. 제가 인터넷으로 지도를 찾아보겠습니다.

be on a tight budget 예산이 빠듯하다, 돈에 쪼들리다
- After my husband lost his job, we **were on a very tight budget**.
  제 남편이 실직한 이후로 저희는 돈에 쪼들렸습니다.

Idea Flow

서론	본론	결론
여행사에 전화 → 전화용건 (여행 문의)	여행사에 외국 여행에 관해 문의 1. 자신의 여행계획 설명 (원하는 기간, 인원, 여행 장소) 2. 여행관련 문의 • 교통편, 숙박, 학생 할인	마무리 : 문의에 대한 답변을 이메일로 보내줄 것을 요청

Translation

여보세요, 에크미 여행사죠? 친구들이랑 유럽에 2주간 다녀오려고 계획 중인데요. 로마, 베니스, 그리고 파리와 런던에 가보려고요. 유럽여행을 가기에 가장 좋은 방법은 무엇인가요? 열차를 타고 가는 게 나을까요 아니면 저가 항공사를 이용하는 게 나을까요? 제 친구가 유레일 패스를 추천해 주던데요. 가격에 대해 좀 더 알려주시겠어요? 열차 스케줄은 어디서 찾을 수 있나요? 숙소에 관해서도 좀 알고 싶은데요. 호스텔에 관한 정보는 어떻게 얻을 수 있을까요? 마지막으로 저희 모두 학생이고 예산이 빠듯해요. 학생 할인은 어떤 것들이 있을까요? 이 정보들을 제 이메일로 보내주실 수 있나요? 제 메일 주소는 yunah90@opic.com입니다. 도와주셔서 고맙습니다!

Q 09 I'm sorry, but there is a problem I need you to resolve. You planned a trip abroad with four friends, but one of your friends can't make it. However, you need four people for the group discounts. Call up another friend and invite him/her to join you.

유감스럽게도, 해결해야 할 문제가 생겼습니다. 당신은 친구들과 외국 여행을 계획 중입니다. 그런데 친구 중 한 명이 가지 못하게 되었습니다. 하지만 네 명이 가야 그룹 할인을 받을 수 있습니다. 또 다른 친구에게 전화를 걸어 함께 여행가도록 설득해 보세요.

Hi, Hee-soo? It's Yun-ah. How are you? I'm fine. I'm really excited about my trip to Europe. Actually, that's why I'm calling you. Three friends planned this trip with me, but one of them had a soccer accident. She broke her leg and now she can't come. Do you want to come with us instead? I know you've always wanted to travel to Europe. It'll be fun! We'll spend two weeks there. The plan is to see Rome, Venice, Paris, and London. We might also visit Munich, but I need to check the train schedules again. Right now, there's a special group price on plane tickets and hotel rooms. This is a great deal! Let me know if you're coming. I want to buy the tickets soon!

Key Expressions

check the schedule 시간표를 확인하다
- I need to **check** the bus **schedule** to find out when it leaves.
  저는 버스가 언제 출발할 지 버스 시간표를 확인해야 합니다.

great deal 끝내주는
- I got a free printer when I bought this laptop. What a **great deal**!
  이 노트북 살 때 프린터를 덤으로 받았어. 끝내주지!

Idea Flow

서론	본론	결론
친구에게 전화하기 → 친구 안부 묻기 → 전화 용건	친구에게 해외 여행 동행 권유 1. 여행을 권유하게 된 경위 • 여행 멤버가 사고로 불참 • 친구가 여행에 관심이 있었음을 알고 전화 2. 여행일정 소개 • 기간, 방문할 곳 • 저렴한 여행	희망 : 답변을 부탁 (티켓을 곧 사야 함)

Translation

여보세요, 희수니? 나 윤아인데 별 일 없지? 괜찮아. 나는 유럽 여행을 갈 생각하니 아주 신이나. 근데 사실 그것 때문에 전화했는데 말이지. 나랑 세 명이 이번 여행 가려고 계획했는데 그 중 한 명이 축구 하다가 다쳐버렸어. 다리가 부러져서 여행을 못 간데. 혹시 네가 대신 갈 수 있겠니? 예전부터 유럽여행하고 싶어했잖아? 아주 재미있을 거야! 2주 동안 다녀 올 계획인데 로마와 베니스, 파리, 런던에 갈 거야. 뮌헨에도 갈까 하는데 열차 시간표를 다시 확인 좀 해야 해. 지금 단체로 가면 항공료랑 호텔 숙박비 모두 특별 할인 받을 수 있어. 끝내주지! 갈 수 있으면 나한테 알려줘. 곧 티켓을 사두려고 하거든!

In the survey, you said that you ride a bike. Describe your favorite bike trail. Where is it? What's it like? Please give me a description of the place.

설문조사에서 자전거를 탄다고 대답했네요. 당신이 제일 좋아하는 자전거 도로에 대해 설명해 보세요. 어디에 있나요? 어떻게 생겼나요? 자세하게 설명해 보세요.

My favorite bike trail is in Yeouido. Yeouido is an island on the Han River in Seoul. The paved trail goes all the way around the island. It's a beautiful ride. I can see the river, three parks, and Seoul's skyline. I can also see the National Assembly building and the 63 Building. I usually bring my own bike, but people can also rent bikes there. Many people of all ages go there to exercise. It's especially beautiful when the cherry blossoms are blooming. They bloom in the springtime and the island is full of light pink blossoms. I like to see the cherry blossoms at night. I like this trail because it combines nature with the city.

 Key Expressions

paved trail 포장된 길
- The park has many **paved trails** for walking or biking.
  그 공원에는 걷거나 자전거를 탈 수 있도록 포장된 길이 많습니다.

of all ages 모든 연령의
- People **of all ages** love this museum because it has really cool airplanes.
  사람들은 이 박물관이 아주 멋진 항공기들을 보유하고 있기 때문에 모든 연령을 불문하고 이 박물관을 좋아합니다.

combine A with B A와 B를 엮다/섞다
- I love this movie because it **combines** action **with** romance.
  저는 이 영화가 액션과 로맨스가 모두 섞여 나와서 좋아합니다.

 **Idea Flow**

서론	본론	결론
좋아하는 자전거 도로 소개 (여의도)	좋아하는 자전거 도로 묘사 1. 주변 묘사 (자연경관 및 빌딩 묘사) 2. 활동묘사 (자전거 타기, 운동하기) 3. 가장 아름다운 시기 (벚꽃 필 때)	장점 : 자연과 도시가 조화를 이룸

 **Translation**

제가 제일 좋아하는 자전거 도로는 여의도에 있습니다. 여의도는 서울 한강에 있는 섬입니다. 포장된 도로가 섬 전체를 두르고 있어 아름다운 경관을 볼 수 있는 도로입니다. 자전거를 타고 가면서 강도 볼 수 있고, 3개의 공원과 서울의 스카이라인을 볼 수도 있습니다. 또 국회의사당과 63빌딩도 볼 수 있습니다. 저는 보통 제 자전거를 가지고 가는데 자전거를 대여할 수도 있습니다. 모든 연령의 사람들이 운동하러 많이 옵니다. 벚꽃이 피는 기간에는 특히 아름답습니다. 벚꽃은 봄에 만발하는데 그러면 섬 전체가 연분홍색으로 물듭니다. 저는 주로 밤에 벚꽃보기를 좋아합니다. 저는 이 자전거 도로가 도시와 그 안의 자연을 엮어 주어서 좋아합니다.

I'm a novice biker and I want to buy a bike. Please give me some tips on how to choose a bike.
저는 자전거 초보자인데 자전거를 사길 원합니다. 자전거를 고르는 법에 대해 몇 가지 유용한 정보를 알려주세요.

I'm not an expert on bicycles, but here are some tips on choosing a bike. First, you need to know if you want a road bike or a mountain bike. Road bikes are faster, but they can only ride on smooth, paved roads. Mountain bikes have thicker tires and better traction for riding on trails. Second, search for different bikes online and read bikers' blogs. They have a lot of information about choosing bikes. I'll show you my favorite blogs. Finally, go to bike stores and try out the bikes. Find a bike that feels comfortable for you. Ask the salesperson for advice. There's a mall near my house with many bike shops. That's where I bought my bike. I can show you where it is.

Key Expressions

traction 마찰력
- These tires are more expensive, but they have great **traction**.
  이 타이어는 가격이 더 비싸지만 땅과의 마찰력이 좋습니다.

try out 시험해 보다
- You should **try out** many different cars before you buy one.
  당신은 차를 사기 전에 가능한 많은 종류의 차들을 타봐야 할 것입니다.

ask ~ for advice ~에게 조언을 구하다
- When I wanted to buy a house, I **asked** my uncle **for advice**.
  집을 사려고 했을 때 저는 삼촌에게 조언을 구했습니다.

Idea Flow

서론	본론	결론
Eva에게 자전거 고르는 방법에 대한 조언해 주기로 함	Eva에게 자선서 고르는 방법 설명 1. 자전거 종류 결정하기 (도로용 자전거 or 산악 자전거) 2. 정보 수집 (온라인 검색) 3. 직접 타 보고 조언 듣기	제안 : 자전거 전문점에 함께 동반해 주기로 함

제가 자전거 관련 전문가는 아니지만 자전거를 고르는데 몇 가지 정보를 알려드리겠습니다. 우선 도로용 자전거를 원하는지 아니면 산악 자전거를 원하는지를 결정해야 합니다. 도로용 자전거는 더 빠르지만 평평한 포장도로에서만 탈 수 있습니다. 산악 자전거는 타이어가 더 두껍고 산길에서 탈 때 땅과의 마찰력이 더 좋습니다. 둘째로는 인터넷에서 다양한 자전거를 살펴보고 자전거를 좋아하는 사람들의 블로그에도 들어가 봐야 합니다. 자전거를 고르는데 좋은 정보를 많이 얻을 수 있거든요. 제가 잘 가는 몇몇 블로그를 알려 드릴게요. 마지막으로 자전거 전문점에 가서 직접 타봐야 합니다. 자신에게 편한 자전거를 골라야 하고요. 점원에게도 조언을 구하세요. 저희 집 근처 쇼핑몰에 자전거 전문점이 여러 개 있습니다. 저도 그곳에서 자전거를 샀어요. 어디인지 알려 드릴께요.

I'd like to know about different types of housing in your country. Choose two different types and compare them.

당신 나라의 다양한 종류의 주거 형태에 대해 알고 싶습니다. 두 가지 주거형태를 골라 비교해서 설명해 보세요.

I'm going to talk about two types of housing in Korea, single-family houses and apartments. Single-family houses aren't connected to other buildings. Only one family lives in each one. Apartments are large buildings with many floors. Many people live in each building. They are the most popular type of housing in Korea. You can see many tall apartment buildings everywhere. They are convenient because they often have facilities, like a sauna or gym. They also have an underground parking lot. In contrast, single-family houses don't have any facilities or much parking space. Instead, they have more space for gardens or barbecue parties. Finally, apartment complexes have security guards. Houses don't have security guards, but they do offer more privacy. Each type of housing has its own advantages and disadvantages.

Key Expressions

single-family house 단독주택
- When I was younger, I lived in a **single-family house**. 제가 어릴 적에는 단독주택에서 살았습니다.

be connected to ~ ~에 연결되다
- The sauna **is connected to** the gym. 그 사우나는 체육관에 연결되어 있습니다.

Idea Flow

서론	본론	결론
한국 주거 형태 소개하기 (단독 주택과 아파트)	단독주택과 아파트 비교 1. 형태 • 단독주택 : 독립된 건물, 한 가정 거주 • 아파트 : 여러 층이 있고, 다세대 거주 2. 시설물 • 단독주택 : 정원, 마당 • 아파트 : 주차장, 사우나 등 편의 시설 3. 보안 • 단독주택 : 보안이 취약함 • 아파트 : 보안이 우수함	의견 : 각 주거형태는 장단점이 있음

한국의 주거형태 중 단독주택과 아파트 이렇게 두 가지 형태에 대해 소개해 드리겠습니다. 단독주택은 다른 빌딩과 연결되어 있지 않고 한 가정만이 거주하는 집입니다. 아파트는 여러 층으로 구성된 아주 큰 건물이며 각각의 건물에 많은 사람들이 거주합니다. 한국에서는 아파트가 가장 널리 알려진 주거 형태입니다. 어디에 가든 높이 솟은 아파트 건물들을 많이 볼 수 있습니다. 아파트에는 사우나 또는 헬스장 같은 편의시설이 있기도 하며, 지하 주차장도 함께 있어 편리합니다. 그에 반해 단독주택은 편의시설도 없고 주차공간도 별로 없습니다. 대신 넓은 정원과 바베큐 파티를 할 공간이 있습니다. 마지막으로 아파트 단지에는 경비원들이 근무합니다. 단독주택은 경비원이 없지만 좀 더 사생활이 보장되는 곳입니다. 각 주거 형태는 각자의 장점과 단점이 있습니다.

I'd like to know about the seasons in your country. Describe in detail the characteristics of each season.
당신 나라의 계절에 대해 알고 싶습니다. 각 계절의 특성에 대해 자세하게 설명해 보세요.

There are four seasons in Korea. Spring lasts from March to May. The weather is warm and the plants start blooming. You can see pink, yellow, and white flowers everywhere. Summer is from June to August. It has two parts: a rainy part and a hot, humid part. The rainy season happens in June and July and it rains a lot. Sometimes it even floods. After that, it stops raining. The weather gets very hot and humid. We go to water parks and beaches to cool off. In September, autumn begins. It's harvest time, so that's when we celebrate Chuseok. The air becomes cool and all the leaves change colors. Finally, winter is from December to February. Winter is very dry and cold. It always snows, and the rivers freeze. I love watching the seasons change!

Key Expressions

last from A to B A부터 B까지 지속되다
- In America, the school year **lasts from** September **to** May.
  미국에서는 한 학기는 9월부터 5월까지 지속됩니다.

as well ~도 역시
- In addition to coffee and bread, they serve ice cream **as well**.
  그들은 커피와 빵 뿐만 아니라 아이스크림도 제공해 줍니다.

Idea Flow

서론	본론	결론
한국은 사계절이 있음을 알림	사계절 묘사 (기간, 날씨, 특징, 활동) 1. 봄 (3~5월, 개화기) 2. 여름 (6~8월, 건기와 우기) 3. 가을 (9월 시작, 추수기, 추석) 4. 겨울 (12~2월, 춥고 눈)	의견 : 계절의 변화를 볼 수 있어 좋음

Translation

한국은 사계절이 있는 나라입니다. 3월부터 5월까지 봄인데 따뜻한 날씨에 초목이 피어나는 계절입니다. 분홍색, 노란색, 그리고 흰색의 꽃들을 어디서나 볼 수 있습니다. 여름은 6월부터 8월까지이며 장마철과 무덥고 습한 기간으로 나눌 수 있습니다. 장마철은 주로 6월과 7월이며 이 기간 동안 많은 비가 내립니다. 이따금 홍수가 나기도 합니다. 장마철 뒤에는 비가 그칩니다. 그리고 나서는 날씨가 아주 뜨겁고 습해져서 워터파크나 바닷가에 놀러 가서 더위를 식히기도 합니다. 9월부터 가을입니다. 가을은 수확의 계절이며 추석명절이 있습니다. 공기가 선선해지고 나뭇잎들의 색이 변합니다. 마지막으로 겨울은 12월부터 2월까지입니다. 겨울은 아주 건조하고 추운 날씨가 계속됩니다. 항상 눈이 내리고 강이 얼기도 합니다. 저는 계절이 변화하는 것을 보는 것이 좋습니다!

Tell me about your favorite season. Why do you like that season? What do you do at that time? Tell me all the details.

당신이 제일 좋아하는 계절에 대해 이야기해 보세요. 왜 그 계절을 좋아하나요? 그 계절에 어떤 일을 하나요? 자세하게 말해 보세요.

My favorite season is spring. I like it because the plants come back to life after a long, cold winter. I love the bright green leaves and the colorful flowers. It makes the city look alive. The days start getting longer and brighter. That makes me happy. Another reason I like spring is because I can pack away my heavy winter clothes. I get so excited wearing all the beautiful spring fashions. I also like spring because my birthday is in April. During springtime, I try to spend a lot of time outside. I ride my bike, travel, and have picnics with my friends. We especially like to have picnics in the park. Spring is such a happy time.

Key Expressions

come back to life 소생하다, 되살아 나다
- All the plants **come back to life** in the springtime. 모든 초목은 봄이 되면 다시 소생합니다.

pack away 집어 넣다, 치우다
- I **packed away** my winter coats today. 저는 오늘 겨울 코트들을 정리해서 치워버렸습니다.

have a picnic 소풍 가다, 피크닉가다
- It's such a beautiful day. We should **have a picnic**. 너무 아름다운 날입니다. 이런 날에는 소풍을 가야지요.

Idea Flow

서론	본론	결론
좋아하는 계절 소개 (봄)	좋아하는 계절 묘사 1. 봄을 좋아하는 이유 • 만물이 소생 • 가벼운 옷을 입을 수 있음 • 자신의 생일이 있음 2. 봄에 하는 활동 • 야외활동 즐김	의견 : 봄은 행복한 계절

Translation

제가 제일 좋아하는 계절은 봄입니다. 기나긴 추운 겨울 동안 잠들었던 초목이 깨어나는 시기라 좋아합니다. 피어나는 초록빛 잎사귀와 다채로운 색상의 꽃들도 아름다워 좋습니다. 그로 인해 도시도 활기가 돌기 시작합니다. 낮은 점점 더 길어지고 밝아지면서 기분도 더 좋아집니다. 제가 봄을 좋아하는 또 다른 이유는 무겁고 답답한 겨울 옷가지를 이제 치울 수 있어서 입니다. 예쁜 봄옷을 입을 것을 생각하면 무척 설렙니다. 제가 봄을 좋아하는 이유 중 하나는 제 생일이 4월이기 때문이기도 합니다. 봄에는 밖에서 많은 활동들을 하려고 노력합니다. 자전거도 타고, 여행도 다니고, 친구들과 소풍도 갑니다. 특히 공원으로 소풍가는 것이 좋습니다. 봄은 정말 행복한 계절입니다.

How has the weather changed over the years in your country? What do you think causes climate change? How has it affected people's lives?

당신 나라에 지난 몇 년간 날씨가 어떻게 변했나요? 기후 변화의 원인이 무엇이라고 생각하나요? 그리고 어떻게 사람들의 삶에 영향을 주었나요?

In Korea, the climate has changed a lot. I think the weather has become more extreme. Now, the summers are hotter with more rain, but the winters are colder with more snow. When I was a kid, it wasn't like this. Last winter was the coldest winter in 10 years. It was below freezing for over a month. And this summer, we had record amounts of rain. There was flooding in Seoul. I think humans cause extreme weather by polluting the atmosphere. All our cities, cars, and factories make lots of pollution. These days, we also use more energy on heating and air conditioning because of the extreme weather. That causes more pollution and makes the climate change even more. If we can't stop this cycle, people's lives are going to get worse.

 Key Expressions

become extreme 극단적이 되다
- The temperatures have **become** more **extreme** over the years.
  지난 몇 년 동안 기온이 극단적으로 변했습니다.

below freezing 영하의
- I had to wear two sweaters because it was **below freezing** today.
  오늘 날씨가 영하로 떨어졌기 때문에 저는 스웨터를 두 개 입어야 했습니다.

 **Idea Flow**

서론	본론	결론
기후변화를 알림 (양극화)	기후 양극화의 원인과 결과 서술 1. 기후의 양극화 • 여름은 더 더워지고 비가 많이 옴 • 겨울은 더 추워지고 눈이 많이 옴 2. 양극화의 원인 (대기오염) 3. 양극화의 결과 : 기후변화의 악순환 (에너지 소비 증가 → 대기 오염 → 기후 양극화 가속)	의견 : 악순환이 계속된다면 삶이 더 힘들어 질것임

 **Translation**

한국의 기후는 많은 변화를 겪었습니다. 제 생각에는 날씨가 좀더 양극화되는 것 같습니다. 이제 여름이 더 뜨겁고 비도 더 많이 내리고, 겨울은 더 추워지고 더 많은 눈이 내립니다. 제가 어렸을 때는 이렇지 않았는데 말이죠. 작년 겨울은 지난 10년간 가장 추웠다고 합니다. 한 달 이상 영하의 기온이 지속되었습니다. 그리고 이번 여름에는 기록적인 양의 비가 내렸습니다. 서울에는 홍수가 나기도 했습니다. 아마도 인간이 환경을 오염시키면서 극한의 날씨를 초래한 것 같습니다. 모든 도시들과 자동차, 그리고 공장에서 많은 오염물질을 방출합니다. 이러한 극한의 날씨로 인해 사람들은 냉방과 난방을 위해 더 많은 에너지를 사용합니다. 이를 통해 더 많은 오염물질이 발생하고 더 심한 기후 변화를 야기합니다. 이러한 순환의 고리를 끊지 못하면 인간의 삶은 점점 더 힘들어지게 될 것입니다.

TEST 7

Oral Proficiency Interview-computer

1 | 자기소개
2 | 여가활동–쇼핑(1)
3 | 여가활동–쇼핑(2)
4 | 취미, 관심사–애완동물 기르기(1)
5 | 취미, 관심사–애완동물 기르기(2)
6 | 여가활동–시험 대비 과정 수강하기(1)
7 | 여가활동–시험 대비 과정 수강하기(2)
8 | 여가활동–시험 대비 과정 수강하기(3)
9 | 운동–농구(1)
10 | 운동–농구(2)
11 | 기타–경찰(1)
12 | 기타–경찰(2)
13 | 기타–경찰(3)
14 | 여가활동–클럽(1)
15 | 여가활동–클럽(2)

Q 01 Let's start the interview now. Tell me about yourself and what you want to do in the future.

인터뷰를 시작하겠습니다. 자신과 장래에 하고 싶은 일을 말해 보세요.

Hello, my name is Chun-hee Lee. I am a 22-year-old university student. I live with my parents and younger sister in Nowon, Seoul. My hobbies include hiking, playing basketball, and going clubbing with my friends. However, I'm really busy these days so I don't get to go out much. This is my sophomore year at the university. I'm majoring in civil engineering. I really enjoy it. I've always been interested in construction and roads. Someday I want to design earthquake-proof bridges. I think it's important to be ready for anything. My aunt lives in Japan and we were very worried about her when the earthquake hit. She was okay because her apartment building was built to withstand earthquakes. It inspired me to study harder. I want to help Korea prepare for any earthquake.

Key Expressions

major in ~ ~을 전공하다
- He's **majoring in** piano performance. 그는 피아노 전공입니다.

withstand 견디어 내다, 버티다
- The beach houses were built to **withstand** floods. 그 해변의 별장은 홍수를 견디도록 지어졌습니다.

Idea Flow

서론
기본 인적 사항 소개
(이름, 나이, 신분)

본론
자기소개
1. 가족과 사는 곳 소개
   - 부모님/서울 노원구
2. 취미 (하이킹, 농구하기, 클럽 가기)
3. 전공과 장래 희망
   - 토목공학/내진 설계된 다리 건설 희망
   - 일본 지진에도 안전한 이모를 보고 열심히 공부하겠다고 다짐

결론
마무리 : 한국이 지진을 대비하는데 돕기 원함

Translation

안녕하세요 저는 이천희입니다. 스물 두 살이고 대학생입니다. 저는 부모님과 여동생과 함께 서울 노원구에 살고 있습니다. 제 취미는 하이킹과 농구이고, 친구들과 클럽에 가는 것입니다. 하지만 요즘에 너무 바빠서 못 가고 있어요. 저는 현재 2학년이고 토목공학을 전공하고 있는데 공부가 정말 즐겁습니다. 저는 늘 건축과 도로에 대해 많은 관심을 가져왔습니다. 언젠가 지진에도 끄떡없는 다리를 설계하고 싶습니다. 무엇이든지 항상 준비되어 있는 것이 중요하다고 생각합니다. 저희 이모가 일본에 살고 계시는데 지난번 지진이 왔을 때 가족 모두가 이모를 걱정했습니다. 이모가 사시는 아파트는 지진에 견디도록 설계되었기 때문에 무사하셨습니다. 이 일을 통해 공부를 좀 더 열심히 하게 되었고 한국이 지진에 대비하는데 일조하고 싶습니다.

Q 02 Let's talk about shopping. Which kind of shopping do you do more, online shopping or going to the stores? Why? Explain your reasons in detail.
쇼핑에 대해 이야기해 보겠습니다. 온라인 쇼핑 아니면 직접 상점에 가는 것 중 어떤 쇼핑을 더 많이 하나요? 이유를 자세히 설명해 보세요.

I shop online much more often than going to stores. Some people like walking from store to store to look for things. I don't! I think going shopping is a waste of time. When I shop, I want to quickly find the best price, buy the item, and then go home. Online shopping makes that process so much faster! I can shop online 24 hours a day. It's easy for me to find the best price with web searches. All of my favorite shopping websites are only a click away. Also, they deliver items to my door. It only takes a couple days for my purchases to arrive. Getting packages in the mail is the best feeling ever! I love online shopping.

Key Expressions

from store to store 상점마다
- I went **from store to store** looking for a gift for my family.
  저는 가족에게 줄 선물을 찾아 상점마다 다 돌아다녔습니다.

a waste of time 시간 낭비
- That book is **a waste of time** because it talks about silly things.
  그 책은 정말 말도 안되는 이야기들을 하기 때문에 시간 낭비입니다.

find the best price 최저 가격을 찾다
- I always want to **find the best price** at the market. 저는 항상 시장에서 최저 가격을 찾으려고 합니다.

Idea Flow

서론	본론	결론
온라인 쇼핑을 선호함	온라인 쇼핑을 선호하는 이유 설명 1. 시간절약 2. 시간 제약 없음 (24시간 운영) 3. 편리성 (가격 비교 용이, 배달서비스) 4. 가장 큰 장점 (앉아서 쇼핑)	의견 : 온라인 쇼핑을 선호함

Translation

저는 상점에 직접 가는 것보다 온라인 쇼핑을 더 많이 합니다. 상점마다 다니며 물건을 고르는 것을 좋아하는 사람도 있지만 저는 싫어합니다. 제가 보기에는 시간 낭비인 것 같아요. 저는 쇼핑할 때 빨리 최저 가격을 찾아 물건을 구매해서 집으로 돌아오기를 원합니다. 온라인 쇼핑을 통해 이러한 과정을 훨씬 더 빨리 할 수 있어요! 하루 24시간 쇼핑이 가능하죠. 그리고 온라인에서는 가장 좋은 가격에 대한 정보를 쉽게 찾을 수 있어요. 제가 좋아하는 쇼핑 사이트들을 그저 클릭만 하면 볼 수 있거든요. 또 인터넷에서 구매하면 바로 집으로 배달까지 되요. 구매한 물건이 도착하는데 2-3일 걸립니다. 배달된 물건을 받는 기분은 최고입니다! 그래서 저는 온라인 쇼핑을 좋아합니다.

I'd like to give you a situation and have you act it out. You just received an item that you purchased online. However, part of it is broken. Call customer service and ask three or four questions about what you need to do.

상황을 드릴테니 역할 연기를 해보세요. 당신은 조금 전에 인터넷에서 구매한 물품을 받았습니다. 그런데 일부가 고장입니다. 고객서비스 센터에 전화를 걸어 어떻게 해야 하는지에 대해 서너 가지 질문을 해보세요.

Hello, is this customer service? This is Chun-hee Lee. I have a problem with my computer speakers. I bought them from your website last week. I received them today. However, when I tested them out, one of the speakers didn't work. I tried everything, but I can't hear anything from it. I notice that the wires look a little damaged. What is your return policy? You'll send me a new one? That's great. So once I get the new speakers, I'll put the old ones in the same box and send them back to you. When you send the new speakers, could you also change the color to green? Thanks. Do you still have my address, or should I give it to you again? Will it take a long time? Thank you for your help.

Key Expressions

look damaged 파손된 듯 보이다
- My car **looks damaged**, but it still runs fairly well. 제 차가 파손된 것 같이 보이지만 비교적 잘 달립니다.

return policy 반품 규정
- I like shopping at this store because it has a good **return policy**.
  이 상점은 반품 규정이 좋기 때문에 이곳에서 쇼핑하는 것을 좋아합니다.

Idea Flow

서론	본론	결론
고객서비스 센터에 전화하기 → 전화 용건 (컴퓨터 스피커 문제)	불량 컴퓨터 스피커에 대해 묻기 1. 구매 물품에 대한 기본 정보 제공 • 구매 품목과 시기 • 문제점 (스피커 소리가 나지 않음) 2. 해결방법 질문 • 새 물품으로 교환 가능 여부 질문 • 반송할 주소에 대한 질문 • 반송기간 질문	감사 : 도움에 대한 감사 표시

Translation

여보세요, 고객 서비스 센터인가요? 저는 이천희라고 하는데요. 제 컴퓨터 스피커에 문제가 있어요. 지난 주에 웹사이트에서 샀는데 오늘 받았어요. 그런데, 스피커를 테스트해보니, 하나가 작동이 안되네요. 이것 저것 다 해봤는데 소리가 나지 않아요. 배선이 약간 손상된 것 같아요. 반품 규정이 어떻게 되나요? 새것으로 보내 주시게요? 잘 됐네요. 제가 스피커를 새로 받으면, 그 상자에 이전 스피커를 넣어서 보내드릴게요. 그리고, 새 스피커를 보내주실 때, 녹색으로 바꿔서 보내주실 수 있나요? 감사합니다. 제 주소 아직 가지고 계시죠 아니면 다시 알려드릴까요? 시간은 오래 걸릴까요? 도와주셔서 고맙습니다.

Q 04 You indicated in the survey that you have a pet. What kind of animal is it? How do you take care of it? Tell me about it in detail.
설문조사에 애완동물을 키운다고 표시했습니다. 어떤 동물을 키우나요? 어떻게 돌보나요? 자세히 설명해 보세요.

I have an eight-year-old dog named Ha-yang. She is a beautiful white Jindo dog. I begged my mom for a dog for a very long time. She finally let me have a dog if I promised to take care of her. I have to feed her twice a day and make sure she has enough water. I brush her coat and take her for a walk once a day. Most of the time, we walk around my apartment complex. If it's a really nice day, we go to the park. She can run around the whole day. She has a lot of energy! I have to give her a bath and brush her teeth twice a month. It's a lot of work, but I think it's worth it. She's my best friend. I have many good memories with her.

 Key Expressions

feed ~ twice a day ~에게 하루 두 번 먹이를 주다
- I have to **feed** my cat **twice a day**. 저는 고양이에게 하루에 두 번 먹이를 주어야 합니다.

take ~ for a walk ~를 산책 시키다
- Can you **take** the dog **for a walk** today? 당신은 오늘 개를 산책시킬 수 있나요?

give a bath 목욕시키다
- I always get wet when I **give** my dog **a bath**. 저는 저희 개를 목욕시킬 때 항상 젖습니다.

 **Idea Flow**

서론	본론	결론
기르는 애완동물 소개 (나이, 이름, 종류)	애완동물 소개 및 기르는 법 설명 1. 애완견을 기르게 된 배경 • 엄마에게 조름, 잘 기를 것을 약속함 2. 애완견 기르는 방법 (먹이 주기, 산책/목욕시키기 등)	의견 : 애완견과의 좋은 추억

Translation

저는 여덟 살짜리 하양이라는 강아지를 키웁니다. 예쁜 흰색 암컷 진돗개입니다. 엄마한테 강아지를 사달라고 아주 오랫동안 졸랐어요. 결국 제가 강아지를 잘 돌보겠다는 약속을 하고 한 마리 사주셨어요. 하루에 두 번 먹이를 챙겨주고 물도 충분히 줍니다. 털도 잘 빗겨주고 하루에 한 번 산책도 시킵니다. 대부분 시간 동안 아파트 단지를 돌기도 하는데요. 날씨가 아주 좋으면 공원으로 가기도 해요. 온종일 뛰어다닐 수 있을 만큼 하양이는 에너지가 넘치죠. 한 달에 두 번씩 제가 목욕도 시켜주고 양치질도 해주는데 힘은 들지만 보람은 있어요. 하양이는 제 가장 좋은 친구거든요. 저는 하양이와 좋은 추억을 많이 가지고 있어요.

Q 05 Let's talk about something memorable that happened with your pet. Tell me in detail.
당신의 애완동물과 있었던 기억할 만한 추억에 대해 이야기해 보겠습니다. 자세히 말해 보세요.

One day, I had to make a presentation about American culture for my English class. I wanted to talk about American food. I decided to bring fried chicken from my favorite American restaurant. I bought the chicken and left it on the coffee table. It smelled so good. Then, I went to my room to get ready for class. Suddenly, I heard a loud crash in the living room. Ha-yang had knocked over the table. She was happily eating my chicken off the floor! It was too late to buy more, so I had to go to class empty-handed. I told my teacher that my dog ate my homework. Everyone laughed at the story, and my teacher didn't believe me!

Key Expressions

make a presentation 발표하다
- I have to **make a presentation** for history class. 저는 역사수업시간에 발표해야 합니다.

loud crash 큰/요란한 소리
- The tree fell with a **loud crash**. 그 나무는 큰 소리를 내며 쓰러졌습니다.

knock over ~ ~을 쳐서 넘어뜨리다
- I felt terrible after I **knocked over** an expensive vase.
  저는 비싼 꽃병을 쳐서 넘어뜨린 뒤에 당황했습니다.

Idea Flow

서론
영어 시간에 미국 문화에 대한 발표 (미국 음식 소개)

본론
애완동물에 대한 경험 설명
1. 배경 : 미국 음식 중 프라이드 치킨 선택/구입
2. 사건 발생
   - 애완견이 치킨을 먹음
   - 수업에 치킨을 가져가지 못함
3. 사건 해결 : 교사에게 해명

결론
결과 : 교사가 믿지 않음

Translation

어느 날 제 영어 수업시간에 미국의 문화에 대한 발표를 해야 했습니다. 저는 미국의 음식에 대해 소개하려고 했어요. 그래서 제가 제일 좋아하는 미국 식당에서 프라이드 치킨을 사가기로 했죠. 제가 치킨을 사서 탁자 위에 놔두었는데 냄새가 좋더라구요. 그리고 수업 준비하느라 제 방에 들어갔어요. 갑자기 거실에서 큰 소리가 들려서 가봤더니 하양이가 탁자를 넘어뜨렸던 거에요. 그리고 바닥에 떨어진 치킨을 행복하게 뜯어먹고 있지 뭐예요. 다시 살 시간이 없어서 그냥 빈손으로 수업에 가야 했어요. 그리고는 선생님께 저희 강아지가 제 과제물을 먹어버렸다고 말씀 드렸어요. 제 이야기에 반 친구들이 모두 웃음을 터뜨렸고 선생님은 제 이야기를 믿지 않으셨어요.

Q06 You indicated in the survey that you are taking a test preparation course. What course is it? Where are you taking it? What do the building and classroom look like? Describe them in detail.

설문지에 시험대비과목을 수강한다고 하였습니다. 어떤 과목을 수강합니까? 어디서 수강합니까? 건물과 교실은 어떻게 생겼습니까? 자세히 설명해 보세요.

These days, I am preparing to take an OPIc test. I need an OPIc certificate to get a job. I want to work for Samsung, and to work there, it is required that I get at least an Intermediate 3 certificate. Thus, I am taking a course at Credu Language Institute. It is near the City Hall subway station. It's a convenient five-minute walk from the station. The institute is in a ten-story building. The outer walls of the building are covered with white marble, so it stands out among the other buildings. My classroom is on the fifth floor and it's a little small, but the space is good enough for 10 students to study. The teacher is kind and intelligent. Her presence makes the room seem bigger than it actually is. I really like studying there. My class meets three times a week. I think it's very helpful for me because I recognize the improvement in my speaking ability week after week.

Key Expressions

It is required that ~ ~이 필요하다.
- **It is required that** you have 150 credit hours to get the certificate.
  그 자격증을 따기 위해서 150 학점을 이수해야 합니다.

be covered with ~ ~로 덮여있다.
- The mountain **is covered with** snow. 산이 눈으로 뒤덮여 있습니다.

stands out 돋보이다.
- She **stands out** among her friends. 그녀는 친구들 사이에서 돋보입니다.

Idea Flow

서론
수강하는 과목을 언급하고 이유를 알림 (삼성에서 일하고 싶음)

본론
수강과목 및 장소 설명
1. 수강하는 장소 설명 (학원 이름, 위치)
2. 건물 외관 설명 (흰 대리석)
3. 교실 설명 (위치, 내부)
4. 부가 설명 (선생님, 수업일수)

결론
의견 : 학원 수업이 영어 실력 향상에 도움이 됨

Translation

요즘에 저는 오픽 수업을 수강합니다. 직업을 구하기 위해서 오픽점수가 필요합니다. 삼성에 입사하고 싶은데 그러기 위해 적어도 IM3 등급이 필요합니다. 그래서 크레듀 어학원에서 그 과정을 수강합니다. 어학원은 시청역 근처에 있고 편하게도 역에서 걸어서 5분 정도 걸립니다. 어학원은 10층짜리 빌딩에 있는데, 건물의 외관벽은 하얀색 대리석으로 되어 있기 때문에 다른 건물들 중에서도 눈에 띕니다. 제 교실은 5층에 있는데, 조금 작지만 10명의 학생이 공부하기에는 충분히 좋습니다. 선생님도 친절하시고 지적이시기 때문에 그분의 존재가 교실을 더 커 보이게 합니다. 그래서 여기서 공부하는 것이 좋습니다. 저는 일주일에 세 번 수업을 듣는데, 저에게 정말 많은 도움이 됩니다. 왜냐하면 매주 말하기 실력이 향상되는 것을 깨닫기 때문입니다.

Q 07 I'd like to know what you do when you take the class. How do you usually get to the institute? What are you required to do in the course? What do you do before and after class?
수업을 받는날 무엇을 하는지 알고 싶습니다. 어떻게 학원까지 갑니까? 그 과정을 들을 때 주로 무엇을 합니까? 수업 전과 후에는 무엇을 합니까?

I live near Shinchon subway station, so whenever I go to the institute, I usually take subway line number 2. It's only a 12-minute ride to City Hall subway station. When I get off the subway I take exit 1, and I walk straight ahead for about 5 minutes. The institute is there on the right. It's easy to find. Every day our teacher gives us an assignment. We have to practice English conversation on a given topic for the day. Then, we have to talk about it in front of our classmates. The teacher evaluates us as we speak. After checking our assignment, she gives a lecture on the day's topic. Afterwards, we repeat words and sentences after her to improve our pronunciation and speech patterns. After that, we give free answers to whatever questions the teacher asks. It's hard, especially for first-timers, but as time goes by it becomes easier as our English improves. After class, I usually go to school. These days, however, my classmates and I have gotten closer, so we sometimes go to a coffee shop near the institute. We practice more English there together. It's very helpful and fun.

Key Expressions

get off 하차하다
- At what stop do we **get off**? 어느 역에서 내려야 하나요?

evaluate ~ ~를 평가하다
- I'll **evaluate** your grade by group. 성적은 그룹별로 평가하겠습니다.

as time goes by 시간이 지날수록
- We will learn more **as time goes by**. 시간이 지남에 따라 우리는 더 많은 것을 배울 것입니다.

Idea Flow

서론	본론	결론
본인의 집 위치와 교통수단을 언급함	학원 가는날의 일과 1. 가는 방법 설명 (환승역, 총 시간) 2. 학원 공부 순서 (숙제검사, 수업설명) 3. 좋은 점 (발음 향상, 쉬워짐)	의견 : 학원 수업으로 친구도 사귀고 실력도 늘게됨

Translation

저는 신촌역 근처 신촌에 삽니다. 그래서 제가 학원 갈 때마다 저는 주로 2호선 전철을 탑니다. 시청역 까지 가는데 12분 밖에 안 걸립니다. 전철에서 내리면, 1번 출구로 나가서 5분 정도 직진해서 걷습니다. 그러면 오른쪽에 크레듀 어학원이 있는데, 찾기 쉽습니다. 선생님께서는 매일 숙제를 주십니다. 한가지 주제로 영어 연습을 해야 합니다. 그리고 다른 학생들과 선생님 앞에서 영어로 말을 해야 합니다. 그러면 선생님께서 우리가 말하는 것으로 평가를 하십니다. 선생님은 모든 학생들의 숙제를 검사한 후에, 그날의 강의를 시작하십니다. 그 후에 발음 향상과 말하는 속도 향상을 위해 선생님 따라 단어와 문장을 반복합니다. 그리고 무엇이든 선생님이 주시는 질문에 자유롭게 각자의 대답을 만듭니다. 처음 수업을 듣는 사람들에게는 특별히 더 어렵지만, 시간이 지날수록 영어가 향상되면서 쉬워집니다. 수업 후에 저는 주로 학교로 갑니다. 하지만 요즘에는 반 친구들과 가까워졌기 때문에 학원 근처에 있는 커피숍에 가서 함께 영어연습을 더 합니다. 그것은 굉장히 도움이 되고 재미있습니다.

Q 08 What was your first impression of the building and class when you got there? How were the teacher and the classmates? Give as much detail as you can.

교실과 건물에 대한 첫 인상은 어땠나요? 선생님과 반 친구들은 어땠습니까? 가능한 한 자세히 말해 보세요.

Last semester, I went to the institute for the first time. The outer wall was white marble. I was very impressed by the look of the building, especially since it stood out among the rest of the buildings on the block. I really liked the fact that I could see the name of the institute from a distance. It was exclusive. Compared to other buildings around the institute, it was very clean and fancy. The inside of the building was also clean. There was an area in the lobby, which served as a lounge. The sofas were comfortable and were well arranged so that students and guests could relax in comfort. OPIc books were visibly displayed, and the staff was so kind and helpful that they added to the beauty of the place. My classmates studied very hard. Also, my teacher, Sophia, was so kind and nice from that very first day. She taught us passionately. All the students loved her. I loved this institute from the beginning, and I still do.

Key Expressions

be impressed by ~ ~에 감동받다
- I **was impressed by** his teaching. 그의 가르침에 감동 받았습니다.

compared to ~ ~와 비교해서
- This apartment is very clean **compared to** mine. 내 아파트와 비교해서 여기는 매우 깨끗합니다.

Idea Flow

서론	본론	결론
언제 처음 봤는지를 언급함	건물과 사람 묘사 1. 외관 설명과 느낌 (하얀 벽) 2. 내부 설명 (깨끗함, 소파, 교재) 3. 직원 설명 4. 선생님과 학생들 설명	의견 : 학원을 좋아함

Translation

저번 학기에, 저는 학원을 처음으로 다녔습니다. 외관벽이 하얀 대리석이었습니다. 특별히 그 구역의 다른 빌딩들 중에서 눈에 띄었기 때문에 정말 인상 깊었습니다. 멀리서도 학원의 이름을 볼수 있었던 것이 정말 좋았습니다. 학원 주변의 다른 건물들과 비교해서 굉장히 깨끗하고 고급스러워 보였습니다. 건물의 내부도 역시 깨끗했습니다. 라운지로 사용되는 로비가 있었는데 거기에 소파가 굉장히 편했고 잘 배치되어 있어서 학생들과 방문객들이 편하게 쉴 수 있었습니다. 오픽 교재들이 잘 정돈되어 진열되어 있었고, 직원들 또한 친절했으며 도움을 많이 주며 그 장소를 더욱 빛내주었습니다. 제 반 학생들은 공부를 열심히 했습니다. 게다가 우리 선생님이신 소피아는 첫날부터 친절하셨고 좋으셨습니다. 그녀는 열정적으로 가르쳤으며 모든 학생들이 그분을 좋아했습니다. 이 학원이 처음부터 정말 좋았고 아직도 좋습니다.

You responded in the survey that you enjoy playing basketball. Give several reasons why you like it.

설문조사에 농구하는 것을 좋아한다고 대답했습니다. 왜 좋아하는지 몇 가지 이유를 들어 설명해 주세요.

I like basketball for several reasons. First, it's fun and easy to play. The game is very exciting and action-filled. Unlike baseball, players never stop moving. The game is simple: just throw the ball into the hoop. Therefore, the only things you need are a basketball and a basketball hoop. Second, I like basketball because I have a natural advantage. I'm tall, so I can easily make baskets and block other players' shots. I can also jump really high. Finally, basketball is a great way to bond with my friends. We started playing basketball together in middle school. Because of basketball, we became best friends. We're all in university now, but we still get together to play basketball on the weekends. I really look forward to those games.

 Key Expressions

action-filled 액션으로 가득한
- The new Jackie Chan movie is **action-filled**. 새로 나온 성룡 영화는 액션으로 가득합니다.

have a natural advantage 선천적으로 유리한 점을 갖다
- Tall people **have a natural advantage** in basketball. 키가 큰 사람들은 농구에서 선천적으로 유리합니다.

look forward to ~ing ~하는 것을 기대하다
- I **look forward to** see**ing** you again! 당신을 다시 만날 것을 기대하고 있습니다!

 **Idea Flow**

서론	본론	결론
좋아하는 운동소개 (농구)	농구를 좋아하는 이유 설명 1. 재미있고 쉬운 경기 • 활동적임 • 게임 규칙 설명 2. 자신에게 유리한 신체 조건 (큰 키, 좋은 점프실력) 3. 농구 경기를 통해 얻는 유익 • 친구와 돈독해질 수 있음	의견 : 주말에 친구들과 하는 경기를 기다림

 **Translation**

저는 농구를 여러 가지 이유에서 좋아합니다. 우선 재미가 있고 쉽게 할 수 있습니다. 경기는 아주 흥미롭고 액션으로 가득 차 있습니다. 야구와는 달리 선수들은 끊임없이 움직여야 합니다. 경기 방법은 아주 간단해서 농구대의 링에 공을 넣기만 하면 됩니다. 그래서 필요한 것은 농구공과 농구대의 링입니다. 둘째로, 제가 농구하기에 선천적으로 유리한 조건을 가지고 있기 때문에 좋아합니다. 저는 키가 커서 슛을 하기도 쉽고 상대편을 수비하는 것도 유리합니다. 또 점프도 꽤 높이 할 수 있습니다. 마지막으로 농구는 친구와 돈독해질 수 있는 좋은 방법입니다. 친구들과 중학교 때부터 농구를 시작했는데 농구 때문에 가장 친한 친구들이 되었습니다. 지금은 모두 대학교에 다니지만 아직도 주말에 모여 농구를 합니다. 친구들과의 농구경기가 무척 기다려집니다.

Tell me about the most recent basketball game you've played or watched. Please give me as much detail as possible.
최근에 경기를 하거나 관람한 농구 경기에 대해 말해 보세요. 가능한 한 자세하게 설명해 보세요.

The last basketball game I played was two days ago. I played with some of my friends from middle school. We were at a basketball court in my apartment complex. At first, we played seriously and carefully kept score. Then, one of my friends tried to make a basket by throwing the ball backward. To our surprise, he made it in! We all started trying unusual shots. We missed most of the time. However, every time we made a basket, we'd all cheer. Then we started making up other crazy moves. Some of the guys tried spinning jumps, fancy dribbling, and complicated passes. We laughed so much. I think we probably looked silly, but I had a lot of fun that day.

Key Expressions

make a basket (농구에서) 슛을 성공시키다
- Let's see how many **baskets** we can **make**. 우리가 슛을 몇 개나 넣는지 보자.

throw a ball backward 공을 뒤로 던지다
- Why did you **throw the ball backward**? 당신은 공을 왜 뒤로 던졌나요?

make up (거짓으로) 만들어 내다
- I completely **made up** that story. 저는 그 이야기를 완전히 거짓말로 꾸며냈어요.

crazy moves 말도 안 되는 동작
- Where did you learn those **crazy** dance **moves**? 당신은 그런 이상한 춤 동작을 어디에서 배웠나요?

Idea Flow

서론	본론	결론
가장 최근에 한 농구경기 소개 (이틀 전)	가장 최근 농구경기 묘사 1. 배경 : 중학교 친구들과 경기를 함 2. 시합 중 생긴 일 • 한 친구가 뒤로 슛을 함 • 모두 새로운 슛과 기술을 시도함	마무리 : 철없어 보였겠지만 정말 재미있었음

Translation

제가 마지막으로 한 농구경기는 이틀 전입니다. 중학교 때 친구들과 함께 경기를 했는데 저희 아파트 단지 내에 있는 코트에서 경기를 했습니다. 처음에는 모두 진지하게 경기에 임하고 점수도 정확하게 기록했습니다. 그런데 어느 순간 한 친구가 공을 뒤로 던져 슛을 하는 것이었습니다. 놀랍게도 공이 링 안으로 들어갔습니다! 그러자 모두들 특이한 슛을 하기 시작했고 대부분 들어가진 않았지만 공이 들어갈 때마다 모두들 환호했습니다. 그리고 나서는 모두 말도 안되는 황당한 동작들을 만들어 내기 시작했습니다. 스핀 점프하기도 하고, 멋진 드리블도 선보이고, 고난도 패스를 하기도 했습니다. 함께 신나게 웃으며 놀았습니다. 우리가 철없어 보였을 수도 있겠지만 그날 우리는 정말 즐거운 시간을 보냈습니다.

Describe police officers in your country. What do they wear? What kind of transportation do they use? Where do they work and what do they do?

당신 나라의 경찰관을 묘사해 보세요. 어떤 것을 입나요? 어떤 교통수단을 이용하나요? 근무하는 장소는 어디이고 어떤 일을 하나요?

Police officers in Korea are similar to those in other countries. They wear uniforms and look very professional. They drive white cars with blue lines on the sides. The cars have lights and a siren on top. Sometimes, police officers also ride motorcycles. The official symbol of the police is an eagle holding the Korean national flower. Police officers work in all parts of the city. Their job is to keep neighborhoods safe. They enforce traffic laws and help people if they are in trouble. Sometimes I see them directing traffic or keeping order at large events. They also help out during natural disasters, such as floods. If you ever have a problem, just call 112. They'll come fast as lightning!

Key Expressions

be similar to~ ~와 비슷하다, 유사하다
- That car **is similar to** my aunt's car. 저 차는 저의 이모 차와 비슷해요.

keep ~ safe ~을 안전하게 지키다
- The city installed CCTV cameras to **keep** the neighborhood **safe**.
  시에서는 이웃 주민들을 안전하게 지키기 위해 CCTV카메라를 설치했습니다.

enforce traffic laws 교통법규를 집행하다
- Police in all countries **enforce traffic laws**. 모든 국가의 경찰은 교통법규를 집행합니다.

Idea Flow

서론
한국의 경찰관 소개
(다른 나라 경찰관과 유사)

본론
한국 경찰관 묘사
1. 경찰관 외모 설명 : 유니폼 입고 프로처럼 보임
2. 경찰관 교통수단 설명 : 경찰차/오토바이
3. 경찰 심벌마크 (국화를 든 독수리)
4. 경찰관 업무 설명 : 도시 안전, 교통관리, 재난 지원

결론
의견 : 긴급히 출동하는 경찰관에 자부심 느낌

Translation

한국의 경찰관은 다른 나라 경찰관과 유사합니다. 한국 경찰은 유니폼을 입고 아주 프로처럼 보입니다. 경찰차는 흰색 바탕에 옆에 파란 줄무늬가 있습니다. 차 윗부분에 경광등과 사이렌이 달려 있습니다. 때로는 경찰관이 오토바이를 타기도 합니다. 한국의 국화를 잡고 있는 독수리가 경찰의 공식 심벌마크입니다. 경찰관들은 도시의 모든 곳에서 근무합니다. 지역사회를 안전하게 지키는 것이 그들의 임무이고, 교통법을 집행하며 곤경에 처한 사람들을 도와줍니다. 때로는 교통정리를 하거나 큰 행사에서 질서를 유지하도록 합니다. 또한 홍수와 같은 자연재해가 발생하면 지원에 나섭니다. 문제가 발생하면 112로 전화하세요. 도움의 손길이 번개처럼 나타날 것입니다!

You may have experienced something involving a police officer. Tell me a memorable episode that you've experienced or watched on TV.
경찰관과 관련된 일을 경험한 적이 있을 것입니다. 자신이 겪거나 아니면 TV에서 본 기억에 남을 만한 이야기를 해보세요.

One afternoon, I got a phone call from a number I didn't know. When I answered it, the caller asked to speak to me. It was the police department. Immediately, I started to panic. I was afraid that someone had been in a car accident, or that maybe I had done something wrong. Then, the police officer told me to pick up my wallet at the station! I didn't even know it was missing. I was so relieved. When I went to the station, the police officer handed me my wallet. Then, he told me I was very lucky. They were trying to catch a professional pickpocket for more than a month. They caught him that morning and he already had four wallets in his bag. One of them was mine. I will never forget that day.

Key Expressions

be in an accident 사고나다, 당하다
- While he was going home, he **was in a** car **accident**. 그는 집으로 가는 동안 자동차 사고를 당했습니다.

pick up ~ ~을 찾아가다
- My brother **picked up** his backpack at the lost and found office.
  제 남동생은 분실물 센터에서 자기 배낭을 찾았습니다.

Idea Flow

서론	본론	결론
어느 날 낯선 번호의 전화를 받은 사실을 알림	경찰과 관련된 사건 묘사 1. 배경 • 경찰서에서 전화가 와서 당황 2. 사건의 정황 • 경찰이 전문 소매치기범을 잡음 • 자신의 지갑이 범인의 가방에 있었음 3. 결과 • 경찰서에 가서 지갑을 찾음	의견 : 결코 잊을 수 없는 경험이었음

Translation

어느 날 오후에 모르는 전화번호로 전화가 왔습니다. 전화를 받으니 누군가가 저를 바꿔달라고 했습니다. 경찰서에서 온 전화였습니다. 순간 겁이 나기 시작했습니다. 제가 아는 사람에게 사고가 나거나 아니면 제가 무언가를 잘못했나 하는 생각이 들었습니다. 그런데 경찰관이 저에게 경찰서에 와서 지갑을 찾아가라고 하는 것이었습니다! 저는 잃어버린 줄도 모르고 있었습니다. 정말 다행이었습니다. 경찰서에 가니 한 경찰관이 저에게 지갑을 건네주며 운이 좋은 줄 알라고 했습니다. 지난 한달 동안 전문 소매치기를 잡으려고 애썼다는 것입니다. 그런데 막상 그날 아침 범인을 잡고 보니 가방에는 이미 훔친 지갑이 네 개가 들어있었습니다. 그 중 하나가 제 지갑이었던 것입니다. 저는 그날을 결코 잊을 수 없을 것입니다.

Q13. I'd like to give you a situation and have you act it out. You're afraid of being late for the national exam because of an unexpected problem. Call the police, explain the situation, and ask for help.

상황을 드릴테니 역할 연기를 해보세요. 예상하지 못한 문제가 생겨 국가고시에 늦을 것 같아 걱정입니다. 경찰에게 연락해서 상황을 설명하고 도움을 요청해 보세요.

Hello, is this the police station? My name is Chun-hee Lee. Please, I need your help. I'm about to take the national exam, but I have a big problem. My dad was giving me a ride to the testing area. However, a huge tree fell across the road. It's causing a lot of traffic near my home. The cars and buses aren't moving at all and it's been 20 minutes. I'm too far from the subway station to ride the subway. I'm afraid that I'll be late for the test. Can you take me to the test center? I'm standing in front of my apartment complex near the bus stop. Please hurry, I need to be there in 30 minutes!

Key Expressions

be about to ~ 이제 막 ~하려고 하다
- I'm **about to** go to the store. 저는 이제 막 상점에 가려고 합니다.

give ~ a ride ~를 차로 데려다 주다
- Can you **give** me **a ride** to the movie theater? 저를 영화관에 태워주실 수 있나요?

cause a lot of traffic 극심한 교통정체를 일으키다
- The accident **caused a lot of traffic** on the highway. 그 사고는 고속도로에 극심한 교통정체를 일으켰습니다.

Idea Flow

서론
경찰서에 전화를 함 → 국가고시 응시에 문제가 생김 → 도움 요청

본론
국가고시에 늦은 상황설명과 도움 요청
1. 현재 상황 설명
   - 차로 시험장소로 가고 있었음
   - 극심한 교통정체로 노로가 믹힘
2. 도움을 요청하는 이유
   - 대중교통을 이용할 수 없는 위치에 있음
   - 시험에 늦을 것 같아 걱정
3. 도움 요청 : 경찰차로 시험장소에 데려다 주기를 요청

결론
마무리 : 도움이 시급함을 알림

Translation

여보세요? 경찰서죠? 저는 이천희라고 하는데요. 도움이 필요합니다. 제가 곧 국가고시를 봐야 하는데 큰 문제가 생겼어요. 저희 아빠가 차로 시험장소에 데려다 주시고 있는데요. 큰 나무가 쓰러져서 도로를 막고 있어요. 그 때문에 집 근처에 극심한 교통정체가 생겼어요. 승용차랑 버스 모두 20분 동안 전혀 못 움직이고 있어요. 지하철을 타기에는 역이 너무 멀리 있어요. 잘못하면 시험에 늦을 것 같아요. 시험장소까지 데려다 주실 수 있으신가요? 저는 버스 정류장 근처 저희 아파트 단지 앞에 서 있어요. 빨리 와주세요. 30분밖에 남지 않았어요.

In the survey, you indicated that you like to go clubbing. Describe your favorite club in as much detail as you can. What's the atmosphere like? What do you do there? Why do you like it?

설문조사에서 클럽에 가는 것을 좋아한다고 표시했습니다. 제일 좋아하는 클럽을 상세하게 설명해 보세요. 분위기가 어떤가요? 그곳에서 무엇을 하나요? 왜 좋아하나요?

My favorite club is Pretty Chill. It isn't well known, so it isn't crowded or expensive. The interior is ultra-modern and chic. It has two levels. On the second floor, there are tables and private VIP rooms. From the second floor, you can look down over the dance floor. In front of the dance floor is the main bar. The DJ is on the other side of the floor. There are neon lights everywhere. The dance floor is a little small, but I really like the atmosphere. The people there are all about my age and very easy-going. The staff is friendly so I always feel welcome. I also like the music at this club. Whenever I want to dance, I always go to Pretty Chill.

Key Expressions

ultra-modern and chic 초현대적이고 세련된
- That car looks **ultra-modern and chic**. 저 차는 초현대적이고 세련되어 보입니다.

have two levels 2층으로 되어 있다
- The new library next to my house **has two levels**. 저의 집 옆에 있는 도서관은 2층으로 되어 있습니다.

feel welcome 환영 받다
- I always **feel welcome** at Ji-hye's house because her family is so friendly.
  지혜의 가족들이 너무 친절해서 저는 그녀의 집에 가면 항상 환영받는 느낌입니다.

 Idea Flow

서론
가장 좋아하는 클럽 소개
- 유명하지 않음
- 복잡하지 않고 저렴

본론
가장 좋아하는 클럽 묘사
1. 건물 묘사 : 세련된 인테리어, 내부 구조 묘사
2. 분위기 묘사 : 네온 불빛, 좁지만 좋은 분위기
3. 사람 묘사 : 젊은 층 고객, 친절한 종업원

결론
의견 : 음악이 좋아 춤추고 싶을 때마다 가게 됨

Translation

제가 제일 좋아하는 클럽은 프리티 칠이라는 곳이에요. 잘 알려진 곳은 아니라서 사람도 많지 않고 그리 비싸지도 않아요. 내부는 초현대적이고 세련된 곳이죠. 2층으로 되어 있는데 2층은 테이블이랑 VIP룸이 있습니다. 2층에서는 아래층 댄스 플로어를 내려다 볼 수 있어요. 댄스 플로어 앞에는 바가 있고 DJ는 플로어 반대편에 있습니다. 1층 전체는 온통 네온 등으로 가득합니다. 댄스 플로어는 좀 작지만 분위기는 정말 좋아요. 오는 사람들 모두 제 나이 또래여 여유로운 분위기입니다. 직원들도 친절해서 늘 환영받는 느낌입니다. 저는 이 클럽의 음악을 좋아해서 춤추고 싶을 때마다 프리티 칠에 갑니다.

I'm going to give you a situation and ask you to act it out. You and your friend are at the club that your friend recommended, but you know of a better place. Persuade your friend to go to that club by telling him/her how it is better.

상황을 드릴테니 역할 연기를 해보세요. 당신이 친구와 함께 친구가 추천한 클럽에 갔지만 당신은 더 좋은 곳을 알고 있습니다. 당신이 아는 클럽이 얼마나 더 좋은지 예를 들어 친구를 설득해 보세요.

Hey, man. I can't believe you recommended this place! There are so many people, I feel like I'm always bumping into someone. Everyone here is so young and immature! Also, the drinks are really expensive and the bartender is just rude. We've been waiting for our drinks for more than half an hour. The last time I asked him about our order, he snapped at me. And another thing, what's up with the DJ? I can't dance to this kind of music. Let's go to the club across the street. It's much better than this place. It plays better music and it isn't so packed. The people there are our age and I think they'll be better-looking, too. I know the bartender who works there. Maybe he can help us get in for free. Come on!

Key Expressions

snap at ~ ~에게 딱딱거리다/쏘아 붙이다
- The waiter **snapped at** me when I asked for more water.
  제가 물을 좀 더 달라고 했을 때 그 웨이터는 딱딱거렸습니다.

get in for free 무료로 입장하다
- I know the owner of the club, so I can usually **get in for free**.
  저는 그 클럽의 주인을 알아서 보통 무료로 들어갈 수 있습니다.

Idea Flow

서론	본론	결론
친구에게 클럽에 대한 불만으로 시작	더 좋은 클럽 소개와 설득 1. 클럽이 불만족스러운 이유 • 복잡함, 비싼 가격, 불친절한 바텐더, 음악 선곡 2. 다른 클럽으로 갈 것을 제안 3. 추천하는 클럽의 장점 : 좋은 음악과 분위기	희망 : 그 곳의 바텐더와 안면이 있어 무료입장 가능

Translation

야. 뭐 이런 데를 가자고 했냐! 사람도 너무 많아서 계속 부딪히고 다니는데. 여긴 다들 너무 어리고 좀 유치해 보인다. 술값도 너무 비싸고 바텐더도 완전 불친절해. 우리 30분 이상 음료를 기다리는 중이잖아. 아까 마지막으로 주문 확인할 때 딱딱거리더라고. 그리고 하나 더. DJ는 왜 저래? 이런 음악에 어떻게 춤을 추는데. 길 건너편에 있는 다른 클럽에 가자. 여기보다 훨씬 더 좋아. 음악도 더 좋고 사람도 많지 않아. 대부분 우리 나이인데다가 물도 더 좋아. 내가 거기 바텐더도 잘 알거든. 아마 공짜로 들여보내줄지도 몰라. 빨리 가자!

TEST 8

Oral Proficiency Interview-computer

1 | 자기소개
2 | 여가활동–외식(1)
3 | 여가활동–외식(2)
4 | 여가활동–외식(3)
5 | 취미, 관심사–노래하기(1)
6 | 취미, 관심사–노래하기(2)
7 | 취미, 관심사–노래하기(3)
8 | 직업–수업/과제(1)
9 | 직업–수업/과제(2)
10 | 직업–수업/과제(3)
11 | 기타–농부(1)
12 | 기타–농부(2)
13 | 기타–농부(3)
14 | 방학–국내여행(1)
15 | 방학–국내여행(2)

Let's begin the interview. Tell me a little bit about yourself and what you enjoy doing on the weekends.
인터뷰를 시작하겠습니다. 간략하게 자기소개를 하고 주말에 즐겨 하는 것에 대해 말해 보세요.

My name is Hwa-young Kim. I'm 23 years old. My major is economics and this is my last year at university. I live in an apartment with my parents and two older brothers. I like to sing, try new restaurants, and hang out with my brothers. My favorite weekend activity is waterskiing. It's not a popular water sport in Korea, but my oldest brother taught me how to do it. At first, it was really hard and I fell down a lot. But then I got the hang of it, and now it's my favorite thing to do! I love it because I can feel the wind blowing past my face. I can't wait to go waterskiing again. It refreshes me for another hard week of school.

Key Expressions

get the hang of 요령을 터득하다, 감을 잡다
- It took me three months to **get the hang of** driving my car.
  제가 차를 운전하는 요령을 터득하기까지 세 달이 걸렸습니다.

past ~ ~을 지나서
- The dog barks at every car that drives **past** him. 그 개는 지나가는 모든 차를 보고 짖습니다.

can't wait to ~ 너무 ~하고 싶다, ~하기까지 기다릴 수 없다
- I **can't wait to** go skiing with my family. 가족과 무척이나 스키 타러 가고 싶습니다.

Idea Flow

서론	본론	결론
기본 인적 사항 소개 (이름, 나이, 전공, 주거지)	자기소개 1. 좋아하는 주말 활동 (수상스키) 2. 수상스키 배운 과정 • 큰오빠에게 배움 • 처음에는 어려움 → 익숙해짐 → 즐기게 됨 3. 수상스키의 장점 • 바람을 느낄 수 있음	마무리 : 수상스키는 삶의 활력을 줌

Translation

제 이름은 김화영입니다. 저는 23살이고 경제학을 전공하는데 대학 4학년입니다. 저는 부모님과 두 명의 오빠와 함께 아파트에 살고 있습니다. 저는 노래 부르기와 새로운 음식점을 찾아가는 것 그리고 오빠들과 노는 것을 좋아합니다. 저는 주말에 수상스키 타는 것을 가장 좋아합니다. 한국에서는 그다지 대중적인 수상스포츠는 아니지만, 큰오빠가 어떻게 타는지 가르쳐주었습니다. 처음에는 배우기가 어려워서 물에 많이 빠졌어요. 하지만 계속 타다 보니 감을 잡았고 이제는 제일 좋아하는 일이 되었습니다! 수상스키를 타면서 바람이 제 얼굴을 스치는 것을 느낄 수 있어서 너무 좋아합니다. 수상스키를 다시 타고 싶습니다. 수상스키를 통해 한 주간의 지친 학교생활에 원기를 회복시킬 수 있습니다.

 **I'd like to know about a restaurant you want to visit again. What's the restaurant like? Why do you want to eat there again? Explain the reasons in detail.**

당신이 다시 가고 싶은 음식점에 대해 말해 보세요. 음식점이 어떤가요? 왜 그곳에 다시 가고 싶은 가요? 자세하게 이유를 설명해 보세요.

There's an Indian restaurant not far from my house. It's not very big, but it's the best Indian restaurant I've ever been to. When I step inside, I feel like I'm in a foreign country. The walls are covered in beautiful Indian fabrics. I can smell all kinds of exotic spices. There's always an Indian music video playing on the TV. The owner is from Calcutta. He's very friendly and always visits my table to tell jokes. He sometimes gives me free Indian tea. The menu has many options; it's really hard to decide what to eat. The curry I ordered last time was very spicy but delicious. I really want to go there again so I can try more of their dishes!

 **Key Expressions**

far from ~ ~에서 먼, 멀리
- The swimming pool isn't **far from** here, so we'll walk there. 그 수영장은 여기에서 멀지 않습니다. 그러니 걸어가죠.

exotic spices 이국적 향신료
- I love making Indian food, but all the **exotic spices** are so expensive.
  저는 인도 음식을 요리하는 것을 좋아하지만 이국적 향신료는 너무 비쌉니다.

have many options 많은 선택이 있다
- My cell phone **has many options** for ringtones. 제 휴대폰은 여러 가지 발신음을 낼 수 있는 옵션이 있습니다.

Idea Flow

서론	본론	결론
다시 가고 싶은 음식점 소개 (인도 음식점)	다시 가고 싶은 음식점 묘사 1. 내부 묘사 (이국적인 분위기, 인도 뮤직 비디오 등) 2. 사람 묘사 (친절한 주인) 3. 음식 묘사 (다양한 메뉴)	의견 : 음식점의 많은 음식을 먹어 보고 싶음

 **Translation**

저희 집에서 멀지 않은 곳에 인도 음식점이 있습니다. 그리 크지는 않지만 제가 다녀 본 인도 음식점 중에 최고입니다. 안으로 들어가면, 외국에 온 것 같은 느낌이 듭니다. 내부 벽은 아름다운 인도 분위기의 천으로 덮여있습니다. 다양한 이국적 향신료 냄새도 맡을 수 있습니다. TV에서는 항상 인도 뮤직 비디오가 방영되고 있습니다. 주인 아저씨는 캘커타에서 오셨습니다. 매우 친절하시고 항상 제 테이블에 오셔서 농담을 하시곤 합니다. 가끔씩 서비스로 인도 차를 주시기도 합니다. 메뉴는 정말 선택의 폭이 넓어서 무엇을 먹을 지 결정하기가 정말 어렵습니다. 지난 번에 주문해 먹은 카레는 정말 매웠지만 맛있었어요. 이제, 저는 다시 한 번 가서 더 많은 종류의 음식을 먹어 보고 싶네요!

Q 03 I'm going to give you a situation for you to act out. Your mother's birthday is coming up. You've made a reservation at a nice restaurant, but your parents want to have the party at home. Persuade them to go out to the restaurant.
상황을 제시해 드릴테니 역할 연기를 해보세요. 당신의 어머니 생신이 다가오고 있습니다. 당신이 좋은 음식점에 예약을 해 두었는데 부모님은 생일파티를 집에서 하자고 하십니다. 부모님이 그 음식점에 가시도록 설득해 보세요.

Mom, we should have your party at the restaurant! Remember you told me that you loved the atmosphere there? Plus, the food is excellent and the service is great. I've already reserved us a table. It's near a large window and the view of the river is beautiful. Also, our house is too small and it's not very comfortable. We can invite more people if we meet at the restaurant. Finally, it will be more work to have the party at home. If we go to the restaurant, we won't have to clean the house before and after the party. You won't have to worry about preparing food for all the guests either. It will be much more relaxing and practical to have the party at the restaurant.

 Key Expressions

reserve a table 테이블을 예약하다
- That restaurant is so popular. He had to **reserve a table** months in advance.
  그 음식점은 아주 인기가 많아서 그가 미리 테이블을 몇 달 전에 예약해야만 했습니다.

practical 실용적인
- I wanted to buy a new sports car, but my friend persuaded me to get something more **practical**.
  저는 새 스포츠카를 사고 싶었지만 제 친구가 좀 더 실용적인 차를 사도록 설득했습니다.

 **Idea Flow**

서론	본론	결론
어머니에게 음식점에서 생일파티하기 제안	어머니에게 음식점에서 생일파티하자고 설득 1. 음식점에서 하는 장점 (분위기, 음식, 서비스, 전망 좋음) 2. 집에서 하는 단점 (비좁음, 청소, 음식 준비 문제)	이견 · 음식점이 편안함과 실용성 강조

Translation

엄마, 우리는 엄마 파티를 그 음식점에서 하면 좋겠어요! 엄마가 그곳 분위기 좋다고 했던 거 기억해요? 게다가, 음식도 맛있고 서비스도 아주 좋아요. 벌써 예약도 해 두었어요. 자리가 커다란 창문 옆인데 강변 경치가 아름다워요. 게다가 집은 너무 좁아서 파티 하기가 좀 불편하잖아요. 그 음식점에서라면 더 많은 사람들을 초대할 수도 있어요. 마지막으로, 집에서 파티를 하면 일이 더 많아질 거예요. 우리가 음식점으로 가게 되면, 파티 전후에 집을 청소할 필요도 없고 손님 음식 준비할 것 걱정할 필요도 없잖아요. 음식점에서 파티를 하는 것이 훨씬 편하고 실용적일거예요.

 **I'm sorry, but there's a problem you need to resolve. You're having your mother's birthday party at the restaurant. However, the people next to your table are talking too loudly. Talk to the manager to solve the problem.**

유감스럽게도, 해결해야할 문제가 생겼습니다. 어머니의 생일파티를 음식점에서 하고 있는데 옆자리 사람들이 너무 크게 떠들고 있네요. 문제를 해결하기 위해 음식점 매니저와 이야기해 보세요.

Excuse me, sir. Are you the restaurant manager? We need your help, please. The people next to us are talking very loudly. My mother is celebrating her birthday here, but the noise is very distracting. She is getting upset. We tried to ask them to speak a little quieter. At first, they were quiet, but then they got louder again. Can you help us? Maybe you could move them to another table, or give us a private room. That way, they can talk all they want and we can continue with the party. Our food hasn't arrived yet, so we'd be happy to move. There are twelve people in our group, so we'll need a large table. Thank you!

Key Expressions

distracting 방해되는
- I can't read books because the noise is too **distracting**! 소음이 너무 방해가 돼서 책을 읽을 수가 없어요!

private room (음식점 등의) 회합하는 방, 독실
- Let's ask the restaurant for a **private room** where we can have our meeting.
  이 음식점에 우리가 회의를 할 수 있을만한 독실이 있는지 물어봅시다.

Idea Flow

서론	본문	결론
음식점 매니저에게 도움 요청	음식점에서 옆자리 손님의 소음문제 해결 1. 문제상황 설명 : 어머니의의 생일 파티 중 옆자리 소란스러움 2. 문제 해결 위한 노력 : 요청으로 조용해짐 → 다시 소란해짐 3. 매니저에게 대안 제시 : 두 팀 중 한 팀 자리 이동 제안	제안 : 12명이 식사하므로 큰 테이블 요청

Translation

죄송한데요, 여기 음식점 매니저신가요? 도움이 좀 필요해서요. 저희 옆자리 분들이 너무 크게 대화를 하네요. 저희가 여기서 저희 어머니 생일파티를 하고 있는데, 너무 시끄러워서 방해가 되네요. 어머니가 언짢아 하세요. 조금만 조용히 해 달라고 부탁도 드렸거든요. 처음에는 좀 조용히 하시더니 다시 시끄러워졌어요. 좀 도와주시겠어요? 혹시 그 분들을 다른 테이블로 옮겨 주시거나 아니면 저희를 방으로 옮겨 주실 수 있나요? 그렇게 하면 그 분들도 맘대로 얘기하실 수 있고 저희도 파티를 계속할 수 있을 거에요. 저희 음식이 아직 안 나왔거든요, 그러니 기꺼이 옮길 수 있어요. 12명 모두 앉을 수 있는 큰 테이블로 부탁합니다. 감사합니다!

Q 05 You indicated in the survey that you like to sing. What kinds of songs do you sing? When do you sing? Tell me all the details.
설문조사에 노래하기를 좋아한다고 표시했습니다. 어떤 종류의 노래를 부르나요? 언제 부르나요? 자세히 말해 보세요.

I love to sing all kinds of songs. I like gospel, K-pop, ballads, and some American songs. I'm not an expert singer, but I think my voice is pretty good. I sing all the time, especially in the morning. The first thing I do in the morning is turn on some music and sing. It's a great way to start the day. I also sing at church. I've been part of my church's gospel choir for three years now. I love my choir director. He's very strict, but he's also funny and very talented. We work very hard. I go to practice twice a week. Every month, we sing for a church service or give a small concert for a charity. I'm glad I can sing and help people at the same time.

Key Expressions

first thing S + V ~가 제일 먼저 하는 것
- The **first thing he does** in the morning is check his e-mail.
  그가 아침에 제일 먼저 하는 일은 이메일을 확인하는 것입니다.

part of ~ ~에 속한, ~의 일부분
- I'm **part of** the chess club, soccer club, and English club, so I'm always very busy.
  저는 체스 동아리, 축구 동아리, 그리고 영어 동아리에 속해 있습니다. 그래서 항상 바쁩니다.

be talented 재능이 있다, 재주가 뛰어나다
- The singer on TV **was** very **talented**. TV에 나오는 그 가수는 아주 재주가 뛰어났습니다.

Idea Flow

서론	본론	결론
모든 종류의 노래 좋아함을 알림	노래하기 묘사 1. 노래하는 시간 2. 노래하는 장소와 관련된 정보 • 집 : 노래로 하루를 시작 • 교회 : 성가대원이며 일주일에 두 번 연습 3. 노래와 관련된 행사 : 교회 예배/자선 음악회	의견 : 노래와 도움을 동시에 할 수 있어 기쁨

Translation

저는 모든 종류의 노래를 부르기를 좋아합니다. 저는 가스펠, K-pop, 발라드와 몇몇 미국 노래들을 좋아합니다. 제가 전문 가수는 아니지만 목소리는 꽤 좋다고 생각합니다. 저는 항상 노래하기를 좋아하고 특히 아침에 많이 부릅니다. 제가 아침에 처음 하는 일은 음악을 틀고 노래를 부르는 일이에요. 하루를 시작하는 좋은 방법이죠. 저는 또 교회에서도 노래합니다. 지난 3년 동안 교회에서 성가대원으로 봉사해 왔습니다. 저는 저희 성가대장님이 참 좋습니다. 아주 엄격하지만, 재미도 있고, 음악적 재능이 많으세요. 성가대원들도 아주 열심히 연습합니다. 저는 일주일에 두 번씩 연습모임에 갑니다. 매달 저희는 교회 예배 때 노래를 부르거나 자선모금 운동을 위해 작은 콘서트를 하기도 합니다. 저는 노래도 할 수 있고 다른 사람을 도울 수 있어서 기쁩니다.

Q06 Tell me about an embarrassing moment you experienced while singing. When was it? What happened? Give me all the details about the experience.
노래하면서 가장 당황스러웠던 순간을 말해 보세요. 언제였나요? 무슨 일이 있었나요? 그 경험에 대해 자세히 설명해 보세요.

One time, as I was walking into church, my friend pulled me aside. She asked me to sing with her in front of church that day! The soloist was sick and they needed someone right away to sing with special music. I was reluctant, but she begged me, so I agreed. She chose a song that I didn't know well. However, she said everything would be okay. When we got up front, I found out there was no pianist. We were singing alone! My friend started the song in the wrong key. It was too high for us, so we had to stop and start over. I noticed that someone had a video camera and was filming the whole thing. I was so embarrassed. I wanted to die!

Key Expressions

pull ~ aside ~을 옆으로 잡아 끌다
- My boss **pulled** me **aside** and talked to me about my work ethic.
  제 상사가 저를 옆으로 데리고 가서 저의 직업 윤리에 대해 말했습니다.

find out 알아내다, 알다
- I **found out** yesterday that I would be transferred to another office.
  저는 제가 다른 사무실로 전근될 것을 어제 알았습니다.

in the wrong key 틀린 음정으로
- We started singing **in the wrong key**, so the pianist couldn't join in.
  저희는 틀린 음정으로 노래를 시작해서 피아노 반주자가 연주해 줄 수 없었습니다.

Idea Flow

서론	본론	결론
가장 당황스러웠던 노래하기 경험 소개 (교회)	당황스러웠던 노래하기 경험 서술 1. 배경: 친구가 갑자기 특별 찬양을 부르자고 제안 2. 무대 위에서 생긴 일 • 피아노 반주가 없음 • 친구의 음정이 틀려 다시 시작함 • 비디오 녹화 중이었음	감정: 당황스러웠음

Translation

한번은 제가 교회에 걸어 들어가는데, 친구가 저를 옆으로 데리고 가는 것이었어요. 그러면서 저에게 교회에서 자기와 함께 노래하자고 부탁을 하는 거에요! 독창자가 몸이 안 좋아서 대신에 특별 찬양을 해 줄 사람이 당장 필요했던 거죠. 저는 내키지는 않았지만, 그녀가 애타게 부탁해서 동의했어요. 그런데 그 친구가 제가 잘 모르는 노래를 선곡했어요. 그러면서 다 잘 될 거라고 말했어요. 노래를 하기 위해 앞에 섰을 때, 피아노 반주자가 없다는 것을 알게 되었어요. 그래서 반주도 없이 노래를 불러야 했어요! 제 친구가 처음 노래 시작하는 데 음정을 잘 못 잡았어요. 음을 너무 높게 잡아서 노래를 부르다가 멈추고 다시 시작해야만 했어요. 저는 누군가가 비디오 카메라로 전부 녹화하는 것을 봤어요. 저는 너무 당황스러웠고 죽고 싶은 심정이었습니다.

I also like to sing. Ask me three or four questions about my favorite singers and their songs.
저도 노래하기를 좋아합니다. 제가 가장 좋아하는 가수들과 그들의 노래에 대해 서너 가지 질문을 해보세요.

I heard that you like to sing. That's really cool. I like to sing too! Tell me what singers you like. Who's your favorite singer? I've heard of him, but I don't know much about him. How did you first hear of him? What style does he sing? That reminds me of my favorite singer! She also sings a lot of R&B. When do you usually listen to his music? What are some of his greatest hits? I love that song! I didn't know he sang that! Do you have any of his CDs? I'd like to listen to him. What album do you recommend I listen to first? Great! Can I borrow it from you? I'll give it back to you either tomorrow or next Tuesday. Thanks!

 Key Expressions

remind A of B A에게 B를 생각나게 하다
- My teacher **reminds** me **of** my aunt. 저희 선생님은 이모를 생각나게 합니다.

greatest hits 최고 히트곡들
- That band is going to perform all of their **greatest hits** tonight.
  그 밴드는 오늘 밤에 자신들의 최고 히트곡들을 연주할 것입니다.

give back 돌려 주다
- Don't forget to **give back** my pen! 제 펜 돌려주는 것 잊지 마세요!

 Idea Flow

서론	본론	결론
Eva도 노래 부르기를 좋아한다고 알림	Eva에게 좋아하는 가수와 노래 묻기 1. 가장 좋아하는 가수 묻기 • 좋아하게 된 계기 • 음악 듣는 시간 2. 가수의 노래 묻기 (노래 장르, 히트곡, CD 보유 유무) 3. 추천할 만한 앨범 묻기	마무리 : 앨범을 빌릴 수 있는지 여부 묻기

 **Translation**

노래 부르기를 좋아한다고 들었는데 정말 멋지네요. 저도 노래 부르기 좋아해요! 어떤 가수들을 좋아하는지 말해 주세요. 가장 좋아하는 가수는 누구인가요? 저도 그에 대해 들은 적은 있지만 잘 알지는 못해요. 어떻게 처음 알게 되었나요? 그는 어떤 스타일의 노래를 하나요? 그 스타일은 제가 가장 좋아하는 가수를 생각나게 하네요! 그녀도 R&B를 부르거든요. 그의 노래는 언제 들으세요? 그 가수의 최고 히트곡은 무엇이죠? 저도 그 노래 좋아해요! 그 가수가 그 노래를 불렀는지 몰랐네요! 그 가수의 CD도 있나요? 저도 들어보고 싶네요. 처음으로 들어보려면 어떤 앨범을 추천하세요? 좋아요! 제가 빌려도 될까요? 내일이나 다음 주 화요일에 돌려드릴게요. 고마워요!

You responded in the survey that you're a student. What are you majoring in? What do you study as part of your major? Tell me all the details about your major.

설문조사에서 학생이라고 했습니다. 전공이 무엇인가요? 전공에서 어떤 공부를 하나요? 전공에 대해서 자세하게 말해 보세요.

My major is economics. I chose it because I read a book about economics in high school. It changed the way I viewed the world. I think that economics helps me understand the business world better. As part of my major, I study economic theories, finance, and the Korean economy. I have to use a lot of math and work with many charts and graphs. My favorite classes were about the domestic and international economies. I loved learning about how Korea's economy is tied to the global economy. I was amazed at how connected everything is. When one country is struggling, the rest of the world suffers too. That's why I think that all countries must cooperate. We're all in this together.

Key Expressions

be tied to ~ ~와 연관되다, ~와 관련있다
- Smoking cigarettes **is tied to** lung cancer. 담배 피우는 것은 폐암과 관련이 있습니다.

be amazed at ~ ~에 대해 놀라다
- I **was amazed at** how well he could play the saxophone.
  저는 그가 색소폰을 그렇게 잘 연주하는 것을 보고 놀랐습니다.

cooperate 협력하다
- We must **cooperate**, or we'll never finish this project.
  우리는 서로 협력해야 합니다. 그렇지 않으면 이 프로젝트를 결코 끝낼 수 없습니다.

Idea Flow

서론	본론	결론
전공 소개 (경제학)	전공 묘사 1. 전공 선택 이유 : 고등학교 때 읽은 책의 영향 2. 전공에서 배우는 과목 설명 　• 경제학 이론, 재정학, 한국 경제 3. 가장 좋아하는 수업과 이유 설명 　• 국내 및 국제 경제학　• 경제를 보는 시각이 달라짐	교훈 : 세계 경제는 하나 임을 배움

Translation

제 전공은 경제학입니다. 고등학교 때 경제학에 관한 책을 읽고 전공을 선택하게 되었어요. 세계를 보는 시각이 달라졌습니다. 저는 경제학이 비즈니스 세계를 더 잘 이해할 수 있도록 도와준다고 생각합니다. 제 전공에 한 부분으로 저는 경제학 이론과 재정학, 그리고 한국 경제에 대해 공부합니다. 저는 경제학을 공부하며 수학을 많이 이용하고, 차트와 그래프도 공부합니다. 제가 가장 좋아하는 수업은 국내 및 국제 경제에 관한 내용입니다. 저는 한국의 경제가 어떻게 글로벌 경제와 연계되어있는지를 배우는 데 매혹되었습니다. 저는 세계 경제의 모든 것들이 상호간에 연결되어 있는 것에 무척 놀랐습니다. 한 국가의 경제가 어려움을 겪으면, 세계의 다른 국가들도 함께 어려움을 겪습니다. 그래서 모든 국가들이 서로 협력해야 한다고 저는 생각합니다. 우리 모두는 한 배를 타고 있습니다.

Which do you prefer: working on projects alone or in a group? Give several reasons and examples to support your opinion.

프로젝트를 혼자서 작업하는 것과 그룹으로 하는 것 중 어떤 것을 더 선호하나요? 당신의 의견을 지지할 만한 몇 가지 이유와 예를 들어 설명해 보세요.

I prefer working in groups. First of all, it's easier. When I work in a group, we divide the jobs. That means each person gets less work. Also, each member of the group is good at doing different things. When we work together, we each can do what we're good at. That way, we finish faster. Second, we can learn from each other. The expression, "Two heads are better than one," is really true. Of course, that means that three or four heads are even better! My group can give me ideas and feedback to make my work better. Finally, it's more fun. After we're done, we can all go out to celebrate together! That's my favorite part.

Key Expressions

prefer ~ing ~하는 것을 선호하다
- I **prefer** go**ing** to the park at night because there are fewer people.
  저는 사람들이 많지 않기 때문에 밤에 공원에 가는 것을 선호합니다.

be good at ~ ~에 능숙하다, ~을 잘하다
- My dad **is good at** fixing things, so I always call him when I have a problem.
  저희 아버지는 고치는 것을 잘 하셔서 저는 문제가 생길 때면 항상 아버지를 부릅니다.

give feedback 피드백을 주다
- Please **give** me **feedback** so I can improve my English. 제가 영어를 향상시킬 수 있도록 피드백을 주세요.

Idea Flow

서론	본론	결론
선호하는 프로젝트 방식 선택 (그룹 프로젝트)	그룹 프로젝트를 선호하는 이유 설명 1. 업무가 쉽고 빨라짐 　• 분량이 줄어듦 　• 잘하는 분야를 분담하므로 업무속도 빨라짐 2. 서로에게 배울 점 있음 　• '혼자보다 두 사람의 머리가 낫다'	의견 : 일을 마치고 난 후 축하파티가 가장 좋음

Translation

저는 그룹으로 작업하는 것을 선호합니다. 우선 그게 더 쉽거든요. 제가 그룹에서 일할 때면, 우리는 일을 분담하게 됩니다. 각자의 일이 적어진다는 뜻이죠. 또한, 각각의 멤버는 다른 분야의 일에 능숙합니다. 함께 일하면 서로가 잘 하는 일을 할 수 있게 됩니다. 그렇게 하면 일이 더 빨리 끝나지요. 둘째로, 우리는 서로에게서 배울 수 있습니다. "혼자보다 두 사람의 머리가 낫다."라는 표현은 정말 사실입니다. 물론 세 사람 또는 네 사람의 머리는 둘보다도 더 낫다는 뜻이기도 하겠죠! 저의 그룹 멤버들은 아이디어와 피드백을 주어 제가 더 일을 잘하도록 해 줄 수 있습니다. 마지막으로, 함께 일하는 것이 더 재미있습니다. 일을 마치고 나서 모두 함께 나가서 축하파티를 할 수도 있기 때문이죠! 제가 제일 좋아하는 부분이기도 합니다.

I'm going to give you a situation for you to act out. You need a partner for a school project. Persuade your friend to work with you on your project. Tell him/her about your project and why he/she should join you.

상황을 드릴테니 역할 연기를 해보세요. 당신은 학교 프로젝트를 수행하기 위해 파트너가 필요한 상황입니다. 프로젝트에 함께 참여하도록 친구를 설득해 보세요. 친구에게 당신의 프로젝트에 대해 설명하고 왜 그/그녀가 이 프로젝트에 합류해야 하는지 말해 보세요.

Hey, Sang-mi! Do you have a partner for the business finance project yet? If you don't, you really should join my project. I'm going to study different restaurants and find ways to improve their businesses. I'll visit three or four different restaurants and interview their staff and customers. Of course, I'm going to sample their food as well! I think this project is perfect for you. I know that you love food and that your dream is to open your own restaurant. You can learn more about the business and meet many restaurant owners. Think about it tonight and let me know tomorrow. It's due next month, so I want to get started as soon as I can. I hope you'll join me!

Key Expressions

sample 시식하다
- I have to **sample** lots of food before choosing a menu for my wedding reception.
  저는 제 결혼식 피로연에 사용할 음식메뉴를 고르기 위해 시식을 많이 해야 합니다.

get started 시작하다
- I want to **get started** on my research paper early so I won't be stressed.
  저는 스트레스를 받지 않도록 연구 논문을 빨리 시작하고 싶습니다.

Idea Flow

서론
인사와 상대방의 관심을 확인
(비즈니스 재정 프로젝트)

본론
친구에게 프로젝트 합류 설득
1. 프로젝트 합류 제안
2. 프로젝트 설명
   • 음식점 사업 발전 방법 • 직원과 손님 인터뷰
3. 프로젝트를 통해 얻는 유익
   • 친구의 꿈 (음식점 경영)에 도움이 많이 될 것임

결론
제안 : 친구에게 고려해 볼 것을 권유

Translation

상미야! 비즈니스 재정 프로젝트 파트너 벌써 구했니? 아직 안 구했으면 프로젝트 같이 하자. 나는 다양한 음식점들을 조사해서 사업을 발전시키는 방법을 찾아볼 계획이야. 음식점 서너 곳을 방문해서 그곳의 직원들과 고객들을 인터뷰할거야. 물론 시식도 꼭 해야지! 난 이번 프로젝트가 너한테 딱 어울린다고 생각해. 넌 음식도 좋아하고 또 나중에 음식점을 개업할 꿈도 있잖아. 경영에 관해 배울 수도 있고 음식점 사장들과도 만나볼 수 있어. 오늘 밤 생각해 보고 내일 알려줘. 다음 달이 마감이라 가능하면 빨리 시작하고 싶거든. 너랑 같이 하면 좋겠다!

 That's the end of the situation. Now tell me about farming in your country. When is the busiest season for farmers? What do they do? Describe their work in as much detail as possible.

상황 문제가 끝났습니다. 이제는 당신 나라의 농업에 대해서 말해 보세요. 농부들에게는 언제가 가장 바쁜 시기인가요? 어떤 일들을 하죠? 가능한 한 상세히 설명해 보세요.

Most people say that spring is the busiest season for farmers, but I think fall is the busiest season. My uncle owns an apple orchard and he's always very busy in the fall. During this time, he has to harvest his apples. He can't use machines to harvest the apples because they might get damaged, so he has to hire a lot of workers to help him pick the fruit by hand. After the workers pick the apples, they have to sort them by size and quality. Next, they have to pack them into boxes. Then, my uncle takes the boxes to the farmers' market. My aunt runs their booth at the market and she sells the apples. Fall is a very busy time!

 Key Expressions

own an orchard 과수원을 소유하다
- My friend **owns an orchard** in the mountains. 제 친구는 산에 과수원을 갖고 있습니다.

get damaged 파손되다, 손상을 입다
- If you put that lamp in your suitcase, it will **get damaged**. 당신이 그 전등을 가방에 넣으면 망가지고 말 겁니다.

sort A by B A를 B로 분류하다
- We **sorted** the coconuts **by** weight and shape. 우리는 코코넛을 무게와 모양대로 분류했습니다.

 **Idea Flow**

서론	본론	결론
농번기는 봄보다는 가을이라고 생각한다고 알림	농번기 묘사하기 1. 농번기가 가을이라고 생각하는 이유 • 사과 과수원을 하는 삼촌이 가을 추수 때 가장 바쁘기 때문 2. 삼촌이 가을에 하는 일 묘사 • 손으로 과일을 수확 → 크기와 품질별로 분류 → 포장 → 판매	의견 : 가을은 바쁨

 **Translation**

대부분의 사람들은 봄이 농부에게 가장 바쁜 계절이라고 하겠지만, 제 생각에는 가을이 가장 바쁜 계절인 것 같습니다. 제 삼촌은 사과 과수원을 갖고 계시는데, 항상 가을에 굉장히 바쁘시거든요. 가을이 되면 삼촌은 사과를 수확해야 합니다. 사과에 손상을 줄 수 있기 때문에 기계를 사용하지 못합니다. 그래서 삼촌은 손으로 직접 과일을 따는 것을 도와줄 일꾼들을 많이 고용해야 합니다. 일꾼들이 사과를 따고 나면, 그들은 크기와 품질에 따라 사과들을 분류해야 합니다. 그 다음 사과를 상자에 담으면 삼촌이 그 상자들을 농산물 시장으로 가져갑니다. 저희 숙모가 시장에서 가게를 운영하면서 사과를 판매합니다. 가을은 정말 바빠요!

Q12 What is the biggest change that farmers have experienced in your country? What caused this change? Please explain and give examples.

당신의 나라에서 농부들이 겪은 가장 큰 변화는 무엇인가요? 무엇이 그런 변화를 초래하였나요? 예를 들어 설명해 보세요.

The number of farmers is getting smaller and smaller. I think that's the biggest change in my country. Fifty years ago, more than half of all Koreans were farmers. Now it's less than 10 percent. The reason is that farmer parents don't want their children to become farmers. They want their children to get good educations and high-paying jobs. They tell their children to study hard and then send them to school in the city. Then, the children get jobs and stay in the city instead of running the family farm. Because of this, the next generation of farmers is disappearing. I think that when today's farmers get too old to work, this is going to be a big problem. No one will live in the country and work on the farms.

Key Expressions

less than ~ ~보다 적은
- **Less than** fifty percent of the students took the test today.
  전체의 50퍼센트도 안 되는 학생들이 오늘 시험을 치렀습니다.

get a good education 좋은 교육을 받다
- My dad's dream is for his kids to **get a good education** because he didn't get one himself.
  저희 아버지는 교육을 못 받으셨기 때문에 자식들이 좋은 교육을 받는 것이 꿈이십니다.

high-paying 고소득의
- There are many **high-paying** jobs in the medical field. 의료분야에는 고소득의 직업이 많습니다.

 Idea Flow

서론	본론	결론
시골의 가장 큰 변화를 소개 (농업 인구 감소)	농업 인구 감소의 원인과 결과 1. 농업 인구 감소 현상 묘사 • 현재 인구의 10 퍼센트만 농부 2. 농업 인구 감소의 원인과 문제점 • 자녀가 시골대신 도시에 정착하길 바람 3. 예측되는 결과 • 차세대 농부가 사라질 위기	의견 : 시골에 아무도 살지 않게 될 지도 모름

Translation

농부들의 수는 점점 줄어들고 있습니다. 저는 그것이 우리 나라에서 농부들이 겪는 가장 큰 변화라고 생각합니다. 50년 전에는 한국인의 절반 이상이 농부였습니다. 이제는 10퍼센트 미만입니다. 그 이유는 농부인 부모들이 그들의 자녀들이 농부가 되기를 원치 않기 때문입니다. 자신들의 자녀가 모두 좋은 교육을 받고 고소득 직업을 얻기를 원합니다. 그들은 자녀들에게 공부를 열심히 하라고 하고, 도시에 있는 학교에 보냅니다. 그러면, 자녀들은 도시에서 취직을 하고, 가족의 농장을 운영하는 대신 도시에 살게 됩니다. 이것 때문에 차세대 농부가 될 사람들의 수도 점점 줄어들고 있습니다. 저는 지금의 농부들이 나이가 들어 일을 할 수 없게 될 때, 이러한 현상은 큰 문제가 될 것이라고 생각합니다. 아무도 시골에 남아 농사짓지 않을지도 모릅니다.

Q13 I'd like to give you a situation for you to act out. Your friend has just told you that he/she dreams of becoming a farmer. How would you respond? Explain your opinion about being a farmer.

상황을 드릴테니 역할 연기를 해보세요. 당신의 친구가 농부가 되는 것이 꿈이라고 말합니다. 어떻게 반응할건가요? 농부가 되는 것에 대한 당신의 의견을 설명해 보세요.

Dong-sun, I had no idea! Do your parents know yet? I think this is a great idea if you really want to do that. However, I think you need to think about the challenges you'll face. Farming is a lot of hard work. You probably won't make much money, either. My uncle started his apple orchard 10 years ago. It was very hard for him at first. He didn't make any money for two years. The first year, strong storms destroyed some of his trees. The next year, there was a drought and his trees didn't produce many apples. However, he stuck with it and now he's doing really well. He's very satisfied with his life as a farmer. I'm sure that if you work hard, your farm will also succeed.

Key Expressions

make money 돈을 벌다
- I used to have a small import business, but I didn't **make** any **money**.
  저는 소규모 수입업을 했었는데 돈은 전혀 벌지 못했습니다.

drought 가뭄
- In the summer, there was a **drought** and all my plants died. 그 해 여름에 가뭄으로 작물들이 모두 죽었습니다.

be satisfied with ~ ~로 만족하다
- I got a raise and now I'**m satisfied with** my salary. 저는 월급이 올라서 이제 제 월급에 만족합니다.

Idea Flow

서론	본론	결론
농부가 되겠다는 친구의 결정에 긍정적 반응 보임 → 어려움도 있음을 알림	농부가 되려는 친구의 결정에 대한 의견 말하기 1. 농업의 어려움 • 초창기에 적은 수입 • 삼촌이 자연재해로 인해 얻은 피해 2. 농업의 보람 • 꾸준히 노력 → 만족스러운 결과	의견 : 노력하면 성공할 수 있음

Translation

동선아, 난 전혀 몰랐어! 너희 부모님도 이미 알고 계시니? 네가 정말로 그렇게 하고 싶다면 난 좋은 생각이라고 생각해. 하지만, 난 네가 앞으로 있게 될 도전과제들에 대해 생각해 볼 필요가 있다고 생각해. 농사를 짓는 것은 정말 힘든 일이야. 돈을 벌기도 힘들 수도 있어. 우리 삼촌이 10년 전에 사과 과수원을 시작하셨는데, 처음엔 삼촌도 너무 힘들어 하셨어. 2년 동안 돈도 전혀 못 버셨어. 첫 해에는 태풍 때문에 나무들도 많이 죽고 그 다음 해에는 가뭄이 들어 사과도 많이 열리지 않았어. 하지만 삼촌도 꾸준히 하시더니 이제는 정말 잘 되고 있어. 농부로서의 삶에 아주 만족하시지. 너도 열심히 한다면 네 농장도 성공할 거라 난 확신해.

You answered that you traveled in your country. Tell me about an unforgettable trip that you took. Why was it so unforgettable? Give me all the details about the experience.

당신은 국내 여행을 했다고 설문조사에 답했습니다. 여행 중 잊지 못할 여행에 대해 말해 보세요. 무엇 때문에 잊을 수 없는 경험이었나요? 그 경험에 대해 상세히 말해 보세요.

For one of my school breaks, some friends and I decided to go to Jeongdongjin to see the sunrise. However, it was in February and we didn't check the weather before we left. It started snowing lightly on our way. When we arrived that night, there was a blizzard! The only thing we could do was check into a motel. The next morning, we couldn't see the sunrise because of the clouds. Later, we wanted to go sightseeing, but the road was blocked by the snow. Instead, we stayed in the motel room, ordered food, and watched TV the whole day. It was really relaxing. It wasn't what I expected, but I still had a lot of fun with my friends.

Key Expressions

see the sunrise 일출을 보다
- I rarely wake up early enough to **see the sunrise**. 저는 일출을 볼만큼 일찍 일어나지 않습니다.

blizzard 눈보라
- During the last Christmas break, I drove home from school in a **blizzard**. 저는 지난 크리스마스 휴가 때 눈보라 속에서 학교에서 집까지 운전하고 갔습니다.

be blocked ~에 막히다
- The creek flooded and the road **was blocked**. 그 개울에 홍수가 나서 길이 막혔습니다.

Idea Flow

서론	본론	결론

방학 때 친구와 정동진으로 여행 갔음을 알림	잊을 수 없는 여행 경험 설명하기
	1. 배경 : 날씨를 확인하지 않고 출발
	2. 문제 발생 : 눈보라가 침
	3. 결과
	  • 일출을 볼 수 없고 관광도 하지 못함
	  • 숙소에서 먹고 TV보는 것으로 만족
		의견 : 기대한 여행은 아니었지만 나름 즐거웠음

 Translation

예전에 방학 기간 중에 몇몇 친구들과 정동진에 일출을 보러 가기로 했던 적이 있습니다. 그 때가 2월이었는데 저희는 출발하기 전에 날씨를 확인하지 않았어요. 가는 길에 눈이 약간씩 내리기 시작했습니다. 저희가 그 날 밤에 도착했을 때 눈보라가 치고 있었어요! 하는 수 없이 저희는 바로 근처 모텔에 묶을 수 밖에 없었습니다. 다음 날 아침에도 날씨가 흐려 일출을 보지 못했어요. 나중에 저희는 관광을 하고 싶었는데 눈 때문에 도로가 통제되어 버렸어요. 대신에 저희는 내내 모텔 방에서 음식을 먹고 TV를 보면서 아주 편안하게 쉬었습니다. 기대했던 일은 아니었지만 그래도 친구들과 아주 즐거운 시간을 보냈습니다.

What is your favorite mode of transportation during vacations? Why? Give examples from your personal experiences if possible.

휴가를 가는 데 가장 선호하는 교통편은 무엇인가요? 왜죠? 가능하면 경험을 예로 들어 설명해 보세요.

My favorite mode of transportation is the train. That's because they're convenient and cheap. When I was in Europe, I rode trains from city to city. It was better than flying because the trains were always on time. I didn't have to deal with airport security, either. Also, train stations, unlike airports, are usually near downtown. As soon as I arrived, I could start exploring. That made traveling easier and more fun. Trains are also cheaper than airplanes. And, when I'm on a train, I enjoy seeing the landscape. In an airplane, all you can see are clouds. I didn't know how beautiful Europe was until I rode the train. I always recommend taking the train while traveling, especially in Europe.

Key Expressions

airport security 공항 보안 검색대
- It took me an hour to go through **airport security**.
  제가 공항 보안 검색대를 통과하는 데 한 시간이나 걸렸습니다.

as soon as ~ ~하자마자
- Call me **as soon as** you get home from work. 회사에서 집에 도착하자마자 저에게 전화주세요.

see the landscape 풍경/경치를 감상하다
- I can **see the** desert **landscape** from my airplane window.
  저는 비행기 창문을 통해 사막의 경치를 볼 수 있습니다.

Idea Flow

서론	본론	결론
가장 좋아하는 휴가 교통수단 소개 (기차)	휴가 교통수단으로 기차를 좋아하는 이유 1. 기차는 비행기보다 시간이 정확함 2. 보안검사 받을 필요 없음 3. 도심에 근접하여 접근성이 좋음 4. 비행기보다 저렴함 5. 기차 안에서 자연경관을 볼 수 있음	의견 : 기차여행을 추천함

Translation

제가 가장 선호하는 교통수단은 기차입니다. 기차는 편리하고 값도 저렴하기 때문이죠. 제가 유럽에 갔을 때, 저는 여러 도시를 여행하며 기차를 타고 다녔습니다. 항공편보다 더 좋은 것은 기차가 항상 시간을 정확하게 지키기 때문입니다. 그리고 공항 보안검사를 받을 필요도 없지요. 또 기차역은 공항과는 달리 보통 도심 근처에 있습니다. 그래서 도착하자마자바로 여행지에 대한 탐험을 시작할 수 있습니다. 그렇게 해서 여행이 더 재미있고 쉬워집니다. 기차는 또한 항공편보다 저렴합니다. 게다가 기차에서는 풍경을 즐길 수 있습니다. 비행기에서 볼 수 있는 것은 구름뿐이죠. 저는 기차 여행을 해보고 나서야 유럽이 얼마나 아름다운 곳인지 알게 되었습니다. 저는 여행을 할 때는 기차를 타라고 항상 권합니다. 특히 유럽 여행은 꼭 기차를 타야 합니다.

TEST 9

Oral Proficiency Interview-computer

1 | 자기소개
2 | 여가활동–콘서트(1)
3 | 여가활동–콘서트(2)
4 | 여가활동–콘서트(3)
5 | 여가활동–SNS에 글 올리기(1)
6 | 여가활동–SNS에 글 올리기(2)
7 | 직업–방학(1)
8 | 직업–방학(2)
9 | 직업–방학(3)
10 | 기타–은행(1)
11 | 기타–은행(2)
12 | 기타–은행(3)
13 | 여가활동–미장원/이발소가기(1)
14 | 여가활동–미장원/이발소가기(2)
15 | 여가활동–미장원/이발소가기(3)

 **Let's begin the interview. Give me a brief introduction of yourself and tell me what you like to do during your free time.**

인터뷰를 시작하겠습니다. 자신에 대해 간단하게 소개하고 여가시간에 무엇을 하는지 말해 보세요.

Hello, my name is Nam-kyu Yang. I'm 27 years old and I'm majoring in psychology. It's a difficult subject, but I think the human mind is fascinating. Eventually, I want to be a psychology professor at a university. I want to share with students how amazing the human mind is. In my free time, I like hanging out with my friends while traveling. I have five really close friends and we do everything together. We've been all over Korea for vacations. Next summer, we're planning a big trip to Africa. I'm really excited about it. We also love to try new restaurants. My favorite types of food are Korean and Thai. However, I'm willing to try anything. Life is an adventure!

Key Expressions

be fascinating 대단히 흥미롭다
- My music history class **is fascinating** because of the teacher.
  제가 수강하는 음악사 수업은 선생님 때문에 아주 흥미진진합니다.

plan a big trip 엄청난 여행을 계획하다
- My family is **planning a big trip** to Mexico. 저의 가족은 멕시코에 가는 엄청난 여행을 계획 중입니다.

be willing to ~ ~할 의향이 있다, 기꺼이 ~하다
- Would you **be willing to** work this weekend? 당신은 이번 주말에 근무할 의향이 있나요?

Idea Flow

서론
기본 인적 사항 소개
(이름, 나이)

본론
자기소개
1. 전공 (심리학)
2. 장래희망 (대학교 교수)
3. 여가 활동 (여행하기, 새로운 음식점 다니기)
  • 내년 여름 여행계획 • 좋아하는 음식

결론
마무리 : 미래 계획에 대한 기대

Translation

안녕하세요, 제 이름은 양남규입니다. 저는 27살이며 심리학을 전공하고 있습니다. 공부가 어렵지만 인간의 마음은 아주 놀라울 정도로 흥미로운 것 같습니다. 최종적으로 저는 대학에서 심리학 교수가 되고 싶습니다. 인간의 마음이 얼마나 놀라운가 학생들과 의견을 나누고 싶습니다. 여가시간에 저는 여행하면서 친구들과 어울리는 것을 좋아합니다. 저는 다섯 명의 아주 친한 친구들이 있는데 저희는 항상 함께 다닙니다. 저희는 방학 동안 전국 방방곡곡을 다녀왔습니다. 다음 여름에는 아프리카로 여행을 갈 엄청난 계획을 세우고 있습니다. 생각만 해도 신이 납니다. 저희는 새로운 음식점을 다녀보는 것도 좋아합니다. 제가 제일 좋아하는 음식은 한국음식과 태국음식입니다. 하지만 저는 어떤 것도 시도해볼 의향이 있습니다. 인생은 모험이잖아요!

Q02 You indicated in the survey that you go to concerts. What concert have you been to recently? Describe the concert hall in as much detail as you can.

설문조사에 콘서트에 간다고 했습니다. 최근에 어떤 콘서트홀에 다녀왔나요? 콘서트홀에 대해 가능한 한 자세히 설명해 보세요.

I like to go to all kinds of concerts. The last concert I attended was an orchestra concert at the Korean Arts Center. The concert hall was very large and beautiful. It holds 2,600 people and was modeled after a traditional Korean fan. The stage had a pipe organ and a large screen. The pipe organ is one of the largest organs in Korea. It was very impressive. The walls and ceiling had beautiful dark wood paneling. I tried taking pictures of it, but an attendant made me stop. There were two levels of seats. I sat in the balcony on the second floor. It was well-lit and the seats were very comfortable. I enjoyed the concert because of the atmosphere in the concert hall.

Key Expressions

hold 수용하다, 담다
- The stadium can **hold** thousands of people.
  그 경기장은 수 천명의 사람들을 수용할 수 있습니다.

be modeled after ~ ~을 본떠서 만들다
- This building **was modeled after** a flower.
  이 집은 꽃 모양을 본떠서 지어졌습니다.

well-lit 밝은, 환한
- The house was clean and **well-lit**.
  그 집은 깨끗하고 밝았습니다.

Idea Flow

서론	본론	결론
가장 최근에 다녀온 콘서트홀 소개 (코리아 아트센터)	가장 최근에 다녀온 콘서트홀 묘사 1. 외부 묘사 : 수용인원, 건물 모양 2. 내부 디자인 묘사 : 무대, 벽, 천장, 좌석, 조명	의견 : 콘서트홀의 분위기 때문에 콘서트를 즐길 수 있었음

Translation

저는 모든 종류의 콘서트를 좋아합니다. 마지막으로 관람한 콘서트는 코리아 아트센터에서 있었던 오케스트라 콘서트였습니다. 그 콘서트홀은 아주 웅장하고 아름다웠습니다. 2,600명을 수용할 수 있고, 한국 전통 부채모양을 본떠서 지어졌습니다. 무대에는 파이프오르간과 큰 스크린이 있었습니다. 그 파이프오르간은 한국에서 가장 큰 오르간 중에 하나입니다. 아주 인상적이었습니다. 벽과 천장은 아름답고 짙은 색상의 나무로 장식되어 있었습니다. 저는 사진을 찍으려고 했지만 직원이 못 찍게 하였습니다. 좌석은 두 개의 층으로 되어 있었습니다. 저는 2층 발코니에 앉았습니다. 조명은 밝고, 좌석도 매우 편안했습니다. 저는 콘서트홀의 분위기 때문에 공연을 더 즐겼습니다.

Q 03 I'm going to give you a situation for you to act out. You want your foreign friend to come with you to a concert of your favorite band. However, your friend has never heard of the band and doesn't want to go. Persuade your friend to come to the concert with you.
상황을 드릴테니 역할 연기를 해보세요. 당신은 당신이 제일 좋아하는 밴드의 공연에 외국인 친구를 데려 가고 싶어합니다. 하지만 그 친구는 그 밴드에 대해 전혀 들어본 적이 없어서 가려고 하지 않습니다. 친구가 공연에 함께 가도록 설득해 보세요.

Hey, Emily! What are you doing this Sunday night? Do you want to come to a concert with me? The group I told you about is playing. This is our only chance to see them live! They usually perform overseas. However, they're giving a special concert in Seoul this weekend. The tickets sold out really fast. I was lucky and got two tickets before they were all gone. I think you'll like them. They have a unique sound and their lyrics are always really deep. It's going to be a good show. They'll even be performing some songs from their new album. I've been dying to hear them live in concert. Please come; it's going to be great!

Key Expressions

sell out 매진되다
- You have to buy tickets now because they'll quickly **sell out**.
  티켓들이 곧 매진될 것이므로 당신은 그 티켓을 지금 당장 사야 합니다.

lyrics 노래 가사
- What are the **lyrics** to that song? 그 노래 가사가 무엇인가요?

be dying to ~ 정말 ~하고 싶다, ~하고 싶어 죽을 지경이다
- I'**m dying to** know why she quit her job. 저는 그녀가 왜 회사를 그만두었는지 알고 싶어 죽을 지경입니다.

Idea Flow

서론	본론	결론
콘서트에 친구 초대하기로 시작	밴드콘서트에 갈 것을 설득 1. 밴드에 대한 기본 정보 소개 • 라이브 콘서트를 볼 수 있는 기회 2. 밴드의 음악성 3. 이번 콘서트의 장점 설명 : 새로운 음반의 곡 연주	제안 : 좋은 공연이므로 추천

Translation

안녕, 에밀리! 이번 일요일 밤에 뭐 할거야? 나랑 콘서트 같이 갈래? 내가 말했던 그룹이 공연을 하는데. 이번이 그들의 라이브 콘서트를 볼 마지막 기회야! 그들은 주로 해외에서 콘서트를 하거든. 그런데 이번 주에 서울에서 특별 콘서트를 하는 거야. 티켓이 금방 다 매진되어 버렸어. 나는 진짜 운이 좋아서 매진되기 전에 티켓 두 장을 구했지. 너도 그 밴드를 좋아하게 될 거야. 정말 사운드도 독특하고 가사도 정말 심오해. 멋진 공연이 될 거야. 새 앨범에 수록된 몇몇 곡을 연주한대. 난 그 밴드의 라이브 콘서트 연주를 너무 듣고 싶었거든. 같이 가자. 굉장히 좋을 거야!

Q 04 I'm sorry. There's a problem you need to resolve. At the concert, your foreign friend lost his/her cell phone. You call the phone, and a stranger picks up. Explain to him/her the situation and arrange to have the phone returned.

유감스럽게도, 해결해야할 문제가 있습니다. 콘서트에서 당신의 외국인 친구가 휴대폰을 잃어버렸습니다. 당신이 친구번호로 전화를 걸자 모르는 사람이 받습니다. 그 사람에게 상황을 설명하고 휴대폰을 돌려받을 수 있도록 해보세요.

Hello? I'm so glad that you picked up the phone. It belongs to my friend. She lost it last night at the concert. She was so worried. I'm glad you found it! Where was it? Can we meet up sometime so she can get it back? Are you available after four this afternoon? I get off work at three. Okay. Let's meet at six. Where do you want to meet? Yes, I know that place. It's not far from where the concert was. We can meet you there. My phone number is 010-5555-0123. If anything changes, just let me know. My friend offered to buy you dinner for finding her phone. I'm sorry for the inconvenience, but thanks so much for all your help!

Key Expressions

be worried 걱정하다
- **I was** so **worried** when you told me you were sick! 당신이 아프다고 제게 말했을 때 저는 너무 걱정스러웠어요!

get off work 퇴근하다
- **I get off work** early tomorrow, so I'm going shopping in Myeongdong.
  저는 내일 일찍 퇴근해서 명동에 쇼핑하러 가려고 합니다.

offer to ~ (~해주겠다고) 하다
- He **offered to** give me a ride to the airport. 그가 저를 공항까지 태워주겠다고 했습니다.

Idea Flow

서론	본론	결론
인사와 자신의 신분을 밝힘 (휴대폰 주인의 친구)	친구가 잃어 버린 휴대폰 찾기 위해 설명하기 1. 상황 설명 : 콘서트홀에서 잃어버림 2. 약속 정하기 : 시간, 장소, 연락처 교환 3. 감사함에 대한 보답	마무리 : 감사함을 표현함

Translation

여보세요? 전화 받으셔서 정말 다행이에요. 제 친구 휴대폰이거든요. 제 친구가 어젯밤에 콘서트홀에서 휴대폰을 잃어 버렸거든요. 친구가 많이 걱정하고 있어요. 찾아서 정말 다행이네요! 전화기가 어디에 있던가요? 제 친구가 휴대폰을 돌려받을 수 있도록 언제 좀 만날 수 있을까요? 오늘 오후 4시 넘어서 시간 되시나요? 제가 3시에 퇴근하거든요. 네. 6시에 만나요. 어디서 만나면 좋을까요? 네, 그 곳 알아요. 콘서트홀 있던 곳에서 멀지 않아요. 거기라면 저희가 갈 수 있어요. 제 전화번호는 010-5555-0123입니다. 변경사항이 있으면 알려주세요. 제 친구가 휴대폰 찾아주셔서 저녁을 사겠다고 하네요. 폐를 끼쳐드려서 죄송하고, 도와주셔서 정말 감사 드립니다!

Q 05

Which SNS do you usually use? How often do you use it? When do you use it? And what do you usually do through SNS? Tell me in detail.

어떤 SNS를 주로 사용하십니까? 얼마나 자주 사용하십니까? 언제 사용하십니까? 그리고 SNS를 통해서 주로 무엇을 하십니까? 자세히 말해 보세요.

I usually use Facebook. I used to use Cyworld, which is a Korean version of Facebook, but it isn't well known outside of Korea. These days, I prefer to use Facebook. Whenever I am traveling, or eating out, I take pictures of beautiful places and colorful foods. I post many of those pictures on my Facebook page. My friends usually mark them as "like" or leave personal comments. Also, I often check my account to read and hear what my friends have to say. I post pictures or messages almost every other day. What's more convenient is that I have a smartphone. It means I have access to Facebook anytime and anywhere. No longer do I have to wait until I get to a computer. I can also chat with my friends who live in other countries. I have gotten so used to SNS that I can't imagine my life without it.

Key Expressions

prefer to ~ ~을 선호하다
- I **prefer to** pay for it in installments. 할부로 구입하는 것을 선호합니다.

no longer ~ 이미 ~이 아니다
- I know we are **no longer** together. 우린 이미 어차피 함께할 사람들이 아닙니다.

Idea Flow

서론
사용하는 SNS 이름을 언급하고 이유(다른 SNS와 비교)를 설명함

본론
SNS 활동 묘사
1. 내가 사용하는 깃 (사진)
2. 친구들과의 소통
3. 핸드폰으로 인한 편리성
4. 부가 설명 (해외 친구들)

결론
감동 : SNS가 없는 삶은 상상할 수 없음

Translation

저는 주로 페이스북을 사용합니다. 한국판 페이스북 이었던 싸이월드를 사용하곤 했었지만, 국제적으로 사용되지 않기 때문에 요즘에는 페이스북을 더 사용합니다. 제가 여행 할 때 마다, 외식 할 때 마다 항상 아름다운 장소 사진들과 알록달록한 음식 사진을 찍습니다. 그것들을 제 페이스북에 올립니다. 제 친구들은 주로 "좋아요"를 눌러주거나 답글을 달아줍니다. 또한 종종 페이스북에서 제 친구들이 뭐라고 말하는지를 듣고 읽습니다. 거의 매일 사진과 글들을 올립니다. 더 편리한 것은 제가 스마트폰을 가지고 있다는 것입니다. 이 말은 언제 어디서나 페이스북에 접속할 수 있다는 것입니다. 컴퓨터까지 갈 때까지 기다릴 필요가 없다는 것이지요. 다른 나라에 사는 외국인 친구들과도 채팅을 할 수 있습니다. SNS를 너무 잘 사용하기 때문에 그것 없는 삶을 상상할 수가 없습니다.

Q06 Have you ever blocked or defriended someone on SNS? When was it? Why did you block him or her? What happened after that? Tell me all the details.

SNS상에서 누군가를 차단하거나 친구를 취소한 적이 있습니까? 언제였습니까? 왜 그렇게 했습니까? 그 후에 무슨 일이 있었습니까? 자세히 설명해 보세요.

Yes, I have. Last summer, I defriended one of my friends, Hye-Jin. She was quite a regular on Facebook. She wrote a lot and complained a lot. She seems to be always displeased with someone about something, and she did not muzzle her feelings or her comments. I really didn't like reading her posts. They annoyed me a lot. I tried not to read them, but at times I couldn't resist. Everything came to a climax last summer. She was ranting about how deeply angered she was by some of the comments others were making. She even threatened to stop talking to them. Day after day her rage and the rants continued. She behaved much like a middle school pubescent teenager. Through it all, no one chastised or criticized her. Perhaps that bolstered her anger. Finally, I just defriended her. Later, I found out that some of my friends also did the same. I felt sorry for her and wanted to help, but I didn't know how.

Key Expressions

defriend ~ ~와 친구를 취소하다
- If you **defriend** them, you will feel better. 만약 친구 취소를 하면 기분이 나아 질겁니다.

displeased with ~ ~로 인해 기분이 상한
- She is **displeased with** him for behaving rudely. 그녀는 그의 무례한 행동에 화가 나 있다.

I don't know how ~ 어떻게 ~하는지 모르겠다.
- **I don't know how** you can say things like that. 네가 어떻게 그런 말을 할 수 있는지 모르겠어.

Idea Flow

서론
취소한 친구의 이름과 시점을 언급함

본론
친구의 행동 묘사
1. 그 친구에 대한 설명 (항상 불평)
2. 본인의 기분 설명 (짜증, 읽기를 멈추고 싶음)
3. 에피소드 언급 (그 일로 친구 취소)

결론
기분 : 미안했지만 어쩔 수 없었음

Translation

예, 있었습니다. 작년 여름, 제 친구 중 한명인 혜진을 친구 취소했습니다. 그녀는 종종 페이스북에 있었습니다. 항상 많은 글을 썼는데, 불평도 많이 했습니다. 항상 누군가 때문에 불만인 것 같이 보였습니다. 그리고 자기 기분이나 말들을 쓰는걸 멈추지 않았습니다. 정말 그녀의 글들을 읽기가 싫었습니다. 저를 매우 짜증나게 했습니다. 그녀의 글들을 읽지 않으려고 많이 노력했는데, 가끔은 그게 힘들었습니다. 작년 여름이 정말 최악이었습니다. 그녀는 누군가 써 놓은 글에 얼마나 화가 크게 났는지를 절규하듯 불만을 표했습니다. 날이 갈수록 그 화와 절규는 계속되었습니다. 그녀는 중학교 사춘기 학생처럼 행동했습니다. 그동안 아무도 그녀를 꾸짖거나 비난하지 않았습니다. 아마도 그것이 그녀의 화를 북돋았던 것 같습니다. 결국에, 저는 그녀를 친구취소를 했습니다. 나중에 다른 친구들 몇 명도 그녀에게 그렇게 했다는 것을 알았습니다. 정말 미안했고 도와주고 싶었지만, 어떻게 할지 알 수 없었습니다.

Q 07 Tell me about your last vacation. What did you do? Give me all the details about how you spent your vacation.
지난 휴가에 대해 말해 보세요. 무엇을 했나요? 휴가를 어떻게 보냈는지 자세히 말해 보세요.

For my last vacation, I went to Busan with my friends. First, we went to Gwangalli Beach at night to look at the bridge. It was beautiful. Even though it was late, people were still sitting on the beach, drinking and talking. The sand was nice and cool. The next morning, we went to Haeundae Beach. Unfortunately, it was so foggy we couldn't even see the water! We were disappointed because we really wanted to swim. We went to the aquarium instead. It was packed with kids. After that, we ate snacks from the street vendors. I ate the spiciest tteokbokki I've ever had in my life! It was a really short trip, but it was a fun experience.

Key Expressions

unfortunately 불행하게도
- **Unfortunately**, the movie theater is closed due to power failure.
  불행하게도 그 영화관은 전기가 나가서 문을 닫았습니다.

be disappointed 실망하다
- I **was disappointed** because the show was canceled. 저는 그 쇼가 취소되어 실망했습니다.

be packed with ~ ~로 가득 차다
- In the late afternoon, the subways **are packed with** students. 늦은 오후의 지하철은 학생들로 가득 찹니다.

Idea Flow

서론
지난 휴가에 대한 소개
(부산으로 친구들과 휴가)

본론
휴가에 가서 했던 일들을 시간 순으로 나열
1. 광안리 해수욕장에 감 (분위기, 경치가 좋았음)
2. 해운대 해수욕장에 감 (날씨가 좋지 않아서 아무것도 할 수 없었음)
3. 수족관에 감
4. 길거리에서 파는 떡볶이 먹음

결론
의견 : 짧지만 많은 경험을 할 수 있었음

Translation

지난 번 휴가에 저는 제 친구들과 부산에 갔습니다. 첫날 밤에 저희는 다리를 구경하러 광안리 해수욕장에 갔습니다. 정말 멋졌습니다. 늦은 시간이었지만 사람들이 아직도 술을 마시고 이야기를 하며 해변에 앉아 있었습니다. 해변의 모래는 기분 좋고 시원했습니다. 다음 날 아침 저희는 해운대 해수욕장으로 갔습니다. 불행하게도 너무 안개가 심해서 바다를 볼 수 없었어요! 수영도 몹시 하고 싶었는데 못하게 되어서 실망했습니다. 대신에 저희는 수족관으로 갔습니다. 아이들로 가득했어요. 그리고 난 후 저희는 길거리에서 파는 음식을 사 먹었습니다. 제가 살면서 먹었던 떡볶이 중 가장 매운 떡볶이를 먹었습니다! 아주 짧은 여행이었지만, 재미있는 경험이었습니다.

I'd like to give you a situation for you to act out. You saw an ad recruiting students for an overseas language program. For more information, call the office and ask three or four questions about the program.

상황을 드릴테니 역할 연기를 해보세요. 당신은 해외 어학연수 프로그램에 참여할 학생을 모집하는 광고를 보게 됩니다. 좀 더 정보를 얻기 위해 해당 사무실에 전화를 걸어 프로그램과 관련해서 서너 가지 질문을 해보세요.

Hello, my name is Nam-kyu Yang. I'm calling about the English language program in Sydney, Australia. I'm interested in the one-year ESL Study Abroad program. I'd like some more information. Do you offer academic credit? I want to travel around Australia. Are there any cultural tours included in the program? Also, what kind of housing is available? I don't mind having a roommate. I'd like to know about the price for the one-year program. Finally, I'd like to know about the application process. What are the qualifications for applying to the program? When is the application deadline for this upcoming school year? Please tell me what I need to do to get my visa. Could you e-mail me the forms? My e-mail address is yangnk@opic.com. Thank you so much!

Key Expressions

included 포함된
- Is there a CD **included** in this book? 이 책에 CD가 포함되어 있나요?

would like to ~ ~하고 싶다
- I**'d like to** take my kids to an amusement park. 저는 제 아이들을 놀이공원에 데려가고 싶습니다.

qualifications for ~ ~에 필요한 자격조건
- What are the **qualifications for** this job? 그 업무에 요구되는 자격조건은 무엇이죠?

Idea Flow

서론	본론	결론
인사와 자기 소개 → 전화 용건 (시드니 어학연수 문의)	해외 어학연수 프로그램 문의 1. 학점인정 제도 2. 다양한 프로그램 문의 3. 주거 및 학비 4. 신청방법 (신청자격, 마감일, 비자신청, 신청자격)	감사 : 문의 답변에 대한 감사함을 표현

Translation

여보세요, 제 이름은 양남규입니다. 호주 시드니에 있는 영어연수 프로그램 때문에 전화드립니다. 저는 1년짜리 해외 영어 어학연수 프로그램에 관심이 있는데요. 정보를 좀 더 알고 싶습니다. 대학 학점도 주시나요? 호주를 여행하고 싶은데 프로그램에 문화 탐방 같은 것도 포함되어 있나요? 또, 어떤 형태의 숙소가 가능한가요? 저는 룸메이트가 있어도 괜찮거든요. 1년짜리 프로그램의 학비는 얼마인지도 알고 싶습니다. 마지막으로 신청절차도 알고 싶은데요. 프로그램에 신청하기 위한 자격조건은 무엇인가요? 신학기 신청 마감일이 언제인가요? 비자를 받을 때 필요한 것들을 알려주세요. 신청서를 제게 이메일로 보내주실 수 있나요? 제 이메일 주소는 yangnk@opic.com입니다. 정말 감사합니다!

Now you've decided to apply for the overseas language program. You remember that your friend is also interested in studying abroad. Call your friend and give him/her information about the program.

당신은 이제 해외 어학연수 프로그램을 신청하기로 마음먹었습니다. 그리고 당신의 친구도 유학에 관심 있다는 것이 생각났습니다. 친구에게 전화를 걸어 이 프로그램에 대한 정보를 알려주세요.

Hello, Chun-hee? I called up that study abroad program today and got some information. It seems like a really good program. You should look into it too. It's a one-year English program in Sydney, Australia. If you complete the program, you can get up to 12 credits at our university. They also take you on two major tours of Australia. They look exciting. The price includes meals, housing, utilities, classes, and all the trips. I think it's pretty reasonable. Let's get together sometime this week and I'll tell you all the details. I just got an e-mail from the program manager about the application process. If we want to go this fall, we need to apply very soon. It would be awesome if we went together!

Key Expressions

look into ~ ~을 살펴보다
- I'm **looking into** study abroad programs in Australia. 저는 호주 유학 프로그램에 대해 살펴보고 있습니다.

be reasonable 적절하다
- The rent for this apartment **is** pretty **reasonable**. 이 아파트에 그 정도 월세는 꽤 적당합니다.

be awesome 정말 좋다
- It would **be awesome** to travel around Russia. 러시아 전역을 여행할 수 있다면 정말 좋겠다.

Idea Flow

서론	본론	결론
인사와 친구에게 전화해서 연수 프로그램 알려주기	친구에게 해외 어학연수 프로그램 소개 1. 프로그램에 대한 기본 정보 및 장점 설명 　• 1년/12학점 인정　• 호주 여행 포함　• 적당한 가격 2. 함께 상의할 것을 제안 　• 자격요건에 대해서 같이 알아보기	제안 : 같이 갈 것을 다시 한번 권유

Translation

여보세요, 천희니? 내가 오늘 해외 유학 프로그램에 전화해서 몇 가지 정보를 얻었거든. 정말 좋은 프로그램인 것 같아. 너도 한번 살펴봐야 할 것 같아. 호주 시드니에 있는 1년짜리 영어 프로그램이야. 네가 프로그램을 마치면 우리 대학에서 12학점을 받을 수 있어. 호주 여행도 두 번이나 한대. 신나겠더라. 연수비용에 식비, 집세, 관리비, 수업료, 그리고 모든 여행경비가 포함되어 있어. 내 생각에 꽤 적절한 것 같아. 이번 주 언제쯤 만나자. 내가 자세히 다 알려 줄게. 연수부장으로부터 신청 절차에 대한 이메일을 방금 받았어. 만약 가을에 가려면, 빨리 신청해야 해. 같이 가면 정말 좋겠다!

I'd like to know about the bank that you use. How is the bank set up? What do you see when you walk into the bank? Describe the place in detail.

당신이 이용하는 은행에 대해서 알고 싶습니다. 은행의 구조가 어떤가요? 은행에 들어가면 무엇이 보이나요? 자세히 설명해 보세요.

This is what my bank looks like. When I walk into the bank, I first see the ATM area on the left. There are five machines and they're almost always busy. There are two sections inside the bank. On my right, there's the front counter where the tellers work. Customers take a number from a machine. Then, they sit on benches to wait for their turn. When their number is displayed above the counter, they can go up and see the teller. They can make deposits or withdrawals. On my left, people sit behind desks. They help customers with loans and money exchanges. I like my bank because the workers are friendly and efficient. The entire bank is very clean, bright, and modern.

Key Expressions

wait for one's turn 자신의 순서를 기다리다
- I walked into the bank, took a number, and **waited for my turn** to see the teller.
  저는 은행에 들어가서, 번호표를 뽑고, 제 순서에 창구직원을 만나게 되기까지 순서를 기다렸습니다.

make a withdrawal 인출하다
- I need to **make a withdrawal** from the bank before we go shopping.
  우리가 쇼핑을 가기 전에 저는 은행에서 돈을 좀 인출해야 합니다.

money exchange 환전
- I have to make some **money exchanges** before my trip. 여행가기 전에 저는 환전을 좀 해야 합니다.

Idea Flow

서론	본론	결론
내가 이용하는 은행을 묘사할 것임을 알림	출구부터 내부까지 은행에 대한 묘사 1. 처음 보이는 것 (ATM) 2. 오른편 묘사 (은행원, 은행 고객) • 번호표를 뽑고 순번대로 일 처리 3. 왼편 묘사 : 대출, 환전 창구	의견 : 내가 이용하는 은행이 좋은 이유 (직원들과 은행의 분위기가 좋음)

Translation

제가 이용하는 은행의 모습은 이렇습니다. 은행에 들어가면, 우선 왼쪽으로 현금지급기 구역이 보입니다. 현금지급기 다섯 대가 있고 거의 항상 사람들이 이용하고 있습니다. 은행 내부는 두 구역으로 나뉩니다. 들어가서 저의 오른쪽으로는 창구직원들이 일하는 창구가 있습니다. 고객들은 기계에서 대기표를 뽑습니다. 그리고는 벤치에 앉아 자신의 순서를 기다립니다. 자신의 번호가 카운터 위에 뜨면, 일어나서 창구직원에게 갑니다. 예금을 하거나 인출을 할 수 있습니다. 제 왼편으로는 사람들이 책상 뒤에 앉아 있습니다. 그들은 대출이나 환전하는 고객들을 돕습니다. 저는 제가 이용하는 은행을 좋아하는데, 직원들이 상냥하고 효율적으로 일을 잘 하기 때문입니다. 은행은 전반적으로 아주 깨끗하고, 환하며, 현대적입니다.

Q11 Now tell me about the process of opening a new bank account. Describe the whole procedure starting with when you first step into the bank.
이제는 새 은행 계좌를 개설하는 과정을 말해 보세요. 처음 은행에 도착하는 시점부터 모든 과정을 자세히 설명해 보세요.

To open a new bank account, you first have to go to the bank. Once you're at the bank, you have to take a number from a machine. The machine is usually in the center of the bank. You can sit on a bench until your number is displayed. When your number is displayed, go to the counter. A teller will give you an application for you to fill out. Be sure to have the proper identification with you as well. Next, wait until the teller makes your account. The teller will ask you to think of a password to use at the ATM. You can also ask for online banking at this time. Finally, you'll get a bank book and a bank card for your new account. Now you're done!

Key Expressions

be displayed 보여지다
- The menu **is displayed** on the wall of the restaurant. 메뉴는 음식점 벽에 적혀 있습니다.

fill out 작성하다
- She **filled out** hundreds of job applications. 그녀는 수백 통의 이력서를 작성했습니다.

be sure to~ 반드시 ~을 하다
- **Be sure to** take your driver's license when you drive the car. 운전할 때 운전면허증을 꼭 지참하세요.

Idea Flow

서론
은행 계좌를 개설하기 위해 은행으로 감

본론
은행 계좌 개설 절차 묘사
1. 번호표 뽑기
2. 순번대로 창구로 가기
3. 신청서 작성하기
4. 비밀번호 만들기, 온라인통장 신청하기
5. 통장과 카드 발급받기

결론
마무리 : 절차 완료

Translation

새 은행 계좌를 개설하려면 우선 은행에 가야 합니다. 일단 은행에 가면 기계에서 번호표를 뽑아야 합니다. 기계는 주로 은행의 중앙에 있습니다. 번호가 뜰 때까지 앉아서 기다립니다. 번호가 뜨면 창구로 갑니다. 창구직원은 당신이 작성할 신청서를 줄 것입니다. 필요한 신분증을 꼭 지참하도록 합니다. 그리고 나서 직원이 계좌를 개설하는 동안 기다립니다. 그리고 직원이 현금지급기에서 사용할 비밀번호를 준비하라고 할 것입니다. 이때 온라인 뱅킹도 신청할 수 있습니다. 마지막으로 새로 개설된 계좌의 통장과 은행카드를 받게 될 것입니다. 이제 완료되었습니다!

Q12 I'd like to give you a situation for you to act out. Your bank statement says that you spent one million won last month. However, you didn't spend that amount of money. Call customer service and ask three or four questions to find out what happened.

상황을 드릴테니 역할 연기를 해보세요. 당신의 입출금 내역서를 보니 지난 달에 백만 원을 사용했다고 나옵니다. 하지만 당신은 그런 액수의 돈을 쓴 적이 없습니다. 고객 서비스센터에 전화를 걸어 무슨 일이 생긴 것인지 서너 가지 질문을 해 보세요.

Hello, customer service! I have a problem. I checked my bank statement today. It says I spent one million won on July 16th. I don't remember spending that much money on anything last month. Can you tell me what the money was used for? Really? Three nights in a luxury hotel in Singapore? That's impossible. I've never been to Singapore. No, that definitely wasn't me. What do you think happened? Oh no! I think someone stole my bank card number and is spending my money! If so, can you help cancel my card? How can I get my money back? Yes, you can call me back on my cell phone. My number is 010-5555-0123. I'll be waiting to hear from you. Thank you for your help.

Key Expressions

bank statement (은행 계좌의) 입출금 내역서
- I got the **bank statement** in the mail today. 저는 오늘 우편으로 입출금내역서를 받았습니다.

get ~ back ~을 돌려 받다
- That art show was terrible. I want to **get** my money **back**! 그 미술전시회는 형편없었어요. 저는 제 돈을 돌려 받고 싶어요!

Idea Flow

서론	본론	결론
은행에 전화하기 → 전화 용건 말하기 (잘못 인출된 계좌 확인)	잘못 인출된 계좌 확인을 위한 질문 1. 문제상황 : 통장에서 거액이 인출됨 2. 돈이 사용된 출처와 이유 • 최고급 호텔에서 사용 • 은행카드 번호 도용 당함 3. 해결책 제시 및 대안 요청 • 카드 해지 • 돈을 돌려 받을 수 있을지 문의	요청 : 결과를 알려줄 것을 요청

Translation

여보세요, 고객 서비스센터죠! 문제가 있어서요. 제가 오늘 제 입출금내역서를 확인해봤는데요. 제가 7월 16일에 백만 원을 썼다고 되어 있어요. 지난 달에 그렇게 많은 돈을 쓴 기억이 없습니다. 그 돈이 어디에 쓰였는지 말씀해 주실 수 있나요? 정말이에요? 싱가포르에 있는 고급호텔에서 3일간 묵었다고요? 말도 안돼요. 전 싱가포르에는 가 본 적도 없어요. 아니에요. 절대로 제가 아닙니다. 어떻게 된 건가요? 이럴 수가! 누군가가 제 은행카드번호를 훔쳐서 돈을 쓰고 다니는 것 같아요! 만약 그렇다면 제 카드를 취소하도록 해 주세요. 제 돈을 어떻게 돌려받을 수 있을까요? 네, 제 휴대폰 번호 5555-0123로 연락해 주세요. 전화주실 때까지 기다리겠습니다. 도와주셔서 감사합니다.

 **Let's talk about the hairstylist who usually does your hair. Describe his/her appearance and personality in as much detail as possible.**
주로 당신의 머리를 해주는 미용사에 대해 이야기해 보겠습니다. 미용사의 외모와 성격에 대해 자세하게 설명해 보세요.

My favorite hairstylist is in Itaewon. His name is Mr. Kwon. My friend recommended Mr. Kwon to me after I complimented him on his haircut. He's medium height and slender. He wears round glasses with a black frame. His clothing style is very flashy and colorful. At first, I thought he wasn't a good stylist because I didn't like his hairstyle. His hair is long and curly and he wears it in a ponytail. He's very friendly and talkative whenever I visit. He likes to laugh and tell jokes. However, when it comes to hair, he is very serious. He always says, "A good haircut is the best source of confidence money can buy." He's a perfectionist and always does an amazing job.

 Key Expressions

recommend A to B A를 B에게 추천하다
- My roommate **recommended** a mechanic **to** me. 제 룸메이트가 제게 한 정비사를 추천해 주었습니다.

wear one's hair in a ponytail 머리를 말꼬리모양으로 묶다
- She always **wears her hair in a ponytail**. 그녀는 언제나 머리를 말꼬리모양으로 묶습니다.

when it comes to ~ ~에 관한 한
- **When it comes to** fashion, he is an expert. 패션에 관한 한 그는 전문가입니다.

Idea Flow

서론	본론	결론
미용사 기본 인적 사항 (이름, 장소)	미용사 묘사 1. 미용사를 알게 된 계기 : 친구의 권유로 가게 됨 2. 외모 설명 : 체형, 스타일, 헤어스타일 3. 성격 설명 • 친절하고 수다스러움 • 일에 있어서는 진지함	의견 : 완벽주의자로 항상 머리를 하고 나면 만족스러움

 **Translation**

제가 제일 좋아하는 미용사는 이태원에 있습니다. 이름은 미스터 권이에요. 제가 친구 머리 잘 깎았다고 칭찬을 해주자 미스터 권을 제게 소개해주었습니다. 그는 중간 키에 마른 편입니다. 그는 검은 테의 동그란 안경을 쓰고 있어요. 그의 패션스타일은 화려하고 원색적입니다. 처음에 저는 그가 실력 없는 미용사라 생각했는데 왜냐하면 그의 헤어스타일이 맘에 들지 않았거든요. 머리는 긴 곱슬머리인데 말꼬리모양으로 묶었습니다. 그 미용사는 제가 갈 때마다 친근하게 대해주고 말을 많이 합니다. 그는 웃고 농담하는 것을 좋아합니다. 하지만, 머리에 관해서는 상당히 진지합니다. 그는 항상 "잘 깎은 머리는 돈으로 살 수 있는 것 중에 최고다."라고 말합니다. 그는 완벽주의자이고 항상 멋진 머리를 만들어 줍니다.

Q14 I'd like to give you a situation for you to act out. You are at the hair shop, and you want a completely new look. Ask the hairstylist three or four questions for advice on different haircuts and hair dye.

상황을 드릴테니 역할 연기를 해보세요. 당신은 지금 미용실에 와 있고 머리 모양을 완전히 새로 바꾸길 원합니다. 다양한 헤어스타일과 염색에 대해서 미용사에게 서너 가지 질문을 해보세요.

Hello, Mr. Kwon! Today I want a totally new look. I just broke up with my girlfriend and I want to feel like a new person. Whenever I look at my hair, it reminds me of my ex-girlfriend. She really liked how it looked. What can you do for me? I brought in some pictures. Would Hyun-bin's haircut look good on me? What about spikes? Could you show me more pictures of different haircuts? Also, I feel like dyeing my hair. What colors do you recommend? I don't mind trying new colors. What about a perm? Is my hair too short to perm? Today I'll do whatever you suggest. When I go to the club this weekend, I want all the girls to notice that I'm single and available!

Key Expressions

break up with ~ ~와 헤어지다
- It was hard to **break up with** my boyfriend, but I think I made the right decision.
  제 남자친구와 헤어지는 데 힘들었지만 저는 제가 올바른 결정을 했다고 생각해요.

dye one's hair 머리를 염색하다
- I've always wanted to **dye my hair** red. 저는 항상 제 머리를 빨간색으로 염색하고 싶었습니다.

notice 알아채다
- I **noticed** that something was wrong with my water purifier.
  저는 제 정수기에 무엇인가 문제가 있는 것을 알아챘습니다.

Idea Flow

서론
미용실을 찾은 용건
(새로운 헤어스타일을 원함)

본론
새로운 헤어스타일 위해 미용사에게 문의
1. 새로운 헤어스타일을 원하는 이유
   - 여자친구와 헤어짐
   - 지금 스타일을 보면 여자친구가 생각남
2. 자신이 원하는 머리모양 제안
   - 샘플 사진을 가져옴 • 염색, 파마

결론
의견 : 자신이 여자친구가 없는 사람으로 보이길 원한다고 함

Translation

안녕하세요, 미스터 권! 오늘 스타일 완전히 바꾸고 싶어요. 여자친구와 얼마 전에 헤어졌는데 새롭게 변신하고 싶어요. 제 머리를 볼 때 마다 예전 여자친구가 생각이 나서요. 그녀가 제 머리 스타일을 좋아했거든요. 어떻게 해 주실 수 있나요? 제가 사진 몇 장을 가져왔어요. 현빈 헤어스타일이 제게 어울릴까요? 뾰족하게 올라간 머리는 어떨까요? 다른 머리 모양의 사진들을 좀 보여주실 수 있으세요? 그리고, 머리 염색도 해보고 싶어요. 어떤 색이 좋을까요? 저는 어떤 색깔이라도 해볼래요. 파마는 어떨까요? 파마하기에 제 머리가 너무 짧은가요? 오늘 추천해 주시는 것은 뭐라도 해 볼게요. 이번 주에 클럽에 갈 때, 모든 여자들이 제가 여자친구가 없다는 것을 알아보길 원해요!

Tell me about a time you visited the hair shop and something embarrassing happened. Explain the experience in detail.

미용실에 가서 난감했던 경험에 대해 이야기해 보세요. 자세하게 설명해 보세요.

Once, I spent my summer vacation in the Philippines. It was really hot, so I wanted a haircut. I went to a hair shop, but no one there spoke Korean. In English, I told the stylist I wanted a bold haircut. The stylist nodded and started working. I don't know what happened next because I fell asleep. When I woke up, my head felt strange. I looked in the mirror and couldn't believe my eyes. Instead of having a BOLD haircut, I was BALD! B-A-L-D!!!! I was so shocked. I yelled and jumped up from the chair. Everyone in the shop stared at me. My friends teased me about my bad pronunciation for months. I wore a hat every day until my hair grew back.

Key Expressions

fall asleep 잠들다, 졸다
- I always **fall asleep** in my macroeconomics class. 저는 거시경제학 수업에 항상 졸니다.

can't believe one's eyes 자신의 눈을 믿을 수 없다
- When I saw his new haircut, I **couldn't believe my eyes**.
  제가 그의 새로운 헤어스타일을 보았을 때 제 눈을 믿을 수가 없었습니다.

jump up from ~ ~에서 벌떡 일어나다
- I **jumped up from** my chair when I saw the spider on my foot.
  저는 발 위에 있는 거미를 보고 의자에서 벌떡 일어났습니다.

Idea Flow

서론
지난 여름 필리핀에서 난감했던 미용실 경험 소개

본론
발음 때문에 난감했던 미용실 경험 서술
1. 배경
   - 미용실에 머리를 자르러 감
   - 한국어를 아는 사람 없음
   - 영어로 bold(과감한) 스타일을 원한다고 함
2. 문제상황
   - 잠에서 깨어보니 bald(대머리)가 되어있음

결론
결과 : 친구들의 놀림
머리가 자랄 때까지 모자 씀

Translation

한번은, 제가 필리핀으로 여름 휴가를 갔었어요. 전 너무 더워서 머리를 자르고 싶었어요. 미용실에 들어갔는데, 아무도 한국어를 모르는 거에요. 저는 과감한 머리를 원한다고 미용사에게 영어로 말했어요. 그 미용사는 알았다고 고개를 끄덕이고 머리를 깎기 시작했어요. 제가 깜빡 잠이 들어서 그 이후엔 어떻게 됐는지 몰랐어요. 저는 깨어서 제 머리가 이상하다고 느꼈어요. 저는 거울을 보고 제 눈을 믿을 수가 없었어요. '과감한' 헤어스타일 대신에 저는 '대머리'가 되어있었어요. 대머리요! 저는 너무 놀라서, 소리를 지르고 의자에서 벌떡 일어났어요. 미용실에 있는 모든 사람들이 저를 쳐다 보았습니다. 제 친구는 제 형편없는 발음을 두고 몇 달 동안 놀렸어요. 저는 머리가 다시 자랄 때까지 매일 모자를 쓰고 다녔어요.

TEST 10

Oral Proficiency Interview-computer

1 | 자기소개
2 | 여가활동–차로 드라이브하기(1)
3 | 여가활동–차로 드라이브하기(2)
4 | 여가활동–차로 드라이브하기(3)
5 | 취미, 관심사–TV시청(1)
6 | 취미, 관심사–TV시청(2)
7 | 직업–휴가(1)
8 | 직업–휴가(2)
9 | 직업–휴가(3)
10 | 기타–테크놀로지(1)
11 | 기타–테크놀로지(2)
12 | 기타–테크놀로지(3)
13 | 취미, 관심사–인터넷(1)
14 | 취미, 관심사–인터넷(2)
15 | 취미, 관심사–인터넷(3)

Q 01 Let's start the interview now. Tell me a little bit about yourself and your future dreams.
인터뷰를 시작하겠습니다. 자기 자신을 소개하고 자신의 꿈에 대해서 말해 보세요.

My name is Hyun-mo Yang. I'm 24 years old. I've just finished serving in the army. Right now, I work as a part-time photographer. I usually shoot weddings, graduation photos, or other special events. This fall, I'm going back to school to finish my degree in photojournalism. After that, I hope to get an internship at a newspaper or travel magazine. My dream is to travel the world and take pictures of different cultures. This became my dream in high school after reading lots of travel magazines. There's so much to see! I want my photos to inspire people to learn about other cultures. I want people to see how beautiful the world is so they will work together to protect it.

Key Expressions

serve in the army 육군에서 복무하다
- I **served in the army** for two years.
  저는 육군에서 2년간 복무했습니다.

work as a part-time ~ ~파트 타임(아르바이트)으로 일하다
- I **work as a part-time** consultant for a law firm.
  저는 법률사무소에서 파트타임 자문으로 일했습니다.

get an internship 인턴십을 얻다/구하다
- I want to **get an internship** before I graduate from university.
  저는 대학을 졸업하기 전에 인턴십을 구하고 싶습니다.

Idea Flow

서론	본론	결론
기본 인적 사항 소개 (이름, 나이, 신분)	자기소개 1. 현재 하는 일 2. 앞으로의 계획 3. 장래 희망 : 세계여행, 다양한 문화 사진 찍기	희망 : 영향력 있는 사진작가가 되길 희망

Translation

제 이름은 양현모입니다. 저는 24살이며 막 군대를 제대했습니다. 지금은 파트타임 사진작가 입니다. 주로 결혼사진, 졸업사진 그 밖에 특별한 날의 사진을 찍습니다. 이번 가을에 저는 포토저널리즘으로 학위를 마치기 위해 복학하려고 합니다. 그 이후에는 저는 신문이나 여행잡지 분야에서 인턴으로 일하고 싶습니다. 제 꿈은 세계여행이며 다양한 문화를 사진으로 담는 것입니다. 이것은 고등학교 때 여행잡지를 본 후 제 꿈이 되었습니다. 세상에는 볼 것이 너무도 많습니다! 제 사진을 통해 사람들이 다른 문화를 알고자 하는 마음을 갖게 되면 좋겠습니다. 세상이 얼마나 아름다운지를 사람들이 보고, 그 아름다운 세상을 보존하기 위해 사람들이 함께 일하길 바랍니다.

I'd like to give a situation for you to act out. You want to invite your friend on a car trip. Call your friend and ask three or four questions to seek his/her interest in the trip.
상황을 드릴테니 역할 연기를 해보세요. 당신은 친구를 자동차 여행에 초대하고 싶습니다. 친구에게 전화를 걸어 그 여행에 초대하기 위해 서너 가지 질문을 해보세요.

Hey, Jenny. It's me, Sally. I'm calling you to invite you to go with me on a car trip that I am planning. Would you be able to join me? If you would, when are you available? I'm willing to make my plans around your schedule. I'll do most of the driving, of course. However, if I feel tired, I would like you to help. Would that be okay with you? I plan to go to Kyeongju. Have you ever been there? I hear that there are many historic attractions. I know you are quite stressed out from your work these days, and so am I. I believe we will be refreshed after this trip. It's going to be fun. If you decide to go, why don't you call me, so we can meet up to make a more detailed plan which is suitable for both of us?

Key Expressions

be willing to ~ 기꺼이 ~하다
- Would you **be willing to** do it with her? 그녀랑 같이 할래?

why don't you ~ ~하는 건 어때?
- **Why don't you** watch movies? 영화 보는 건 어때?

Idea Flow

서론	본론	결론
친구에게 전화 자기소개 전화건 이유를 설명	함께 여행가자는 설득 1. 시간 문의 2. 스케줄 확인 3. 장소 설명 (구체적 장소, 경주 언급)	추가 정보 : 미리 만나서 계획논의를 하자고 제안

Translation

제니야, 나 샐리야. 내가 계획한 자동차 여행에 초대하려고 전화 걸었어. 같이 갈 수 있어? 만약 된다면, 언제가 좋아? 너 스케줄에 맞춰서 계획 하려고. 내가 대부분 운전을 할 텐데, 만약 피곤하면 네가 해줬으면 좋겠는데, 괜찮아? 나 경주를 갈 예정인데, 거기 가본적 있어? 주변에 유적지가 많다고 들었어. 네가 요즘 업무로 인해 스트레스가 많다는걸 알고 나 역시 그래. 이번 여행으로 우리가 재충전 할 수 있을거라고 믿는다. 재미있을거야. 만약 갈 거라면, 전화줄래? 떠나기 전에 만나서 우리한테 맞는 구체적인 계획을 짜고 싶어.

Q 03 I'm sorry, but you have a problem to resolve. You are on your way to meet a friend, but your car broke down. Call your friend and explain the situation to him or her. Give some possible solutions to solve the problem.

유감스럽게도 해결해야 할 문제가 있습니다. 친구를 만나러 가는 길에 차가 고장이 났습니다. 친구에게 전화 걸어 상황을 설명하세요. 그리고 그 문제를 해결하기 위해 두세가지 제안을 해보세요.

Jenny, it's me, Sally. I'm sorry to say that my car broke down on my way to meet you. I called the mechanic, but he won't be able to come here for about an hour. Fixing the car might take much longer than I expected. The problem seems serious. Is it possible to postpone our trip until tomorrow? Or can you come to get me? If you can, we can save time, at least one hour. After fixing the car, we can leave from here to go on our trip. Perhaps, it would be better if we use your car since mine seems to be having problems. Think about it and let me know as soon as possible.

Key Expressions

break down 고장이 나다
- The boat **broke down** on its way to the island.
  보트가 섬으로 가는 길에 고장 났습니다.

on my way ~ ~로 가는 길에, 오는 길에
- I got lost **on my way** here.
  여기로 오는 도중에 길을 잃었어요.

Idea Flow

서론	본론	결론
친구에게 전화 자기 소개 문제 언급	상황과 대안 설명 1. 차가 고장난 상황을 설명 2. 시간이 오래 길림을 인급 3. 대안을 제시 (친구 차 사용)	생각할 시간을 주고 마무리 함

Translation

제니, 나야 샐리. 미안한데, 너를 만나러 가는 길에 차가 고장났어. 그래서 기술자를 불렀는데, 한 시간 후에나 여기에 올 수 있대. 수리하는데 생각보다 시간이 오래 걸릴 것 같아. 문제가 심각해 보여. 여행을 내일로 미루는 게 가능할까? 아니면 여기로 날 데리러 올 수 있어? 그러면 적어도 1시간은 절약 할 수 있을 것 같아. 차를 고치면 바로 여행갈 수 있어. 내 차가 문제가 많으니 네 차를 이용하는 것이 더 나을수도 있겠다. 생각해보고 뭐가 좋은지 바로 알려줘.

You may have had a memorable experience while giving someone a ride. What happened? When did it happen? How did it make you feel? Tell me everything you can remember in as much detail as possible.

누군가를 차에 태워준 기억에 남는 경험이 있을 것입니다. 무슨 일이 있어났습니까? 언제 일어났습니까? 그 문제가 당신의 기분을 어떻게 만들었습니까? 기억하는 모든 것을 자세하게 설명해 주세요.

Not long ago I took the College Scholastic Ability Test and got a very high score. My mom was very proud of me and so pleased with my performance that she decided to allow me to use her car. Ever since I got my driver's license, I wanted to take a long trip with my friends in her car, but she didn't allow me. I looked forward to that road trip with excitement. My friends were very happy as well. We planned and prepared very well. We even had the car checked out for safety. We thought nothing could go wrong. The day finally came for us to leave. We pulled out of the driveway, and everything was going smoothly. After about two hours, we suddenly heard a sputter in the engine. One sputter led to another, until the engine went dead. The car just died on the highway. I was more embarrassed than afraid as I felt very sorry for my friends. We were scared, but thankfully we had each other's company. I called and inquired about the nearest repair shop. The mechanic came to assist us, but couldn't repair it on the highway. The car had to be towed back to the service station for extensive repairs. It became dark, so we stayed in a nearby hotel for the night and continued on our journey the next day. It was an unpleasant experience, but it wasn't bad enough to deter our spirits.

 Key Expressions

pull out ~ 빠져 나가다
- A car suddenly **pulled out** in front of me. 차 한대가 갑자기 내 앞에서 빠져 나갔습니다.

be towed back 견인되다.
- My car **was towed back** to my home. 내 차가 집으로 견인되었습니다.

 **Idea Flow**

서론	본론	결론
경험이 일어난 시점을 언급함	운전 관련 사건 설명 1. 여행 하게 된 배경 (시험점수) 2. 여행하기 위해 준비한 일들 (계획짜기, 자동차 수리) 3. 에피소드 (자동차 고장) 4. 그 결과 (수리 때문에 시간이 걸림)	마무리 : 불편했지만 여행을 계속하려는 마음이 바뀌지 않았음

Translation

얼마전에 수능 시험을 봤는데 높은 점수를 받았습니다. 엄마가 매우 기뻐하셨고 저의 성과에 만족하셔서 제가 엄마 차를 사용하는 것을 허락하셨습니다. 제가 면허를 딴 후로 엄마 차로 친구들과 함께 긴 여행을 하고 싶었지만 엄마가 허락하지 않으셨었습니다. 그 날을 흥분하며 고대했습니다. 제 친구들도 역시 기뻐했죠. 우리는 계획을 세우고 열심히 준비 했습니다. 그리고 자동차 안전점검까지 했습니다. '잘못될 것은 하나도 없다'고 생각했습니다. 마침내 여행을 떠날 날이 되었습니다. 우리는 차도로 나갔고, 모든 것이 순조롭게 진행되었습니다. 2시간 정도가 지났을 때 갑자기 엔진에서 털털거리는 소리가 났습니다. 연달아 소리가 나더니 엔진이 꺼졌습니다. 고속도로에서 차가 서버렸죠. 친구들한테 정말 미안했기 때문에 저는 걱정되기 보다 더 민망했어요. 무서웠지만 같이 있는것에 감사했습니다. 가까운 자동차 수리센터에 전화해서 와달라고 요청 했습니다. 기술자가 도와주러 왔지만 고속도로에서 수리를 할 수는 없었습니다. 차는 대대적인 수리를 위해 자동차 정비소로 견인되어 갔습니다. 어두워져서 우리는 그날 밤 가까운 호텔에서 머물고, 다음날 다시 여행을 시작했습니다. 정말 불편한 경험이었지만 여행에 대한 우리의 마음을 바꾸진 못했습니다.

You indicated in the survey that you enjoy watching TV. You may have a favorite TV show. What is it about? What genre is it? Who are the characters? Why do you like it?

설문조사에서 TV 시청을 즐긴다고 했습니다. 가장 좋아하는 TV 프로그램이 있을 것입니다. 무엇인가요? 어떤 장르인가요? 어떤 인물들이 등장하나요? 왜 좋아하나요?

My favorite TV show is a talk show called Happy Talk. I watch it every week. Korean celebrities always make guest appearances on the show. The host is hilarious and always asks interesting questions. Most of the time, it's very funny. Celebrities tell jokes and compete against each other to win prizes. It's quite entertaining when the girl groups have dance battles. However, that's not all. They also talk about personal hardships and struggles that they face. Celebrities are normal people too. They had to work hard to be where they are today. Their stories really motivate me to work harder. If they can be successful, so can I. Maybe someday I'll be on the show as a world-famous photographer!

Key Expressions

make a guest appearance on a show 쇼에 게스트로 나오다, 찬조 출연하다
- My favorite celebrity is **making a guest appearance** on Happy Talk tonight.
  제가 제일 좋아하는 연예인이 오늘 밤에 해피토크쇼에 게스트로 나옵니다.

hilarious 웃기는, 유쾌한
- I love that comedian because he is **hilarious**. 저는 그 코미디언이 너무 웃겨서 좋습니다.

Idea Flow

서론	본론	결론
가장 좋아하는 TV 프로그램 소개 (해피토크)	가장 좋아하는 TV 프로그램 묘사 1. 프로그램 설명 　• 장르 (토크쇼)　• 출연자 (한국의 유명 연예인) 2. 좋아하는 이유 : 연예인의 힘든 시절 이야기에 공감 3. 프로그램을 통해 얻는 교훈 　• 열심히 살아야겠다는 동기부여가 됨	희망 : 나중에 그 프로그램에 출연

Translation

제가 가장 좋아하는 TV쇼는 해피토크라 불리는 토크쇼입니다. 저는 그 쇼를 매주 챙겨봐요. 한국 유명 연예인들이 그 쇼의 게스트로 나옵니다. 사회자는 웃기고 항상 재미있는 질문들을 합니다. 쇼의 대부분은 아주 익살이 넘칩니다. 연예인들은 농담을 하고 상을 타기 위해 서로 경쟁을 하기도 합니다. 걸 그룹들이 춤 경연을 벌일 때면 아주 즐겁습니다. 그러나, 그게 전부는 아닙니다. 그들은 종종 자신들이 직면한 어려움이나 역경에 대해 얘기합니다. 연예인들도 역시 보통사람인 것 같습니다. 현재의 위치에 있기 위해 열심히 일을 해야만 했었더군요. 그 이야기들을 통해 좀더 열심히 일해야겠다는 생각이 듭니다. 그들이 할 수 있다면 저도 할 수 있으니까요. 저도 아마 언젠가 세계적인 사진작가가 되어 쇼에 출연할 지 모르겠습니다!

Q06 I'd like to give you a situation for you to act out. One of your family members suggests getting rid of the TV set at home. How do you respond? Explain your opinion in detail.

상황을 드릴테니 역할 연기를 해보세요. 가족 중 한 명이 집에서 TV를 없애자고 합니다. 당신은 어떻게 반응할까요? 자신의 의견을 자세히 설명해 보세요.

Hey, Mom. I heard that you wanted to get rid of our TV set. I really like this idea because I think we all watch too much TV. Our electricity bill is going up and this will really help us save money. Also, the doctor told you to get more exercise because of your poor health. This will help you a lot. We'll have time to go on walks together. In fact, let's plan to climb a mountain this weekend! Getting rid of the TV will also be good for me. I will have more time to read books and study. I need to prepare to go back to school. I can also spend more time taking pictures and updating my portfolio. It's a win-win situation!

Key Expressions

get rid of ~ ~을 없애다, 치우다
- I'm having a yard sale to **get rid of** all my junk.
  저는 쓸데없는 것들을 치워버리려고 중고 가정용품 세일을 하려고 합니다.

electricity bill 전기 요금
- If you use your air conditioner too much, you'll have a very high **electricity bill**.
  당신이 에어컨을 너무 많이 사용하면 전기 요금이 엄청나게 나올 겁니다.

update one's portfolio ~의 포트폴리오를 업데이트하다
- I need to **update my portfolio** before I go to the job fair.
  저는 취업설명회에 가기 전에 제 포트폴리오를 업데이트해야 합니다.

Idea Flow

서론: TV를 없애는 계획을 들었음을 알림 (찬성)

본론: TV을 없애는 계획에 찬성하는 이유 설명
1. 전기세 절약
2. 엄마의 건강 (운동시간 늘림)
3. 자신에게 유익 (공부시간과 취미활동 시간 확보)

결론: 마무리 : 모두에게 유익한 결정

Translation

엄마. 엄마가 집에서 TV를 치우자고 한다고 들었어요. 좋은 생각인 것 같아요. 우리가 TV를 너무 많이 보긴 하잖아요. 전기 요금도 오르고 있는데 이렇게 하면 돈을 아끼는데도 좋을 것 같아요. 게다가, 의사 선생님이 엄마 건강이 안 좋으니까 운동도 더 많이 하라고 그러셨잖아요. 엄마한테도 많이 좋을 거예요. 우리 함께 산책 할 시간도 생길 거고요. 이번 주에 산에 가는 게 어때요? 그리고 TV치우면 나한테도 좋을 것 같아요. 책보고 공부할 시간이 더 많아지니까요. 복학 준비를 해야 하잖아요. 나도 사진을 더 찍고 포트폴리오 업데이트하는데 더 많은 시간을 보낼 수 도 있어요. 모두에게 좋은 상황이네요!

How many days of vacation do you get a year? Do you think you get enough time off? Explain the reasons for your answer.

1년에 며칠이나 휴가를 가나요? 휴가가 충분하다고 생각하나요? 당신의 대답에 대한 이유를 설명해 보세요.

At my job, I get one day of vacation time for every month. That means I receive 12 days of vacation per year. Also, I've worked for my company for three years now. That gives me three extra days on top of that. In total, I have 15 days off. I think I'm very lucky. My friend works at a different company and he only gets seven days of vacation every year. He's always very tired and stressed. I think 15 days is a reasonable amount of time. If I want, I can use all the days together and go on a long trip. Last year, I went to Japan to visit my cousins. This year, I plan to go to Italy.

Key Expressions

on top of that 게다가, 가뜩이나
- I've worked all day. **On top of that**, I need to do laundry tonight.
  저는 하루 종일 근무했습니다. 게다가 오늘 밤에 빨래도 해야 합니다.

have a day off 휴가 내다
- For Christmas vacation, I **have three days off**. 크리스마스 휴가 동안에 저는 3일간 휴가를 냈습니다.

a reasonable amount of ~ 적당한 ~의 양
- I don't think that 5,000 won an hour is **a reasonable amount of** pay.
  저는 시간당 5천원은 근로자에게 적당한 보수라고 생각하지 않습니다.

Idea Flow

서론
휴가 기간 알림 (매달 하루씩)

본론
1년 휴가 기간이 만족스러운 이유 설명
1. 휴가 기간 책정 기준
   - 1년에 12일 (기본)   • 3일 추가 (3년 경력) → 총 15일
2. 친구의 회사 휴가와 비교
3. 휴가 기간 활용 방법 및 장점
   - 한번에 사용할 수 있어 장기여행 가능

결론
계획 : 올해 여행 계획

Translation

저는 직장에서 매달 하루의 휴가기간을 받습니다. 1년에 12일의 휴가가 생긴다는 의미죠. 또, 저는 지금 직장에서 3년간 근무해 왔는데, 그래서 휴가를 3일 더 추가로 받았습니다. 총 15일 휴가입니다. 저는 제가 운이 좋다고 생각합니다. 제 친구는 다른 회사에서 일하고 있는데, 1년에 겨우 7일 휴가예요. 그 친구는 항상 피곤해하며 스트레스도 받습니다. 저는 15일은 매우 적당한 시간이라 생각해요. 제가 만약 원한다면 휴가를 한번에 모두 써서 길게 여행도 할 수 있어요. 작년에 저는 사촌을 방문하러 일본에 갔었어요. 올해는 이탈리아에 가볼 계획입니다.

I'm going to give you a situation for you to act out. You are on vacation. Your boss is calling you to come into work because there has been some kind of emergency. Offer three to four other options instead of coming to work.
상황을 드릴테니 역할 연기를 해보세요. 지금 휴가 중입니다. 그런데 직장 상사로부터 급한 일이 생겼으니 출근하라고 연락이 왔습니다. 출근하는 것 외에 서너 가지 대안을 제시해 보세요.

Hello, sir. I received your message about the director's surprise visit. However, I'm out of town right now. It will be impossible for me to get back to the office by this afternoon. I came up with a few possible solutions. We can have a web conference so I can show our project to the director, or I can e-mail you the presentation and you can show it to the director. You can call me if the director has any questions. If these ideas don't work, we can change the schedule. I can be there tomorrow morning to give the presentation. Until I get there, maybe you can show the director around the other departments. Let me know what you want me to do. I'm sorry for the inconvenience!

 Key Expressions

surprise visit 갑작스러운 방문
- I was really stressed out when my mother-in-law came by for a **surprise visit**.
  저는 제 시어머니께서 저희 집에 갑작스럽게 방문하셨을 때 스트레스를 너무 많이 받았습니다.

have a web conference 인터넷 화상 회의하다
- We're **having a web conference** with our branch office in Busan tomorrow.
  저희는 내일 저희 회사 부산 지점과 인터넷 화상 회의를 하려고 합니다.

 **Idea Flow**

서론	본론	결론
이사님의 갑작스런 방문 소식 확인	휴가 중 복귀를 원하는 상사에게 대안 제시 1. 복귀할 수 없는 상황 설명 : 먼 곳에 와 있음 2. 대안 제시 • 화상 회의 제의 • 상사가 대신 프레젠테이션 할 것을 제의 • 스케줄 조정해 내일 아침 복귀 가능성 알림	사과 : 불편을 끼치게 된 것에 대한 사과

Translation

여보세요, 부장님. 이사님이 갑작스럽게 방문하신다는 메시지를 받았습니다. 그런데 지금 저는 휴가로 지방에 와 있거든요. 오늘 오후에 사무실에 출근하기는 불가능할 것 같습니다. 대신 몇 가지 해결방안을 생각 해보았는데요. 인터넷 화상 회의를 통해서 제가 이사님께 저희 프로젝트를 보여드릴 수 있습니다. 아니면 이메일로 발표자료를 보내 드릴 테니 직접 이사님께 보여드리셔도 됩니다. 이사님이 궁금해 하시는 것이 있으시면 제게 연락 주셔도 됩니다. 그래도 안 된다면 저희가 일정을 조정할 수도 있겠습니다. 제가 내일 아침에는 발표하러 사무실에 갈 수 있어요. 그 전까지 이사님께 다른 부서들을 안내해 드릴 수도 있을 것 같습니다. 결정해서 알려주세요. 불편을 끼쳐서 죄송합니다!

 **I'm sorry, but there's a problem that you need to resolve. Now you've decided to cut your vacation short and go back to work. However, you can't make it on time. Call the boss and explain why you'll be late.**
유감스럽게도, 해결해야 할 문제가 생겼습니다. 이제 당신은 휴가 중간에 사무실로 돌아가기로 결정했습니다. 그렇지만 시간 내에 갈 수가 없습니다. 상사에게 전화를 걸어 왜 늦게 될 것인지 설명해 보세요.

Hello, Boss. I understand that I need to come back to work immediately. I'm leaving as soon as I can. However, there's a problem. The next two trains are sold out. I also checked the buses and they are all full as well. The next available train leaves tomorrow morning. If I take that train, I will get to the office by 3 p.m. tomorrow. The only other option is for me to fly back. It would be very expensive to get a ticket at the last minute. However, if it's really important, I can do it. Just tell me the company's credit card number and I think I can book a standby ticket. I'm sorry, but there's nothing else available on such short notice.

Key Expressions

at the last minute 막판에, 마지막 순간에
- She canceled the trip **at the last minute** because she got sick. 그녀는 아파서 여행을 막판에 취소했습니다.

standby ticket (항공기의) 공석대기 티켓
- I booked a **standby ticket** because I'm trying to save money. 저는 돈을 아끼려고 공석대기 티켓을 예약했습니다.

short notice 갑자기, 급히
- I couldn't come because the party was on such **short notice**.
저는 그 파티가 너무 갑자기 열려서 참석할 수 없었습니다.

 Idea Flow

서론	본론	결론
복귀해야 할 상황 알림 → 곧 떠날 예정	휴가 중 복귀가 늦어지는 이유 설명 1. 당일 기차, 버스표를 구하지 못함 2. 내일 아침 기차표 (오후 늦게 도착) 3. 비행기로 복귀 제의 (경비 많이 소요)	사과 : 다른 대안이 없음을 알림

 Translation

여보세요, 부장님. 제가 사무실로 바로 복귀해야 한다는 것을 압니다. 가능한 빨리 출발하도록 하겠습니다. 하지만 문제가 있습니다. 다음 두 편의 기차표가 이미 매진되었습니다. 버스편도 확인해 보았는데 역시 마찬가지로 자리가 없습니다. 다음에 탈 수 있는 기차는 내일 아침에 출발합니다. 만약 제가 그 기차를 탄다면, 저는 오후 3시까지 사무실에 도착할 수 있습니다. 그 밖에 유일한 방법은 비행기를 타고 가는 것입니다. 막판에 표를 구하는 것이라 아주 비쌀 것입니다. 하지만 정말 중요한 일이라면 그렇게라도 하겠습니다. 회사 신용카드번호를 알려주시면 공석대기 티켓을 예약할 수 있을 것 같습니다. 죄송하지만 너무 급히 받은 연락이라 다른 방법이 없습니다.

That's the end of the story. Now, let's talk about technology. Tell me about a device that you recently bought. What is it? What can you do with it? Describe it in as much detail as possible.

상황 문제가 끝났습니다. 첨단기기에 대해 이야기해 보겠습니다. 최근에 구입하신 기기에 대해 말해 보세요. 무엇을 구매했나요? 그것으로 무엇을 할 수 있죠? 가능한 한 상세히 설명해 주세요.

I recently bought a new digital SLR camera. It's the same kind that professional photographers use. I'm very excited about it. It has many new features and settings that I didn't have with my old camera. For example, it can record video. Most professional cameras don't include a video feature. The photos and videos are all in high-definition. This makes the colors very rich and defined. It can even shoot really great pictures at night. My friend asked me to take pictures at her wedding. It was at sunset, which made it difficult to shoot good pictures. However, I used my new camera and the pictures turned out really well. My friend was very happy with them.

Key Expressions

have a feature 기능이 있다
- My new computer **has many features**, but I don't know how to use them yet.
  제 새 컴퓨터는 여러 가지 기능이 있습니다. 하지만 그 기능들을 어떻게 사용하는 지 아직 모릅니다.

high-definition 고화질
- I watched the movie in **high-definition**, and the picture was so clear.
  저는 그 영화를 고화질로 관람했는데 화면이 정말 깨끗했습니다.

turn out 나오다
- The pictures didn't **turn out** well because there wasn't enough lighting.
  그 곳에 조명이 충분치 않았기 때문에 그 사진들은 잘 나오지 않았습니다.

Idea Flow

서론
최근에 구매한 디지털 카메라 소개

본론
최근에 구매한 디지털 카메라 묘사
1. 새 카메라의 특징 (전문가용)
2. 이전 카메라와 비교 (녹화 기능 등)
3. 새 카메라의 성능 : 고화질, 야간촬영에 좋음

결론
마무리 : 친구 웨딩 촬영에 사용해 만족

Translation

저는 최근에 새 SLR 디지털 카메라를 샀습니다. 전문 사진작가들이 사용하는 것과 같은 기종입니다. 저는 지금 아주 들떠 있습니다. 예전 카메라에는 없는 새로운 기능들이 많습니다. 예를 들면 비디오 녹화도 가능합니다. 대부분의 전문가용 카메라는 비디오 기능을 포함하고 있지 않습니다. 사진과 비디오가 모두 고화질입니다. 그래서 색상이 아주 풍부하고 선명합니다. 심지어 야간에도 정말 좋은 사진을 찍을 수 있습니다. 제 친구가 자기 결혼식에 사진을 찍어 달라고 제게 부탁했습니다. 해가 질 무렵이라, 좋은 사진을 찍기 정말 어려운 시간이었습니다. 하지만, 새로운 카메라로 찍은 사진들이 정말 잘 나왔고 그녀도 사진에 대해 상당히 행복해했습니다.

Q11 I'm going to give you a situation for you to act out. The camera you recently bought is not working properly. Call customer service and describe the problem your camera has.

상황을 드릴테니 역할 연기를 해보세요. 최근에 구입한 카메라가 제대로 작동되지 않습니다. 고객서비스 센터에 전화를 걸어 카메라의 문제를 설명해 보세요.

Hello, is this customer service? My name is Hyun-mo Yang. I'm calling because I have a problem with my camera. I bought it from your store about a month ago. Two days ago, I took it to the beach with my family. My six-year-old cousin buried it in the sand. Now, it's having problems. When the camera is on, I can't see anything on the screen. It's just black. Also, the lens is stuck. When I turn the camera on, it makes grinding sounds, but the lens won't come out. I think there's sand inside the camera. What should I do? It's still under warranty. What's the policy for repairs? Can I send it back to the factory? Please help me.

Key Expressions

bury ~ in the sand ~을 모래에 묻다
- After my goldfish died, we **buried** it **in the sand**. 금붕어가 죽자, 우리는 금붕어를 모래에 묻었습니다.

be stuck 걸리다/빠지다
- My car door has **been stuck** ever since the accident. 제 자동차 문은 그 사고 이후로 걸려서 열리지 않습니다.

under warranty 보증 기간 중인
- My computer crashed, but since it was **under warranty**, the store fixed it free of charge. 제 컴퓨터가 갑자기 나갔습니다. 하지만 아직 보증 기간 중이라 그 상점에서 무료로 고쳐주었습니다.

Idea Flow

서론	본론	결론
고객센터에 전화 → 카메라에 문제가 있음을 알림	카메라 문제점 설명 1. 카메라 문제 발생 이유 : 해변에서 모래 속에 묻었음 2. 카메라 상태 묘사 • 스크린과 렌즈가 작동하지 않음 • 모래가 들어간 것 같음	마무리 : 수리관련 질문하기

Translation

여보세요, 고객서비스 센터죠? 제 이름은 양현모입니다. 카메라에 문제가 있어서 전화했습니다. 한 달 전에 그 곳에서 카메라를 샀는데요. 이틀 전에 가족과 함께 해변에 갈 때 가져갔었어요. 그런데 여섯 살짜리 제 사촌 동생이 카메라를 모래 속에 파묻어 버렸어요. 그래서 카메라에 문제가 생겼습니다. 카메라를 켜면 스크린에 아무것도 보이질 않습니다. 그냥 까맣게만 나와요. 게다가 렌즈도 움직이질 않습니다. 카메라를 켜면 무언가 삐걱거리는 소리가 나긴 하는데 렌즈는 나오질 않습니다. 제 생각에 카메라에 모래가 들어간 것 같아요. 어떻게 해야 하죠? 아직 보증 기간이거든요. 수리관련 규정은 어떻게 되죠? 공장으로 보내도 될까요? 도와주세요.

Good. That's the end of the situation. Have you ever had any problems with a device? Choose one and tell me what the problem was and how you solved it.

잘하셨습니다. 상황 문제가 끝났습니다. 예전에 기기와 관련된 문제가 있었나요? 그 중 한가지 경험을 골라 어떤 문제였는지 어떻게 해결했는지 설명해 보세요.

One day, I had a big problem with my cell phone. I forgot to take my phone out of my jeans pocket before I did my laundry. I didn't realize it until I heard my phone ringing from inside the washing machine. However, by then, it was in the spin cycle and I couldn't open the machine. When I finally got the phone out, it made strange noises and everything on the screen was the wrong color. I was surprised that it even turned on. I had to take my phone to the store. I was really embarrassed when I told them my story. It cost me 200,000 won to fix the damage! However, I bought the phone for only 150,000 won. I definitely learned my lesson!

Key Expressions

do one's laundry 빨래를 하다
- I **do my laundry** every two weeks. 저는 빨래를 2주에 한 번씩 합니다.

be embarrassed 부끄럽다, 당황하다
- I **was** really **embarrassed** when I fell down the stairs in front of everyone.
  저는 사람들이 다 보는 앞에서 계단에서 넘어졌을 때 정말 부끄러웠습니다.

fix the damage 고장(파손)을 수리하다
- When I accidentally broke the neighbor's window, my dad made me pay to **fix the damage**.
  제가 실수로 이웃집 창문을 깼을 때 저희 아버지가 저에게 그 수리비를 내도록 하셨습니다.

 Idea Flow

서론	본론	결론
휴대폰에 문제가 있었던 경험이 있음을 알림	휴대폰에 문제가 발생한 경험 설명 1. 배경 : 바지 주머니에 있던 휴대폰을 실수로 세탁함 2. 문제 상황 • 휴대폰에 물이 들어가 이상한 소리가 나고 액정에 문제가 생김 3. 해결 방법 • 대리점에서 수리 받음	의견 : 구매가 보다 수리비가 더 많이 나왔음

Translation

한번은 제 휴대폰에 큰 문제가 있었습니다. 제가 세탁하기 전에 청바지에서 휴대폰을 꺼내는 것을 잊었어요. 세탁기 안에서 들리는 전화 벨 소리를 듣고 나서야 알았습니다. 하지만, 그 때는 세탁기가 돌고 있어서 열 수가 없었습니다. 마침내 제가 휴대폰을 꺼냈을 때, 휴대폰에서 이상한 소리가 나고 스크린에 나타난 모든 게 다 이상한 색으로 변해 있었습니다. 그런데도 켜지기는 한다는 자체가 놀랍기는 했습니다. 휴대폰을 대리점으로 가져가야만 했습니다. 대리점에서 그 이야기를 말할 때 정말 부끄러웠습니다. 고장을 수리하는데 20만원이나 들었습니다! 그 휴대폰은 15 만원 주고 샀는데 말이죠. 정말 교훈을 확실하게 배웠습니다!

I'd like to know how you use the Internet for your work. Describe what you do by giving detailed examples from your work experience.
직장에서 인터넷을 어떻게 활용하는 지 알고 싶습니다. 자신의 일과 관련한 경험을 상세한 예로 들어 설명해 보세요.

I use the Internet to improve my camera skills and to promote my photography business. I am a part-time photographer. I decided to make an online photography portfolio so people could look at my work and tell their friends. I searched the Internet for advice on how to build a website and take better pictures. There are many great photography blogs on the Internet and I learned a lot from them. My portfolio website turned out really well. I felt so accomplished. Through my website, I met several other photographers who offered me tips and advice. Also, several people asked me to take pictures at their birthday parties after looking at my portfolio. The Internet has really helped me become a better photographer.

Key Expressions

promote a business 사업을 홍보하다
- Her job is to **promote the business** and recruit more clients.
  그녀의 업무는 사업을 홍보하고 고객을 더 모집하는 것입니다.

offer a tip 조언해 주다
- The professor **offered** us **tips** on how to find a job. 교수님은 우리에게 어떻게 일자리를 구하는 지 조언해 주셨습니다.

Idea Flow

서론
직장에서 인터넷 활용
(기술 향상, 홍보)

본론
직장에서의 인터넷 활용방법 묘사
1. 직장에서의 업무 묘사
   - 아르바이트 사진작가로 포트폴리오 제작
2. 인터넷 활용
   - 사진기술을 배우고 블로그를 통해 감각을 익힘
3. 인터넷 활용 장점
   - 성공적인 포트폴리오 제작 • 조언자를 만남/일도 구함

결론
의견 : 인터넷은 사지작가가 되는데 유용했음

Translation

저는 사진 기술을 향상시키고, 사진 관련 사업을 홍보하는데 인터넷을 사용합니다. 저는 파트타임 사진작가입니다. 저는 온라인 사진 포트폴리오를 만들기로 작정했는데 그렇게 하면 다른 사람들이 제 작품을 보고 친구들에게 알려줄 수 있기 때문입니다. 저는 어떻게 웹사이트를 만들고 더 좋은 사진을 찍는지에 대해 인터넷에서 조사를 했습니다. 인터넷에는 사진과 관련한 멋진 블로그들이 많이 있는데, 그곳에서 많은 것을 배웠습니다. 제 포트폴리오 웹사이트는 만들어 놓고 보니 정말 쓸만한 것 같습니다. 성취감을 느낄 수 있었습니다. 제 웹사이트를 통해서 저는 제게 충고와 조언을 해준 몇몇 사진작가들을 만났습니다. 또한 제 포트폴리오를 보고 제게 자신들의 생일 파티 촬영을 부탁한 분들도 있었습니다. 인터넷은 더 나은 사진작가가 되는데 도움을 주었습니다.

Q14

Let's talk about one website that you frequently visit. What kind of website is it? How do you use it? Give me a detailed description of the website.

당신이 자주 방문하는 웹사이트에 대해 이야기해 보겠습니다. 어떤 종류의 웹사이트인가요? 어떻게 활용하나요? 그 웹사이트에 대해 자세히 묘사해 보세요.

One website that I frequently visit is Faceworld.com. It's a social networking website. I can stay connected to my friends, even the ones outside of Korea. On this website, I have a profile page which has information about me. My friends can see this page. I can upload pictures and videos to share with them. Then they comment on the pictures or send me messages. I can also see my friends' pages. I like Faceworld.com because I can see my friends updates all in one page. As I get older, my friends become more spread out. Faceworld helps me stay in touch with friends and find out what's happening in their lives. I'm on that website almost all the time.

Key Expressions

stay connected with ~ ~와 연락하다
- After I started studying abroad, I had a hard time **staying connected with** my friends.
  유학을 간 후에 친구들과 연락하기가 힘들었습니다.

get to see ~ ~를 보게 되다
- Now that we live in Seoul, I don't **get to see** my parents in Suncheon very much.
  이제 우리는 서울에 살고 있어서 순천에 계신 부모님을 볼 기회가 많지 않습니다.

Idea Flow

서론
자주 사용하는 웹사이트 소개
(Faceworld.com)

본론
자주 사용하는 웹사이트 묘사
1. 웹사이트의 종류 : 소셜 네트워킹
2. 웹사이트에서 할 수 있는 일
   • 친구들과 연락 가능
   • 사진/비디오 업로드 및 공유
   • 친구들의 일상생활을 엿볼 수 있음

결론
마무리 : 거의 항상 접속해 있음

Translation

제가 가장 자주 가는 웹사이트는 Faceworld. com입니다. 소셜 네트워크 웹사이트입니다. 저는 제 친구들, 심지어는 외국에 있는 친구들과도 연락을 할 수 있습니다. 이 웹사이트에는 저에 대한 정보가 담긴 프로필 페이지가 있습니다. 제 친구들은 이 페이지를 볼 수 있습니다. 저는 이곳에 사진과 동영상을 올려 친구들과 함께 공유할 수 있습니다. 그러면, 그들은 사진에 의견을 달거나 제게 메시지를 보냅니다. 저도 제 친구들의 페이지를 볼 수 있습니다. 저는 Faceworld.com을 좋아하는데 제 친구들의 최근 소식을 한 페이지에 다 볼 수 있기 때문입니다. 나이가 들수록 제 친구들은 점점 더 먼 곳에서 살고 있습니다. 친구들을 자주 만날 기회가 그리 많지 않습니다. 이런 방법을 통해 저는 친구들과 연락을 하고 그들이 어떤 삶을 살고 있는지 알게 됩니다. 저는 거의 항상 이 웹사이트에 접속해 있습니다.

Q15 I'd like to give you a situation for you to act out. One of your friends spends too much time on the Internet. You're concerned about him/her. Now call up your friend, explain why you're calling, and suggest other activities for him/her.

상황을 드릴테니 역할 연기를 해보세요. 당신의 친구 중 한 명이 인터넷을 너무 오래 사용합니다. 당신은 친구가 걱정이 됩니다. 이제 친구에게 전화를 걸어 왜 전화를 했는지 설명하고 그 친구가 할만한 다른 활동들을 제안해 보세요.

Hey, Jason! I'm calling because I'm worried about you. You haven't come to the last six basketball practices! I think you're spending too much time on the Internet playing games. Your mom told me you don't even eat. That's not good for you, man! You need some fresh air and sunshine. Let's hang out this weekend. First, we'll eat samgyetang, and then we'll climb the mountain by my house. We'll enjoy exercise and the beauty of nature. If the weather is good, we can even bring sleeping bags and camp out. I have a new camp stove that I really want to try out. Let's go! It'll be good for you. Let's meet at my house tomorrow at 11 a.m. See you then!

Key Expressions

by one's house ~의 집 옆에
- Let's go to the park **by my house**. 우리 집 옆에 있는 공원에 가자.

sleeping bag 침낭
- I almost froze to death on our camping trip because I forgot to bring my **sleeping bag**. 제가 침낭을 가져가는 것을 잊어서 저는 캠핑 여행에 가서 얼어 죽을 뻔했습니다.

be good for ~에 좋다
- Eating ice cream every day **isn't good for** you. 아이스크림을 매일 먹는 것은 당신에게 좋지 않습니다.

Idea Flow

서론	본론	결론
친구에게 전화하기 소개	인터넷에 중독된 친구에게 다른 활동 제안 1. 친구를 염려 • 농구연습에 나오지 않음 • 인터넷을 너무 많이 함 2. 다른 활동 제안과 유익함 설명 • 주말에 등산을 제안 • 운동과 자연감상	마무리 : 등산갈 것을 다시 한번 제안

Translation

안녕 Jason! 네가 걱정이 되어서 전화했어. 너 농구연습을 여섯 번이나 안 왔잖아! 나는 네가 인터넷에서 게임하는 데 시간을 너무 많은 시간을 쓰는 것 같아. 너의 어머니가 너 밥도 안 먹는다고 하시던데. 너한테 좋지 않아, 친구야! 신선한 공기와 햇빛이 좀 필요한 것 같아. 이번 주말에 우리 놀러 나가자. 우선 삼계탕을 좀 먹고, 우리 집 근처에 있는 산에 등산가자. 운동도 하고 자연경관도 즐기자고. 날씨가 좋으면 침낭도 가지고 와서 야영할 수 있어. 새로 산 캠프 스토브도 써 볼 겸. 가는 게 어때! 아주 좋을 거야. 내일 11시에 우리 집에서 만나자. 안녕! 작가가 되는데 도움을 주었습니다.

MEMO

최강스펙 완성의 필수코스인 OPIc 완전정복 시리즈!
크레듀 OPIc 교육과정

OPIc대비 Best 온라인과정

입문 과정 | OPIc과의 첫 만남

New OPIc 첫걸음
New OPIc 시험에 대한 모든 궁금증을 해결하는 과정

전략 과정 | 목표 레벨 공략을 위한 수준별 전략 과정

OPIc의 정석! Novice탈출
초급자들에게 영어 말하기에 대한 자신감을 부여하는 과정

OPIc의 정석! IL공략
Intermediate Low 레벨 획득을 위한 전략을 제공하는 과정

OPIc의 정석! IM공략
Intermediate Mid 레벨 획득을 위한 전략을 제공하는 과정

심화 과정 | 개인별 취약점 극복을 위한 영역별 심화 과정

OPIc Power Grammar / OPIc Power Grammar Plus
문법을 '말하는 것'으로 배우며 영어의 기초실력을 튼튼하게 하는 과정

OPIc Power Pattern / OPIc Power Pattern Plus
OPIc 말하기에서 자주 사용되는 문장 패턴학습과 아이디어 도출을 통해 사고력, 답안 및 문장 구성력을 높일 수 있는 과정

전략 과정 | 목표 레벨 공략을 위한 수준별 전략 과정

OPIc SOS (Skills Of Speaking) Intermediate
유쾌한 썬킴 강사의 주제별 고득점 전략 강의 음성인식 솔루션을 통해 나만의 답변이 입에서 술술 나올 수 있도록 말하기 훈련 과정

오픽킹 이윤진의 OPIc BOX
OPIc Intermediate레벨 획득을 위한 OPIc BOX활용 전략을 제시하는 과정

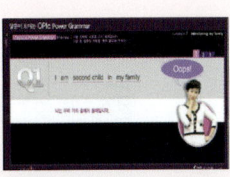   

   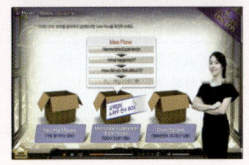

실전 과정 | 시험 직전 마무리를 위한 최종 점검

막판뒤집기 2주완성 학생편 / 직장인편
최신 경향 문제를 반영한 모의 TEST 10회의 연습을 통해 실전 적응력을 향상시키는 과정

크레듀 웹사이트에서 더 많은 온라인 과정을 만나보세요! 교육과정문의 TEL 1544-9001 Email ask@credu.com Web | www.opic.co.kr

OPIc중국어대비 Best 온라인강의

입문 과정 | OPIc 중국어와의 첫 만남

전략 과정 | 목표 레벨 공략을 위한 수준별 전략 과정

New OPIc 중국어 첫걸음
New OPIc 중국어 시험의 채점 기준 제시 및 OPIc 중국어 출제 유형 분석을 통한 고득점 전략을 강화하는 과정

OPIc 중국어의 정석! IM공략
OPIc 중국어 시험장에서 꼭 써먹을 수 있는 패턴 중심의 강의로 Intermediate Mid 레벨 획득뿐만 아니라 중국어 회화 실력도 함께 업그레이드 할 수 있는 과정

OPIc 중국어의 정석! IH공략
OPIc 중국어 시험장에서 꼭 써먹을 수 있는 패턴 중심의 강의로 Intermediate High 레벨 획득뿐만 아니라 중국어 회화 실력도 함께 업그레이드 할 수 있는 과정

WPT대비 Best 온라인강의

전략 과정 | 목표 레벨 공략을 위한 수준별 전략 과정

WPT의 정석! IM공략
WPT 시험에 나오는 다양한 주제 학습을 통해 Intermediate Mid 수준의 영작을 가능하게 하는 과정

WPT의 정석! AL공략
WPT 시험에 나오는 다양한 주제 학습을 통해 Advanced Low 이상의 수준급의 영작을 가능하게 하는 과정

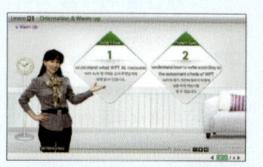

크레듀 오프라인/온라인/모바일 과정

오프라인 러닝
크레듀 오프라인 실전대비 과정
최고의 강사진, 최적의 교육장, 최상의 커리큘럼

★인기 강사★
강북 크레듀캠퍼스 정지수
강남 OPIc SQUARE 최희정

OPIc 실전대비반의 장점!
- 평일/주말 교차 수강 가능
- 결석일 100% 보강
- 전문강사진의 1:1 첨삭 지도
- 소수정예 프리미엄 강좌
- 최신경향 문제 집중 공략!

강남 OPIc SQUARE(강남역 2번 출구) | 강북 크레듀캠퍼스(시청역 10번 출구) | 학습문의 : 02)6959-1050

온라인 러닝
OPIc 최신경향, 평가 노하우 100% 공개
크레듀 OPIc전문강사 이현석, 신예나의 직강!

OPIc www.OPIc.co.kr
온라인/모바일 병행 가능

이현석 강사
· OPIc의 정석! IM공략
· OPIc Power VOCA

신예나 강사
· New OPIc 첫걸음
· OPIc의 정석! IL공략

크레듀 전화영어
OPIc 주관사 크레듀의 Speaking 전문 전화영어

진단 및 평가
OPIc 평가 방식에 기반한 5대 영역(Comprehension, Pronunciation, Grammar, Vocabulary, Fluency)에 대한 무료 레벨 테스트

체계적인 커리큘럼
OPIc부터 일상회화, 비즈니스, 교원 영어까지 9레벨 50여 개 과정의 정밀한 수준별 맞춤 커리큘럼 제공

검증된 강사진
미시간, 시애틀에 거주하는 고학력 미국 강사(고급회화과정)와 체계적인 교육 과정을 이수한 필리핀 전문 강사진

1:1 전담 학습관리
1:1 출석 관리, 해피콜 상담, 성취도(일, 월)평가, Writing 첨삭 등을 통해 1:1 전담 학습 관리 제공

전화영어문의 | TEL 1544-9002   Web | www.creduphone.com